21世纪经济管理新形态教材·工商管理系列

组织理论与设计
（第2版）

于 斌 ◎ 编著

清华大学出版社
北京

内 容 简 介

本书分为上、下两篇，共16章，从组织战略与结构、决策、激励、沟通、文化、创新、学习、评价等方面阐述了组织管理的各个方面及相关问题的应对方法，同时还从组织设计的内外环境、流程再造、组织变革等方面介绍了如何进行组织设计并不断通过变革保持组织结构的适应性。

本书既可作为高等院校相关课程的教学和研究用书，也可作为企事业单位相关人员的培训用书，还是广大读者学习组织管理知识的有益读物。

本书封面贴有清华大学出版社防伪标签，无标签者不得销售。
版权所有，侵权必究。举报：010-62782989，beiqinquan@tup.tsinghua.edu.cn。

图书在版编目(CIP)数据

组织理论与设计/于斌编著. —2版. —北京：清华大学出版社，2023.8
21世纪经济管理新形态教材. 工商管理系列
ISBN 978-7-302-64291-6

Ⅰ. ①组⋯ Ⅱ. ①于⋯ Ⅲ. ①企业管理－组织管理－高等学校－教材 Ⅳ. ①F272.9

中国国家版本馆CIP数据核字(2023)第139145号

责任编辑：张　伟
封面设计：汉风唐韵
责任校对：王荣静
责任印制：杨　艳

出版发行：清华大学出版社
网　　址：http://www.tup.com.cn，http://www.wqbook.com
地　　址：北京清华大学学研大厦A座　　邮　编：100084
社 总 机：010-83470000　　邮　购：010-62786544
投稿与读者服务：010-62776969，c-service@tup.tsinghua.edu.cn
质量反馈：010-62772015，zhiliang@tup.tsinghua.edu.cn
课件下载：http://www.tup.com.cn,010-83470332

印 装 者：三河市铭诚印务有限公司
经　　销：全国新华书店
开　　本：185mm×260mm　　印　张：18.25　　字　数：387千字
版　　次：2012年5月第1版　　2023年8月第2版　　印　次：2023年8月第1次印刷
定　　价：59.00元

产品编号：079675-01

前　言

组织管理是社会进行资源配置、各种经济活动和社会生产活动的有效形式及手段。组织管理可以提高企业经济效益、促进社会发展。科学技术的快速发展,使人类社会在物质文明和精神文明两方面都实现了前所未有的快速发展。我们需要进一步思考,如何把组织管理做得更科学、更有效率,如何减少组织管理中的失误,把各种损失和浪费降到最低。网络技术的发展使全球市场成为一个大市场,需要组织面向整个大市场进行布局和行动。日益复杂的国内外环境要求组织不断调整策略,更多采用合作性战略。保持企业组织结构、管理体系与国内外环境相适应是实现企业组织发展的需要。在这种背景下,现代企业组织的管理与设计变得更加重要。

组织管理是研究组织如何构建、如何适应环境变化、如何获取资源的学问。本书不仅写给那些期望成为管理者的人,同时也是一本能够使人获得启示,进而指导自己在组织中活动的书。随着信息技术的发展和人们对工作、生活认识的改变,组织的结构和内容正在发生深刻变化。组织中的管理者和组织成员都要对组织的变化有更为深刻的认识与了解。

在讲授组织管理这门课程的教学实践中,笔者经常思考一些问题:第一是"我们需要什么样的管理?";第二是"我们需要什么样的效率?";第三是"我们需要什么样的组织?";第四是"我们如何做好公平管理?"。

要做好管理,第一要尊重科学,实事求是。在管理中遇到各种问题时,不要迷信先哲,不要只问孔子和老子怎么说的、亚当·斯密(Adam Smith)怎么说的,要从研究事实开始。第二要有批判的精神。管理中的制度规范,管理中的流程,管理中的很多习惯和行为都需要不断去完善与调整,这些都需要有批判性思维,批判有时会产生冲突,但是批判是组织变革和发展的需要。第三要有创新精神。要培养学生学会思考,掌握新的知识去改造社会,不是消极地去适应社会。

本书用16章系统地介绍了组织管理与设计的相关知识,在内容上注重组织管理思想与组织设计理念的结合,不仅用一个完整的知识框架系统地向读者介绍了组织管理与设计的相关知识,而且注重管理思想和设计理念的传播,帮助读者培养组织管理和设计方面的思维方式,从简单易懂的文字中体会组织管理中的深刻道理。此外,本书还详细介绍了学习型组织、网络组织及跨文化组织的管理与设计等内容。

本书是一本了解国内外组织管理的科学研究和教学成果的有价值的教科书。本书从组织构建、组织管理和组织变革三个层次,在较为全面地吸收国外组织管理研究成果的基础上,对组织理论与管理进行了系统的介绍。本书结构清晰、内容翔实、体系完整,对读者理解和掌握组织管理的理论及其运用具有较高的参考价值与指导意义。

本书在编写过程中突出了两个特色:第一是将组织管理与组织设计这两大组织命题紧密结合起来,使组织的管理和设计相互渗透,让读者感受到更加真实的组织管理环境。第二是在介绍相关理论知识的同时,更注重管理思想和设计理念的传播,且在每章都辅之以相应的企业案例,加深读者对理论知识在实践中应用的理解。

本书既可作为 MBA(工商管理硕士)或管理学科的本科生、研究生的教材和参考书,也可作为在职人员的培训教材。希望对组织管理有兴趣的读者对本书多提宝贵意见,使本书能够在今后再版时及时修改,更臻完美。

本书参阅了大量国内外学者的研究资料,引用了一些研究成果和研究案例,我们都尽量注明了来源;贾祎凡、刘舒芳、李晓敏等帮助做了案例收集等方面的工作;清华大学出版社对本书的出版给予了很多支持和帮助。在此,谨向所有对本书提供支持和帮助的人表示诚挚的感谢!

由于编者时间和水平有限,如有不足之处,恳请读者提出宝贵意见。

编　者

2023 年 1 月

目 录

上 篇

第1章 绪论 ··· 3

    学习目标 ·· 3
    引例 ··· 3
    1.1 组织和组织结构概述 ·· 4
    1.2 组织理论 ··· 7
    1.3 组织设计 ··· 14
    本章小结 ·· 17
    复习思考题 ·· 17
    案例分析 ·· 18
    即测即练 ·· 18

第2章 组织设计的外部环境 ·· 19

    学习目标 ·· 19
    引例 ··· 19
    2.1 组织环境 ··· 20
    2.2 环境的不确定性 ·· 23
    2.3 环境依赖性 ··· 32
    本章小结 ·· 37
    复习思考题 ·· 38
    案例分析 ·· 38
    即测即练 ·· 38

第3章 组织设计的内部环境 ·· 39

    学习目标 ·· 39
    引例 ··· 39

3.1　规模与组织设计 …………………………………………………… 40
　　3.2　企业生命周期与组织设计 ………………………………………… 43
　　3.3　信息技术对组织设计的影响 ……………………………………… 45
　本章小结 …………………………………………………………………… 47
　复习思考题 ………………………………………………………………… 48
　案例分析 …………………………………………………………………… 48
　即测即练 …………………………………………………………………… 48

第 4 章　组织战略与结构 …………………………………………………… 49

　学习目标 …………………………………………………………………… 49
　引例 ………………………………………………………………………… 49
　　4.1　组织战略 …………………………………………………………… 50
　　4.2　组织结构 …………………………………………………………… 52
　　4.3　组织战略与结构的匹配 …………………………………………… 57
　本章小结 …………………………………………………………………… 67
　复习思考题 ………………………………………………………………… 67
　案例分析 …………………………………………………………………… 67
　即测即练 …………………………………………………………………… 68

第 5 章　组织决策 …………………………………………………………… 69

　学习目标 …………………………………………………………………… 69
　引例 ………………………………………………………………………… 69
　　5.1　组织决策的特点与类型 …………………………………………… 70
　　5.2　组织决策过程 ……………………………………………………… 74
　　5.3　组织决策的方法 …………………………………………………… 81
　本章小结 …………………………………………………………………… 82
　复习思考题 ………………………………………………………………… 83
　案例分析 …………………………………………………………………… 83
　即测即练 …………………………………………………………………… 83

第 6 章　组织激励 …………………………………………………………… 84

　学习目标 …………………………………………………………………… 84
　引例 ………………………………………………………………………… 84
　　6.1　组织激励的定义与过程 …………………………………………… 85
　　6.2　激励理论 …………………………………………………………… 86

6.3 组织激励理论应用 ··· 95
本章小结 ··· 99
复习思考题 ·· 100
案例分析 ··· 100
即测即练 ··· 100

第7章 组织沟通 ·· 101

学习目标 ··· 101
引例 ··· 101
7.1 组织沟通概述 ·· 102
7.2 组织内部沟通 ·· 105
7.3 组织外部沟通 ·· 111
本章小结 ··· 115
复习思考题 ·· 115
案例分析 ··· 115
即测即练 ··· 116

第8章 组织文化 ·· 117

学习目标 ··· 117
引例 ··· 117
8.1 组织文化的内涵 ··· 118
8.2 组织文化的创建与管理 ··· 125
8.3 组织文化与组织绩效 ·· 129
8.4 全球化与组织文化 ··· 131
本章小结 ··· 132
复习思考题 ·· 132
案例分析 ··· 133
即测即练 ··· 133

下 篇

第9章 组织流程再造 ·· 137

学习目标 ··· 137
引例 ··· 137
9.1 组织流程瓶颈 ·· 139

9.2 组织流程分析 …… 141
9.3 组织流程设计 …… 144
9.4 组织流程再造的过程 …… 147
本章小结 …… 152
复习思考题 …… 152
案例分析 …… 153
即测即练 …… 153

第 10 章 组织创新与发展 …… 154

学习目标 …… 154
引例 …… 154
10.1 组织创新 …… 155
10.2 组织发展 …… 160
本章小结 …… 164
复习思考题 …… 164
案例分析 …… 165
即测即练 …… 165

第 11 章 组织变革 …… 166

学习目标 …… 166
引例 …… 166
11.1 组织变革概述 …… 167
11.2 组织变革的类型、模式及内容 …… 169
11.3 组织变革的动力与阻力 …… 171
11.4 组织变革模型 …… 174
11.5 组织变革的实施 …… 176
本章小结 …… 178
复习思考题 …… 179
案例分析 …… 179
即测即练 …… 179

第 12 章 组织学习 …… 180

学习目标 …… 180
引例 …… 180
12.1 组织学习的内涵 …… 180

12.2　组织学习模型 ·················· 183
　　12.3　组织学习的障碍 ·················· 185
　　12.4　组织学习的方法 ·················· 188
　　12.5　学习型组织 ···················· 189
　　本章小结 ······················· 191
　　复习思考题 ······················ 191
　　案例分析 ······················· 192
　　即测即练 ······················· 192

第 13 章　跨文化的组织管理 ················ 193

　　学习目标 ······················· 193
　　引例 ························· 193
　　13.1　全球经营的组织结构 ················ 194
　　13.2　跨文化沟通管理 ·················· 202
　　13.3　跨国公司的组织变革 ················ 206
　　本章小结 ······················· 210
　　复习思考题 ······················ 211
　　案例分析 ······················· 211
　　即测即练 ······················· 212

第 14 章　网络组织 ····················· 213

　　学习目标 ······················· 213
　　引例 ························· 213
　　14.1　网络组织的产生 ·················· 214
　　14.2　网络组织的内涵和特征 ··············· 217
　　14.3　网络组织结构与调节机制 ·············· 221
　　14.4　网络组织的功能与风险 ··············· 224
　　本章小结 ······················· 229
　　复习思考题 ······················ 230
　　案例分析 ······················· 230
　　即测即练 ······················· 230

第 15 章　组织冲突与政治行为 ················ 231

　　学习目标 ······················· 231
　　引例 ························· 231

15.1 冲突 ········· 232
15.2 权力 ········· 238
15.3 组织政治行为 ········· 241
本章小结 ········· 250
复习思考题 ········· 250
案例分析 ········· 251
即测即练 ········· 251

第16章 组织的社会责任与伦理价值观 ········· 252

学习目标 ········· 252
引例 ········· 252
16.1 组织社会责任的内涵及表现形式 ········· 253
16.2 企业社会责任对企业绩效的影响 ········· 256
16.3 企业履行社会责任的途径 ········· 258
16.4 企业社会责任与可持续发展 ········· 260
16.5 企业伦理文化与风气 ········· 261
16.6 行为守则与伦理规范 ········· 262
本章小结 ········· 264
复习思考题 ········· 265
案例分析 ········· 265
即测即练 ········· 265

附篇 创新引领中国企业发展

坚持创新驱动发展——关于我国经济发展的第一动力 ········· 269

参考文献 ········· 274

上 篇

第1章　绪论
第2章　组织设计的外部环境
第3章　组织设计的内部环境
第4章　组织战略与结构
第5章　组织决策
第6章　组织激励
第7章　组织沟通
第8章　组织文化

第 1 章

绪　论

学习目标

- 了解组织是什么
- 了解并掌握组织理论发展的历史脉络
- 理解并掌握主要组织理论学派的主要观点和内容
- 了解组织设计的概念与演进

引例

通用电气公司的组织结构演化

通用电气公司(GE)是美国也是世界上最大的电气和电子设备制造公司。它在金融服务、基础设施建设和媒体市场共拥有五大业务部门,客户遍及全球100多个国家和地区,在全球雇用了超过32.7万名员工。GE现行的组织结构是建立在杰克·韦尔奇(Jack Welch)接手后进行组织结构改革的基础上,并在之后不断地进行调整完善的。自1981年,GE的组织结构改革大体经历了三个阶段。

(1) 以组织的扁平化为重心,从1981年韦尔奇接手GE开始,到1990年左右大体结束,GE也称之为"零层管理"。当时的GE处于严重的官僚化阶段,组织结构庞大臃肿、大量终身员工闲置、官僚机制低效、管理层级繁多。在扁平化的过程中,大量中间管理层次被取消,同时对部门进行削减整合、裁减雇员、减少职位、扩大管理跨度。

(2) 以业务重组为重心,不断放弃不利业务,加强有利业务并引入新业务,以公司使命为方向、以战略计划为指导调整组织结构。GE提出了"第一第二"战略目标,只要不是全球第一第二,就改革、出售或关闭。韦尔奇运用"三环图",将公司业务分为服务、技术和核心三部分,找出有问题和需要重组或者清除的业务。杰夫·伊梅尔特(Jeff Immelt)接手GE后,延续了这一战略的运用,继续对业务进行重组管理。

(3) 无边界化组织阶段。GE提出的无边界理念侧重于学习型组织的建立。前期扁平化组织的建立,使组织中管理幅度增大,再加上严重官僚化影响,使组织横向信息交流产生障碍,信息交流和知识共享要在更多的成员之间实现,这种高效的沟通需要无边界化来实现。无边界化能克服公司规模和效率的矛盾,具有大型企业的力量,同时又具有小型公司的效率、灵活度和自信,打击官僚主义,激发管理者和员工热情。

资料来源:张立文.美国通用电气公司组织结构及其变革研究[J].商场现代化,2010(9):14-15.

1.1 组织和组织结构概述

1.1.1 组织的概念

组织作为实体可以直观而简单地理解为工厂、学校、医院、商店,另外,可以理解为一切以人为核心由多种资源构成的集合体。它具有明确的目标和精心设计的结构,通过有意识的协调活动管理内部环境,同时与外部环境保持密切联系。

对于组织,国内外的学者从不同的角度给出了很多种定义。为了对组织有一个较为全面的理解,以下介绍一些学者对组织的定义。

美国管理学家切斯特·巴纳德(Chester Barnard)将组织看作一种协作系统。巴纳德认为,"所谓组织,是有意识地协调两个人或更多人的行为或各种力量的系统"。① 巴纳德的定义强调了组织的调节作用,并且认为组织是多个个体集合而成的系统。

组织理论的学者理查德·L.达夫特(Richard L. Daft)将组织定义为:"所谓组织,是指这样一个社会实体,它具有明确的目标导向和精心设计的结构与有意识协调的活动系统,同时又同外部环境保持密切的联系。"② 根据达夫特对组织的定义,组织是由人及其相互之间的关系所构成的,这种关系不仅是指组织内部的纵向协调,而且包含组织与其所处的外部环境的横向协调。所以,组织在管理其员工、部门的同时,还要积极协调与顾客、供应商、竞争者以及其他利益相关者的关系。

管理学家斯蒂芬·P.罗宾斯(Stephen P. Robbins)将组织从词性上进行了区分。他认为作为名词的组织是一个自觉协调的社会单元,它由两个或两个以上的人构成,用以实现一个普通的目标或一组目标;作为动词的组织的含义是,决定执行什么任务,由谁执行,任务如何组合,如何报告和监督,决策由谁作出。③

弗里蒙特·E.卡斯特(Fremont E. Kast)和詹姆斯·E.罗森茨韦克(James E. Rosenzweig)是系统理论学派的重要代表人物,他们对组织的定义为:"组织是:①有目标,即组织是为了某种特殊目的而存在的;②心理系统,即群体中相互作用的人群;③技术系统,即组织中存在运用特定知识和技能的人群;④有结构的活动整体,即在特定关系模式中一起工作的人群。"④

---

① 任浩.现代企业组织设计[M].北京:清华大学出版社,2005:3.
② 达夫特.组织理论与设计[M].王凤彬,等译.北京:清华大学出版社,2002:15.
③ 罗宾斯,库尔特.管理学[M].孙健敏,等译.北京:中国人民大学出版社,2004.
④ 卡斯特,罗森茨韦克.组织与管理[M].北京:中国社会科学出版社,1988:8.

除了以上几种定义之外,国内外文献中还有许多对组织概念的不同界定,这些定义只是研究的侧重点不同。组织的概念也在随着社会的发展而不断地发展变化。本书将组织定义为:组织是一个有明确目标的集合体,该集合体有一定的结构和协调的活动系统,并且与环境之间相互影响、相互作用。此定义包含以下几个要点:①组织有确定的目标。②组织是由人及其相互关系组成的,人是组织的基本要素。③组织有一定的开放性,一方面组织为适应外部环境的变化而不断自我调整;另一方面组织自身也会对环境产生影响,从而达到不断与环境进行交换的效果。

1.1.2 组织的重要性

组织虽然在人类社会的整个历史中出现的时间很晚,但却得到了飞速的发展。19世纪末期,较大规模的组织还非常罕见,而如今已经发展到各种类型的企业、非营利组织、政府部门等一应俱全,其影响已经深入社会政治生活、经济生活、文化生活和家庭生活等各个领域之中。一个人从出生到死亡,每天都在和各种组织打交道,如医院、学校、机关、商场、企业等。那么,组织为什么这么重要?它究竟发挥着什么作用?

关于组织重要性的问题,达夫特总结出了组织对个人和社会的七方面的重要性[①],见表1-1。

表1-1 组织的重要性

序 号	重 要 性
1	集结资源以达到期望的目标和结果
2	有效地生产产品和服务
3	促进创新
4	使用现代制造技术及以计算机为基础的技术
5	适应并影响变化的环境
6	为所有者、顾客和员工创造价值
7	适应多样化、伦理和员工激励与协调等不断发展中的挑战

组织之所以重要,首先是因为组织能将多种资源集合在一起以实现个体无法完成的目标。例如,世界各国的历史文化遗产,都是通过动员强大的组织力量建成并保留下来的。

组织生产顾客需要的各种产品和服务,同时,随着社会的不断进步和人们生活水平的提高,组织不断地通过各种新的模式、渠道和服务方式等满足顾客的需求,也提高自身的效率和价值。计算机辅助设计、计算机辅助制造、电子商务以及各类信息技术的应用等都为企业的不断创新创造了条件。

组织需要适应环境,同时对环境有着很大的影响。随着信息技术的不断发展,互联网的出现使组织外部环境发生了巨大的变化。各个组织在网络环境下调整组织战略来适应

---

① 达夫特.组织理论与设计[M].王凤彬,张秀萍,刘松博,等译.9版.北京:清华大学出版社,2008:13.

环境,同时也催生出一批新型组织,它们提供的新产品或服务不仅满足了人们的生活需要,引导了新的消费潮流,同时改变了人们的生活方式。例如,手机的普及使人们联系更方便,高端的智能手机几乎可以代替计算机,手机对人们的生活和工作产生了很大的影响。

组织通过不断创新,为消费者和员工创造价值。此外,组织还必须应对和适应今天劳动力多样化以及不断增强的对伦理和社会责任的关注等挑战,并要寻求有效的办法来激励员工,使他们努力工作,实现组织的目标。

1.1.3 组织和企业组织的分类

1. 组织的分类

社会生活中的组织复杂多样,根据不同的分类方式可以对组织进行不同的分类。

1) 按组织的规模分类

按组织的规模,组织可分为小型组织、中型组织和大型组织。例如,行政组织,有小单位、中等单位和大单位;企业组织,有小型企业、中型企业和大型企业。以规模对组织进行分类具有普遍性,任何组织都可以做这种划分,但这种划分方式通常不具有实质意义。

2) 按组织的形成方式分类

按组织的形成方式,组织可分为正式组织和非正式组织。正式组织是指为了实现工作目标,按有关规定确定组织成员的关系,明确各自的职责与权利、义务的一种群体机构。非正式组织是指组织成员关系为非官方规定的、在自发的基础上为满足某种心理需要而有意或无意形成的一种不定型的组织。[①]

3) 按组织的目标分类

按组织的目标,组织可分为营利组织、非营利组织。营利组织又可分为工业组织、商业组织,包括工厂、银行、商店等。非营利组织可以分为群体性组织、公益组织,其中,群体性组织包括工会、妇女组织、行业协会、职业团体等;公益组织包括政府机构、学校、医院、研究所等。

4) 按组织的性质分类

按组织的性质,组织可分为经济组织、政治组织、军事组织、文化组织、宗教组织。本书的主要研究对象——企业组织就是经济组织的一种。本书之后章节所说的组织大部分是指企业组织。

2. 企业组织的分类

企业组织根据不同的标准也有多种分类方式。

按生产资料所有制形式或者企业的投资主体,企业组织可分为全民所有制企业、集体

---

① 任浩.现代企业组织设计[M].北京:清华大学出版社,2005:8.

所有制企业、私营企业和外资企业。

按规模,企业组织可分为大型企业、中型企业和小型企业。企业组织规模可以通过员工人数、固定资产总值、销售额等来体现。世界各国对大、中、小型企业的划分标准并不统一。

按生产要素密集程度不同,企业组织可分为劳动密集型企业、资金密集型企业和知识密集型企业。

按所属经济部门,企业组织可分为工业企业、农业企业、商业企业、交通运输企业、邮电企业等。

按企业的法律形式,企业组织可分为个体企业、合伙制企业和公司制企业,其中公司制企业又可分为有限责任公司和股份有限公司。

1.1.4 组织结构的特性

组织结构可以用三种特性来加以描述,即复杂性、规范性、决策的集中性。

复杂性是指组织内各要素之间的差异性,包括组织内部专业化分工程度,横向和纵向的管理幅度与管理层次数以及组织内人员及部门地区分布情况等。

规范性是指组织内部行为规范化的程度,包括组织内部的员工行为准则、组织的规章制度、工作的程序以及标准化程度等。

决策的集中性是指组织内的决策权分布状态,主要是指集权与分权的问题。

在知识经济时代,组织结构这三个核心内容都发生了根本性的改变。

(1) 纵向层次结构向横向层次结构转变。未来的企业组织将不再是一种金字塔式的等级制结构,而是会逐步向扁平式结构演进。随着知识经济的发展,信息技术对管理的冲击使得企业的组织结构日趋扁平。信息和通信技术对管理的冲击在组织结构方面的集中表现是减少层次与压缩规模。扁平结构的优势就是提高了决策和行动之间的效率,加快了对市场动态变化的反应。

(2) 规范化让位于创造力。智能技术和专业技术知识的发挥在很大程度上依赖于员工的创造力。对于创造力,我们无法给予明确的规则。知识工作包含更多的自我引导和团队工作,宽松、不干预的管理对知识工作者来说是必要的。这样可以保持一种有利于创造性思考的环境,以便对竞争和市场发展作出迅速反应。

(3) 决策将更趋于分权化。在知识经济时代,企业所面临的是迅速变化的环境,工业经济时代信息的层层传递会影响到沟通的效果,使企业难以作出迅速的反应。另外,由于利用专业知识的成本和费用越来越高,因此要在决策中很好地发挥专业知识的优势,应尽可能将决策权分散化,而且由于基层员工最靠近市场,他们对顾客信息的掌握更加具体和清晰,决策权应从高层向低层转移。

1.2 组 织 理 论

自弗雷德里克·温斯洛·泰勒(Frederick Winslow Taylor)于 19 世纪末 20 世纪初开

辟了组织理论以来,系统的组织理论经历了从古典组织理论到现代组织理论的发展进程。组织理论的演进与社会的需要和管理实践有密切的联系,组织可以看作从机械式系统向自然生物系统的思想转变。

1.2.1　古典组织理论

传统组织理论盛行于20世纪10—30年代。它着重分析组织的结构和组织管理的一般原则,研究内容主要涉及组织的目标、分工、协调、权力关系、责任、效率、授权、管理幅度和层次、集权和分权等。代表人物有:提出科学管理理论的泰勒,提出行政程序理论的亨利·法约尔(Henri Fayol),提出官僚制度理论的马克斯·韦伯(Max Weber)。此外,林德尔·厄威克(Lyndall Urwick)及时综合和传播了传统组织理论者的观点与主张,扩大了传统组织理论的影响。

1. 泰勒的组织理论

在管理思想史上,泰勒被誉为"科学管理之父"。泰勒的科学管理理论的内容主要有以下几方面。

1) 科学管理的中心问题是提高劳动生产率

泰勒认为,科学管理的根本在于提高劳动生产率,因为科学管理如同节省劳动的机器一样,其目的是提高每一单位劳动力的产量。

2) 为了提高劳动生产率必须为工作挑选第一流的工人

泰勒认为,所谓第一流的工人包括两个方面:一是该工人的能力最适合他所从事的工作,二是该工人从内心愿意从事这项工作。培训工人成为第一流的工人,是领导的职责。

3) 为了提高劳动生产率必须研究工时与标准化

工时研究并非简单地对一个工人完成一件规定任务作出时间上的统计,而是把一件工作分解为各种基础的组成部分,作出测试,然后根据其合理性重新进行安排,以确定最佳的工作方法。此外,除了操作方法标准化,还应对工具、机械、原料和作业环境等进行改进,并使与任务有关的所有要素都最终实行标准化。

4) 在制定标准定额基础上实行差别计件工资制

制定标准定额是整个泰勒制的基础。通过大量的工时与动作研究,他把每一项工作都分成尽可能多的简单基本动作,把其中无效动作去掉,并通过对熟练工人操作过程观察记录,寻找出每一个基本动作的最好、最快操作方法。在标准定额的基础上,泰勒建议实行新的工资制度,即差别计件工资制。差别计件工资制,是在"工资支付对象是工人而不是职位"思想指导下,按照工人是否完成其定额而采取高低不同的工资率,即完成定额的可按工资标准的125%计算工资,而完不成定额的只按80%计算工资,以鼓励工人千方百计完成工作定额。

5) 设置计划层,实行职能工长制

泰勒认为一位"全面"的工长应具备十种品质:智能,教育,专业的或技术的知识,灵活且有力气的手脚,机智老练,有干劲,刚毅不屈,忠诚老实,判断力和一般常识,身体健康。

泰勒把责任分为两大类:执行职责和计划职责。在执行部门可分解为:①工作分派负责人;②速度管理员;③检查员;④维修保养员。在计划部门可分解为:①工作流程管理员;②指示卡片管理员;③工时成本管理员;④车间纪律管理员。

6) 对组织机构的管理控制实行例外原则

"例外原则"强调了企业中经理人员的特殊性,可以帮助经理人员摆脱日常具体事务,从而集中精力对重大问题进行决策监督。执行这一原则不仅要授权给下级,而且应当使日常业务工作标准化、制度化,使下级人员有章可循。

7) 为实现科学管理应开展一场"心理革命"

泰勒认为,通过开展一场"心理革命",变劳资对立为互相协作,共同为提高劳动生产率而努力,这才是科学管理理论的真谛。他强调,必须使工人认识到,科学管理对他们有好处,只有在改善操作方法的条件下,才能不增加体力消耗而提高劳动生产率,从而使其工资得以提高;也只有实现科学管理,才能够降低成本,满足雇主的利润要求。

2. 法约尔的管理理论

法约尔是古典管理理论在法国的杰出代表。他提出的一般管理理论对西方管理理论的发展具有重大影响,成为管理过程学派的理论基础,也是以后各种管理理论和管理实践的重要依据之一。法约尔的一般管理理论的主要内容有以下几点。

(1) 区分了经营与管理的概念并论述了人员能力的相对重要性。法约尔认为,经营和管理是两个不同的概念。经营是指导一个组织趋向目标的过程,它由六项活动组成:①技术活动,指生产、制造、加工等;②商业活动,指购买、销售、交换等;③财务活动,指资金的筹措及运用;④安全活动,指设备和人员保护;⑤会计活动,指存货盘点、成本核算、统计等;⑥管理活动,指组织内行政人员所从事的计划、组织、指挥、协调和控制活动。法约尔认为,所有的组织成员都应具备这六种活动能力,但对于不同层级和不同组织的人来说,各种能力的相对重要性不同。

(2) 概括并详细分析了管理的五项职能,即计划、组织、指挥、协调与控制。法约尔认为,计划是最重要的管理职能,是领导人员必备的条件和能力。企业中的组织包括人力的组织和物力的组织,统筹考虑人力和物力才能完成其所承担的任务。组织作用的发挥离不开指挥,即把任务分配给各级各类(部门)领导人员,使他们都承担相应的职责,他还对负责指挥的人员提出了八项要求。协调与控制,即统一、调节、规范所有的活动,核实工作进展是否与既定计划和原则相一致,从而防止和纠正工作中可能出现或已经出现的偏差。

(3) 关于如何履行这些管理职能,法约尔提出了管理中具有普遍意义的十四项原则:劳动分工,权力与责任,纪律,统一指挥,统一领导,个人利益服从集体利益,合理的报酬,适当的集权和分权,秩序,公平,保持人员稳定,首创精神,集体精神,跳板原则。

(4) 阐述了管理教育和建立管理理论的必要性。针对当时法国的实际情况,不少企业领导者都认为,只有实践和经验才是走上管理职位的唯一途径,学校也不讲授管理方面的课程。法约尔认为,人的管理能力可以通过教育来获得。法约尔很强调管理教育的必要性与可能性,他认为当时缺少管理教育的原因是缺少管理理论,每一个管理者都按自己的方法、原则、判断行事,没有人把可以为大家共同接受的经验教训总结概括为管理理论。法约尔强调了建立管理理论的必要性,并担起了这一重任。

3. 韦伯的组织理论

管理组织理论的代表人物是韦伯。他出生于德国一个有着广泛政治和社会联系的富裕家庭,是一个对社会学、宗教、经济学和政治学都怀有极大兴趣的学者。韦伯是与泰勒、法约尔同时代的又一位古典管理理论的代表人物,在管理思想史上,韦伯被誉为"组织理论之父"。

韦伯的管理组织理论的基本内容简要介绍如下。

1) 揭示了组织与权威的关系并划分了权威的类型

韦伯认为,任何组织都必须以某种权威为基础,才能实现目标,只有权威才能变混乱为秩序,但不同组织赖以建立的权威不同。古往今来,组织赖以建立的权威有三:一是传统权威,以对社会习惯、社会传统的尊崇为基础;二是超凡权威,以对领袖人物的品格、信仰或超人智慧的崇拜为基础;三是合理、合法的权威,它以对法律确立的职位权力的服从为基础。韦伯认为,以传统权威或超凡权威为基础建立的组织不是科学的、理想的组织,只有建立在合理、合法权威基础上的组织,才能更好地开展活动,是理想的组织。这种组织在精确性、稳定性、纪律性和有效性等方面,比其他组织都优越。韦伯称这种组织为官僚制组织。

2) 归纳了官僚制组织的基本特征

韦伯认为,官僚制组织的基本特征有:①实现劳动分工,明确规定每一成员的权力与责任,并作为正式职责使之合法化。②各种公职或职位按权力等级严密组织起来,形成指挥体系。③通过正式考试的成绩或在培训中取得的技术资格来挑选组织的所有成员。④实行任命制,只有个别职位才实行选举制。⑤公职人员都必须是专职的,并有固定薪金保证。⑥职务活动被认为是私人事务以外的事情,受规则和制度制约,而且是毫无例外地适用于各种情况。

3) 概括了官僚制组织的结构

韦伯认为,官僚制组织体系的结构可分为三个层次,即最高领导层、行政官员层和一般工作人员层。在官僚制组织下,最高领导层相当于目前许多组织的高级管理层,其主要职能是决策;行政官员层相当于中间管理层,其主要职能是贯彻执行最高领导层决策;一般工作人员层相当于直接操作层,其主要职能是从事各项具体的实际工作。

1.2.2 现代组织理论

1. 平衡理论

组织平衡理论是有关组织生存、发展的原理,是对组织生态的说明。西方现代管理理论中社会系统学派的创始人巴纳德于1938年出版的《经理人员的职能》和10年后出版的《组织与管理》就是组织理论方面的代表作。

巴纳德认为组织平衡是组织生存发展与管理的关键,可以从组织内部平衡、组织与环境的平衡、组织动态平衡三方面考察。

1) 组织内部平衡

其是指组织整体与个体之间的平衡,也是诱因与贡献的平衡,即组织提供给个人的可用于满足个人需求、影响个人动机的诱因必须等于或大于个人对组织的贡献。

组织的对内平衡是指有效地分配诱因,确保给各个成员的诱因和贡献平衡,从而保持成员协作积极性的激励过程。诱因应包括经济与非经济的两类。经济诱因包括:工资、奖金、津贴和补贴等。非经济诱因包括晋升、荣誉、理想的满足、工作条件、机会、交流沟通等。

由于促进组织成员做贡献的诱因是不充分的,并且组织平衡是不稳定的,因此,为了使组织保持收支平衡,就必须采用差别诱因原则,即公正地评价每个成员的贡献,按照贡献大小分配经济或非经济的诱因。巴纳德认为,有差别地分配诱因对保持组织声誉和群体意识是不可缺少的。

2) 组织与环境的平衡

这是指组织作为环境的有机体并适应环境的行为,即组织是否是环境系统的一个合理组成部分,组织在系统中承担的职能、实现职能的状况及组织效率如何。实现组织与环境的平衡主要取决于组织目标对环境状况的适应性和目标实现程度。由此看来,组织的内外平衡是统一的,诱因与贡献取得平衡,组织获得成员较高程度的努力,有助于实现组织与环境的平衡;组织效率高、组织与环境平衡实现程度高,又可以为实现内部平衡积累资源、创造条件。

巴纳德认为为了适应环境的变化,必须改变组织的目的,企业组织如果失去对外平衡,企业组织的效力,即组织的利润率和发展速度就要下降。这样一来,诱因就会不足,企业组织也就难以存续。为了保持组织的对外平衡,必须使组织适应外部环境的变化,重视经营目的和经营战略的决策。

3) 组织动态平衡

组织内外所有相关因素都处在变化中,是一个不断打破旧平衡、建立新平衡的过程。实现组织动态平衡,最关键的是处理稳定和变革之间的矛盾,这就需要系统和权变的观念,要用全面、发展、变化的观点看待和处理企业组织发展中的问题。

2. 系统组织理论

巴纳德的系统组织理论又称为巴纳德的自觉协作活动系统理论。巴纳德将社会学概念应用于分析经理人员的职能和工作过程,并把研究重点放在组织结构的逻辑分析上,提出了一套关于协作和组织的理论。

巴纳德认为,社会的各级组织包括学术、宗教、军事、企业等多种类型的组织都是一个协作的系统,这些协作组织是正式组织,都包含三个要素:协作的意愿、共同的目标和信息联系。所有的正式组织中都存在非正式组织,两者是协作中相互作用、相互依存的两个方面。一个协作系统是由相互协作的许多人组成的。对于个人目标和组织目标的不一致,巴纳德提出了"有效性"和"能率"两条原则。当一个组织系统协作得很成功,能够实现组织目标时,这个系统就具有"有效性",它是系统存在的必要条件。系统的"能率"是指系统成员个人目标的满足程度,协作能率是个人能率综合作用的结果。这样就把正式组织的要求和个人的需要结合起来了,这在管理思想上是一个重大突破。

组织的有效性取决于个人接受命令的程度。巴纳德分析了个人承认指令的权威性并乐于接受指令的四个条件。

(1) 他能够并真正理解指令。

(2) 他相信指令与组织的宗旨是一致的。

(3) 他认为指令与他的个人利益是不矛盾的。

(4) 他在体力和精神上是胜任的。经理人员不应滥用权威,发布无法执行或得不到执行的命令。

巴纳德在《组织与管理》一书中再次突出强调了经理人员在企业组织与管理中的重要领导作用,从以下五个方面精辟地论述了"领导的性质"这一关系到企业生存和发展的根本性问题。

(1) 构成领导行为的四要素:确定目标,运用手段,控制组织,进行协调。

(2) 领导人的条件:平时要冷静、审慎、深思熟虑、瞻前顾后、讲究工作的方式方法;紧急关头则要当机立断、刚柔相济,富有独创精神。

(3) 领导人的品质:活力和忍耐力、当机立断、循循善诱、责任心以及智力。

(4) 领导人的培养和训练:通过培训增加领导人一般性和专业性的知识,在工作实践中锻炼平衡感和洞察力,积累经验。

(5) 领导人的选拔:领导人的选拔取决于两种授权机制——代表上级的官方授权(任命或免职),代表下级的非官方授权(接受或拒绝),后者即被领导者的拥护程度是领导人能否取得成功的关键。领导人选拔中最重要的条件是其过去的工作表现。

3. 权变理论

权变理论学派是20世纪60年代末70年代初在美国经验主义学派基础上进一步发展

起来的管理理论。20世纪70年代,权变理论在美国兴起,受到广泛的重视。"权变"的意思就是权宜应变。

权变理论认为,在组织管理中要根据组织所处的环境和内部条件的发展变化随机应变,没有什么一成不变、普遍适用、"最好的"管理理论和方法。权变管理就是依托环境因素和管理思想及管理技术因素之间的变数关系来确定的一种最有效的管理方式。基于系统观点,其理论核心就是通过组织的各子系统内部和各子系统之间的相互联系,以及组织和它所处的环境之间的联系,来确定各种变数的关系类型和结构类型。强调在管理中要根据组织所处的内外部条件随机应变,针对不同的具体条件寻求不同的最合适的管理模式、方案或方法。

美国学者弗雷德·卢桑斯(Fred Luthans)在其1976年出版的《管理导论:一种权变学》一书中系统地概括了权变管理理论。他认为其主要包括以下几点。

(1) 权变理论就是要把环境对管理的作用具体化,并使管理理论与管理实践紧密地联系起来。

(2) 环境是自变量,而管理的观念和技术是因变量。

这就是说,如果在某种环境条件下,想要更快地达到目标,就要采用某种管理原理、方法和技术。例如,如果在经济衰退时期,市场中供过于求,企业经营时采用集权的组织结构,就更适于达到组织目标;如果在经济繁荣时期,市场中供不应求,那么企业采用分权的组织结构可能会更好一些。

(3) 权变管理理论的核心内容是环境变量与管理变量之间的函数关系就是权变关系。

环境可分为外部环境和内部环境。外部环境又可以分为两种:一种由社会、技术、经济和政治、法律等组成;另一种由供应者、顾客、竞争者、雇员、股东等组成。内部环境基本上是正式组织系统,它的各个变量与外部环境各变量之间是相互关联的。

4. 达夫特的组织理论

达夫特为美国范德比尔特大学(Vanderbilt University)欧文(Owen)管理学院管理学教授,他主要致力于组织和领导理论的研究。达夫特认为,管理者想要做到对组织有效地管理和领导,不仅要具备微观层面上的组织行为知识,而且要能从宏观层面上把握对整个系统的组织设计。

达夫特将组织中管理问题的考察视角从主体变为客体,围绕"组织设计"这一核心,构建了一套特有的组织管理理论体系,不仅涵盖了组织的动态过程以及组织的内外环境因素(如信息技术、组织文化、创新与变革等),而且以其特有的客体视角突出了组织设计与再设计的核心内容,使管理者可以更清楚地考察和了解他们存在与将加以管理的组织。同时,达夫特注重运用权变原理对各种情境变量进行分析,以便清楚地了解各变量之间相互制约或促进的关系,从而为管理者选择适合的组织结构模式提供指导。

1.3 组 织 设 计

1.3.1 什么是组织设计

美国学者杰伊·洛希(Jay Lorsch)提出的关于组织结构设计的构想包含两个基本概念:一是"差异"或"差别化",二是"综合"或"整体化"。他认为,企业的每一个生产部门实际上都是自成体系的小单位,这些部门的成员从他们的生产任务和人员素质出发,会很自然地形成本单位的发展方向和组织结构。由于不同部门处在企业内部不同的环境中,这些部门很自然地出现不同程度的差别。"综合"指的是面对外部环境的压力、挑战和要求,企业内部不同部门进行合作与协调的能力和水平。

组织设计的主要内容是处理整个决策过程中的各种问题,既包括协调方式、控制过程、激励措施,还涉及整个决策权力的集中、分散和授权程度。严格来说,组织设计应当包含两个主要目的:一是设计策略的运用,二是研究策略的拟定。前者可以帮助我们提出各种不同的系统组织方案;后者则帮助我们在具体计划的前提下进行变革,并选择改变的方向。

达夫特认为,组织设计的内容包括三方面:组织各部门的工作活动、报告关系、部门组合方式。

1. 组织各部门的工作活动

设立部门的目的是完成对组织具有战略意义的任务。

2. 报告关系

报告关系是一条连续的权力线,它将组织中所有的成员连接起来,并显示谁应该向哪位主管报告工作。

3. 部门组合方式

部门组合方式包括职能组合、事业部组合、多重组合以及横向组合等。

1.3.2 组织设计的演进

现今的组织在很大程度上仍然受制于一个多世纪前产生的层级制等管理思想,以追求效率为第一目标。但当今世界的环境已经和以前大不相同,技术飞速发展、竞争全球化、需求多样化、电子商务日益普及等变化,强烈地要求企业组织作出调整,如在层级上扁平化、信息上共享化、制度上分权化等。许多管理者发现,过去所追求的稳定的环境和高效率的绩效目标已经不能适应当今社会的发展,组织模式需要向学习型组织转化。在转化的过程中,出现了以下几种明显的趋势。

1. 纵向型结构向横向型结构转变

传统的组织结构层级性很强,很少能形成跨职能部门的合作,整个组织通过纵向的层级链进行协调和控制,集权程度很高。这种结构对于促进高效率的生产和技能的纵深发展非常有效,为大型组织中的监督和控制提供了有力的手段。但是,在当前的社会经济环境下,层级制不仅使决策信息延迟,组织不能迅速地对问题或机会作出反应,而且使层级链负荷过重,高层管理人员感到疲乏。

学习型组织围绕横向流程来创设新的结构,使纵向的层次明显减少,并将自我管理团队作为基本工作单位。自我管理团队中包含来自各职能部门的人员,所以,在学习型组织中,职能的界限实际上消失了。

2. 执行常规职务向承担经充分授权的角色转变

传统的组织理论(如科学管理)提倡精确地分配每一项工作,并规定这项工作该如何执行,即分配职务。在这样的组织中,任务被分解到最小的单元,组织的高层对任务进行控制,而员工像机器一样按命令做事。

与职务形成鲜明对比的是角色。角色具有自我处置问题的权力和责任,允许员工运用其自主权和能动性实现某一目标。在学习型组织中,员工在团队或部门中扮演一个角色,很少有规则程序存在,员工可以在权力范围内实现对任务的自我掌控,大大提高了员工的工作积极性和责任感。

3. 竞争性战略向合作性战略转变

在传统的追求高效率、高绩效的组织中,战略由高层管理者制定,他们负责思考组织如何面对挑战和竞争,如何有效地利用资源及应对外部环境的变化。而在学习型组织中,拥有充分信息并得到充分授权的员工以其日积月累的行动为公司战略的发展作出贡献。由于所有员工都与顾客和供应商保持接触,他们最了解第一线的信息和顾客的需求,可以帮助鉴别并制订解决方案,因此可以参与到战略的制定中来。

4. 僵硬型文化向适应型文化转变

组织文化是一个组织存在和发展的根本。当前的许多组织盲目追求效率与绩效,将组织文化弃之不管,其逐渐僵硬化,不仅不能成为组织发展的内在动力和员工工作中的一种共同信仰,而且会带来错误的导向。这样的组织往往在遇到剧烈的环境变化时成为牺牲品。

而学习型组织中的文化提倡的是平等、开放、持续的变革。组织的成员了解各方面如何配合在一起、如何对外界环境变化等作出反应,能够充分地发掘其潜能。每个成员都是对组织有益的贡献者,都是组织的代表人。整个组织弱化了地位差距,进入一种平和的氛围中,强调给予每个人关心和尊重,鼓励大家敢于尝试和犯错,而这些又促进了成员间的互相交流和学习。

5. 正式控制系统向信息高度共享系统转变

在规模较小的组织中,沟通通常是面对面和非正式的,组织的领导者经常和其他成员并肩工作,成员对组织的所有情况都能了如指掌。当组织规模扩大后,高层领导和成员的距离拉大,引入正式的控制与信息系统,并制定各种考核标准等。

在学习型组织中,试图让所有的成员像在小规模组织中那样掌握关于组织的大部分信息,以便他们能快速地作出反应,通过信息的广泛共享而使组织保持在一种最佳的运行状态。管理者的工作是高效开通沟通的渠道,使各种思想向各方面传递。①

1.3.3 电子商务对组织结构演化的影响

互联网的发展改变了经济发展规律和市场结构,电子商务作为网络时代技术发展的必然结果,使企业置身于全球市场,面临着国际竞争。顾客通过互联网可以搜索到更全面、更完善的产品价格信息,顾客占据了市场的主动权。在电子商务时代,企业面临的是更加多变的环境、更加激烈的竞争和更加挑剔的顾客,这一切对传统的层级式组织结构形成了冲击和挑战。②

在电子商务环境下,企业的经营管理具有全球性、共享性、平等性、知识性、创造性、虚拟性、自主性等特征,基于电子商务的组织结构发展呈现出以下几种趋势。

1. 组织结构扁平化

电子商务时代,经济全球化进程加快、市场竞争加剧,迫使企业经营者在管理上进行持续的创新。反映在组织结构设计上,越来越多的企业正努力扩大管理幅度,拓宽到 10~12 个下属,同时对下属的要求也不断提高。因此受过良好训练、经验丰富的下属管理者,可以在更大的管理幅度下开展工作。在现代企业管理中,注重扁平结构已成为一种趋势。

2. 组织结构柔性化、虚拟化

柔性化组织是指企业以一些临时性、以任务为导向的团队结构来取代固定正式的组织结构。团队结构可作为官僚结构的补充,使组织既可以具有官僚结构的标准化,提高运行效率,又能够因团队的存在而增强灵活性。在柔性化的组织中,集权和分权相结合,稳定与变化相统一,可以发挥团结合作优势,缩短产品研制与生产出货的时间,对消费者的需求能迅速作出反应,从而保证企业充分利用资源,为企业提供了应对内外部环境变化的能力,有利于提高组织竞争力。

组织的虚拟化伴随新技术的发展而产生,通常企业只保留规模较小、具有核心竞争力的部分,而制造、分销、市场营销等业务经营活动则依靠其他组织以合同为基础进行,可采用诸如业务外包、企业共生、战略联盟、网络营销等形式。这种组织结构以其合作方式的灵活性、合作内容的技术性和合作范围的广泛性以及对外部环境的高度适应性被许多跨国公司采用。

---

① 达夫特.组织理论与设计[M].王凤彬,张秀萍,刘松博,等译.9 版.北京:清华大学出版社,2008:32.
② 俞林.基于电子商务的组织结构设计[J].商业时代,2007(10):74,94.

3. 组织运行电子化

当今许多成功的组织正在有效地利用电子技术,实现电子商务。管理者认识到了电子技术在为组织获得和保持竞争优势中起到举足轻重的作用。沃尔玛(Walmart)率先使用计算机网络进行电子商务活动,解决了供应链中时间和成本难以控制的问题,从而成为世界上最大的零售商。一些组织运用电子技术将各个独立的企业联结到网络型组织中,或将遥远的全球事业部联结起来,实现更广泛范围、更快速的合作。

4. 组织边界模糊化

电子商务使得组织边界模糊化,世界变成了"无疆界世界"。在电子商务时代,公司在全球战略方面不应该受国界约束,总部不一定要设在母国,生产、营销、科研等可以根据战略分布在全球各地,管理人员应以全世界作为经营范围,而非特定的国家或地区。

5. 组织管理知识化

知识管理的兴起主要有三种推动力量:一是信息技术的迅速发展。20世纪80年代以来,随着信息技术的迅速发展及其在企业经营中的普遍应用,企业经营管理的信息化趋势不断加强。二是随着组织的经济基础从自然资源转变为智力资本,组织必须对知识资源的拥有状况进行评价,并设法有效地利用这些资源。三是创建学习型组织的需要。学习型组织中,管理者要设法创造一种文化与制度,以促进新知识的创造以及知识的收集、传递和转化。

本 章 小 结

任何一个组织,不论其是大是小,是简单还是复杂,都需要进行设计和管理。本章作为全书的绪论部分,分别从组织和组织结构概述、组织理论梳理及组织设计的介绍这三个方面对组织的管理与设计进行了简单的引入。本章探讨了组织的内涵和外延、几种经典的组织理论、权变理论在组织设计中的应用,以及组织设计的演进等,这些都是组织管理与设计中最基本的问题。

复 习 思 考 题

1. 谈谈你对组织的理解。
2. 简述组织的重要性及其作用。
3. 组织的类型有哪些?不同类型企业的组织结构有何特征?
4. 归纳总结各组织理论的主要观点并对其进行评价。
5. 什么是组织设计?你认为组织设计的变量有哪些?

6. 影响组织设计的因素有哪些？
7. 信息技术的发展如何影响组织设计？
8. 组织设计的演变方向有哪些？
9. 系统方法和权变方法有何相同点与不同点？
10. 泰勒的组织理论的主要内容是什么？其对提升管理水平的现实意义是什么？

华为公司组织结构演化

第 2 章

组织设计的外部环境

学习目标

✓ 了解组织设计的外部环境内容
✓ 理解外部环境对组织设计的影响
✓ 掌握对外部环境进行分析的方法
✓ 掌握环境分析结果对组织设计的影响

引例

美国西南航空公司

成立于 1971 年的西南航空公司是由 4 家航空公司合并而成的,自从 1973 年首次盈利之后,美国西南航空公司已经连续 37 年保持盈利,这在航空历史上是前无古人的记录。

西南航空公司以向顾客提供最便宜的机票而著称。就每个员工服务的乘客数量和每架飞机投入的员工数量看,西南航空公司取得了极高的劳动生产率和士气。通过一系列恰当的行动,西南航空公司已取得一个独特和有价值的战略位置。

1. 小规模的交叉功能航班团队

西南航空公司能够保持最短的转机时间和愉快的乘客体验的原因在于每一个航线组成的多功能的团队。独立的航线使一个航班组成的团队可以控制影响绩效的大部分因素。公司允许团队定义成员的角色,并在适当的边界交叉这些角色。

2. 分权管理

在西南航空公司,决定顾客满足和运作效率的许多因素都处于团队的控制之下,对特定航线负责的交叉功能团队掌握着制定决策必需的大部分信息,其控制着航班在机场的装卸时间及顾客登机和就座的效率。团队的绩效更容易测定。奖励制度以团队为单位,刺激了成员相互帮助,鼓励成员相互协作。

3. 走动管理

公司总部为了在公司范围宣传并传播绩效最佳行为,及时意识到需要集中关注的问题,通过两种途径改善通向总部的信息流通:一是管理者采用"走动管理",通过不断地对公司探查,他们能够了解公司底层情况;二是通过顾客信息反馈,了解一线服务的动向。

4. 独特的文化

公司的首席执行官赫布·凯莱赫(Herb Kelleher)试图使公司成为一个愉快的工作场所。他常和员工们无拘无束地交谈,参加公司的晚会。公司的政策是对那些从工作中获得乐趣的员工进行奖励,招募外向型和团队型的候选人。公司实行利润分享计划。员工们虽然辛苦但无怨言,他们为受到尊重而自豪,公司员工的流动率在全行业中最低,仅为7%。

西南航空公司的成功曾引来许多模仿者。几个竞争者试图模仿该公司的一些做法,但是没有成功。

资料来源:梁新弘.美国西南航空公司构筑竞争优势之路径——战略适应范例[J].集团经济研究,2006(1):224-225.

2.1 组织环境

组织环境是组织从事各种活动直接或间接涉及的各种社会关系的总和。企业组织是整个社会经济体系中的基层子系统,整个社会环境是组织赖以存在和发展的根源。

组织结构的选择和设计不应该简单地根据管理者的观念或偏好来确定,管理者至少需要了解关于组织环境的两个方面的知识:①现在和将来可能的环境特点;②这些环境对信息占有、应对未知的不确定性,实现必要的分工和协调的专业化水平等方面的需要。

2.1.1 组织环境的内容

从广义的角度来讲,企业组织外部存在的所有事物都是企业的环境。对组织产生影响却不属于组织本身的事物都可以算作组织的外部环境。环境中因素众多,且不同的因素对组织活动内容的选择及其组织方式的影响程度也是不同的。本书主要分析环境中对组织来说最为重要和必须作出反应的方面。因此,我们将组织环境定义为:组织环境是指存在于组织的边界之外并对组织的总体或局部产生影响的所有要素。环境领域,即组织环境的内容,是指组织所选择的活动的环境领域。①

本书将组织的外部环境划分为任务环境和一般环境两大类。组织与外部环境的关系如图2-1所示。

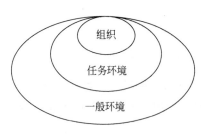

图 2-1 组织与外部环境的关系

1. 任务环境

任务环境是指那些与组织发生直接作用、对组织

---

① 达夫特.组织理论与设计[M].王凤彬,张秀萍,刘松博,等译.9版.北京:清华大学出版社,2008:159.

实现目标的能力有直接影响的因素,一般包括消费者、供应商、政府、竞争者等。

(1) 消费者。消费者是指接受组织服务、产品的对象。消费者在组织的任务环境中是最需要引起重视的因素。因为对于组织来说,其存在的目的就是创造消费者。没有消费者,组织的存在就失去了其最根本的意义,也会因为无法获得利润而"寿终正寝"。组织不仅需要知道自己的消费者是哪些人,还需要从动态的角度来分析消费者。因为消费者的需求永远都在变化,市场变化是影响组织生产经营的重大因素。

(2) 供应商。组织的供应商是指向该组织提供资源的人或单位。供应商为组织提供资源的能力将直接影响组织向顾客提供产品或服务的能力。组织的生产经营活动无一例外都是建立在对相关资源占用的基础之上的。如何更加合理地运用资源,使它们更好地为组织自身的战略目标服务是每个组织需要考虑的重要问题,顾客需求水平的提高、生产科技水平的提高、市场的瞬息万变要求组织必须在供应商的协助下构建和保持自身的核心竞争力。

(3) 政府。政府为维护经济稳定必然会在市场中扮演一定的管理者角色,执行某些管理职能。政府的法律、规章、制度、政策,无一不对组织的经营产生影响和约束作用。

(4) 竞争者。竞争者的一举一动都会影响到组织的生产经营乃至组织战略的制定。根据迈克尔·波特(Michael Porter)提出的五力竞争模型,一方面,竞争来源于行业内现有竞争对手、替代品和潜在进入者。这些都是组织考虑竞争者环境的研究对象。另一方面,行业中企业的数量、各个企业的规模、转向其他行业的障碍和成本都会影响该行业竞争的激烈程度,从而影响组织的生产经营和战略制定。

2. 一般环境

一般环境是指那些对企业日常经营可能没有直接影响但会有间接影响的各种环境要素,通常涉及政治、经济、社会、技术四个方面。

(1) 政治环境。政治环境包括政治制度、政治形势、国家法令、政策等因素。在政治职能越强的国家和地区,政治环境的影响越为强烈。对致力于走国际化发展路线的组织来说,除了需要考虑本国的政治环境外,还应当全面考虑目标市场的政治环境。

(2) 经济环境。经济环境主要包括国家的经济制度、经济结构、经济发展水平、物质资源状况、国民消费水平等。

国家和地区整体经济发展水平与态势会在很大程度上影响组织的战略制定及组织设计,一个突出的表现就是组织的发展会随着地区经济发展的周期出现波动。地区经济发展呈上升趋势时,组织面临的经济环境也会升温,从而获得自身的极大发展;反之,组织发展就会遇到极大的危机。

消费者收入水平会直接影响消费者的消费结构、消费习惯,从而影响到组织的盈利能力。消费者收入水平偏低时,价格因素在消费行为中发挥着决定性的作用,而随着收入水平的提高,消费结构、消费习惯都会发生变化,如对奢侈品消费的增加和更关注产品品质的特点等。

（3）社会环境。社会环境主要包括人口数量、人口分布、年龄结构、教育水平、家庭结构、社会风俗习惯、文化观念等。人口数量、人口分布等会直接影响市场潜力，而教育水平、文化观念等会通过影响人们对组织的看法影响组织的发展。

（4）技术环境。技术环境是指宏观环境中的技术水平、技术发展动向等因素。技术水平会影响组织的管理效率。网络技术、管理信息技术的日趋成熟使技术成为决定组织管理和运作效率的重要因素。组织需要通过管理信息系统（MIS）来掌握组织内部的经营信息。技术水平还会影响组织的研发能力。随着产品生命周期缩短，新产品开发能力的增强主要依赖于技术水平。

2.1.2 组织环境对组织的影响

任何组织要实现自身生存与发展的目的，都需要从外部环境获得必要的能量、资源、信息，如人力、财力、物力和有关信息等，并对这些输入进行加工、处理，然后将生产出的产品与劳务输出给外部环境。组织与外部环境间的关系表现为两个方面：其一，环境对组织的作用；其二，组织对外部环境的适应。外部环境对组织的作用，主要表现在三个方面。

1. 环境对组织的决定性作用

环境对组织的决定性作用首先表现为社会外部环境是组织存在的前提，没有以社会化大生产为技术前提的商品经济运行，就没有组织。从组织的任务环境来看，没有消费需求及各种生产要素的市场供给，组织就不可能生存；从一般环境的角度来看，组织与其具体环境的关系，必定是以一定物质生产关系为基础，各方面社会关系有机结合、交互作用的结果。具体的要素环境直接决定着组织的生存与发展，而任何具体环境又总是一般社会外部环境的组成部分，因此说社会外部环境对组织具有决定性作用。

2. 环境对组织的制约作用

环境对组织的制约作用，主要是指社会外部环境作为外在条件对组织生存发展的限制与约束。这里仅以法律环境为例说明社会外部环境对组织的制约。在市场经济条件下，国家调整组织内部、组织与组织之间、组织与消费者及社会各界、组织与政府之间以及涉外经济活动的利益关系和商务纠纷，主要是利用法律手段和经济手段。这样，组织的生产经营活动就必然面临大量的国内和国际法律环境。国内与组织经营管理直接关联的基本法律框架，大体上包括：组织营销与竞争行为的法律；组织社会责任的法律；组织内部关系的法律等。此外，还有涉外经济活动的法律规范、国际惯例等。组织生活在庞大而复杂的法律环境之中，这些法律规范体系以一定的标准衡量组织进入市场运行的资格，衡量组织在市场中动作的合法性，制止和惩罚"犯规动作"。由此可见，外部环境对规范和控制组织行为具有重要制约作用。

3. 环境对组织的影响作用

环境对组织的影响作用,主要是指某一事物行为对其他事物或周围的人或社会行为的波及作用。例如,习俗观念对组织经营有重要影响,不同的民族文化或同一文化区域人们的不同观念,都对组织经营产生重要影响。

2.2 环境的不确定性

2.2.1 环境不确定性的维度

之前我们提到组织与外部环境的关系表现在两个方面,其中的第二个方面就是组织对外部环境的适应。组织对环境的适应,主要是指组织对其社会环境的觉察和反应。组织适应外部环境有两种基本的形态:一是消极、被动的适应;二是积极、主动的适应。

组织设计的重要内容之一就是使组织内部结构的特征适应外部环境的性质,其中最为主要的就是环境的不确定性。企业的外部环境无时无刻不在发生变化,而且激烈的竞争和科技的迅猛发展已经使这种不确定性越来越强烈。不确定性是企业外部经营环境的主要特点,这个特点使企业决策者很难掌握足够的关于环境因素的信息,从而难以预测外部环境的变化并据此采取相应措施。因此,外部环境的不确定性特点提高了企业对外部环境反应失败的风险。

既然如此,就需要了解环境是如何发生变化的,不同环境的不确定性是否有所区别,这也是对外部环境进行不确定性分析的根本原因。不确定性分析正是为处于特定外部环境中组织的设计提出一些原则,使其尽快适应环境的不确定性。本书将环境不确定性定义为组织能够确切了解并适应环境因素的程度。

对于组织外部环境不确定性分析这一研究领域影响最大的是邓肯(Duncan)所提出的环境不确定性分析模型。邓肯于20世纪对22个案例进行分析,研究了环境不确定性的不同特性对组织决策影响程度的差异。通过研究,他提出了分析环境不确定性的两大维度:复杂程度和变化程度,构建了环境不确定性分析框架(图2-2)。

组织运用这一模型来分析环境不确定性时,其实是分析组织的各个部门所面对的外部环境,其因部门差异而有所不同。环境的不确定性取决于环境的复杂性和变动性。

复杂程度是指一个组织的某个部门所需要考虑的因素的多少。需要考虑的因素越多,其外部环境的复杂程度就越高。复杂程度取决于影响因素数目的多少,还取决于这些因素所在次级环境数目的多少。在某种次级环境中存在五个因素,比如,在消费者这种次级环境中,就没有像在消费者、供应商及竞争者这三种次级环境中存在五个因素那么复杂。

变化程度是指组织所考虑的环境因素改变的频繁程度。如果组织的外部环境一直很少变化,或仅仅发生微弱的变化,则可以认为环境的变化程度较小,即稳定;反之,环境就是

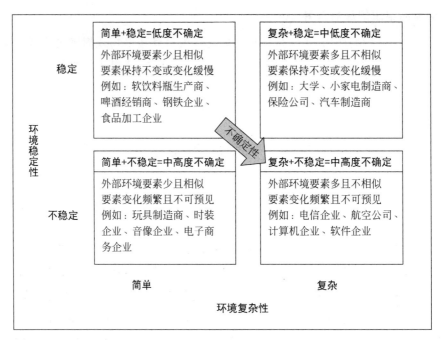

图 2-2 环境不确定性分析框架

不稳定的。

以上述两个维度为基础所建立的分析模型将组织的外部环境分为四种基本类型：简单—稳定型、简单—不稳定型、复杂—稳定型和复杂—不稳定型。组织或者其某一部门的实际环境可能位于这一模型任何一个象限。

1. 简单—稳定型

这类环境包含的因素较少，不同因素的相似性很强，同时因素保持不变或变化缓慢。制造业，如钢铁、采矿都处于这种简单且稳定的环境中。这类企业生产的产品品种较为固定，客户也常常是少数固定的几家，所需原材料的品种较少，竞争者有限。处于这种环境中的组织，通常不需要具备多大的灵活性以应对突如其来的变化，因此一般采用强有力的组织结构形式，即机械式组织结构，从而提高组织效率。

2. 简单—不稳定型

这类环境包含的因素较少，因素间的相关性强，但这些因素经常变化，且难以预测。快餐食品企业就是典型的代表。这类企业专门供应固定品种的快餐，生产量大，原材料供应渠道稳定，顾客和竞争者都是有限的，但外部环境因素变化快，往往由于消费者需求的变化或者可替代食品的出现而引起难以准确预测的市场变化。处于这种环境中，组织通常会在其部分关键部门内采取较为灵活的组织结构形式，即有机式组织结构，将部分决策权分散到直接面对环境的员工身上，以便更快地应对环境的变化。

3. 复杂—稳定型

这类环境包含的因素较多,因素间的差异性较大,但这些因素比较稳定,不经常变化。处于这种环境中的组织必须面对复杂的竞争对手以及供应商、政府和消费者等。虽然环境因素的改变程度较小,但各种因素交织在一起仍可以形成复杂的环境。许多生产日常必需品的企业可归属这一类。这类企业的产品种类众多,所需原材料各不相同,供应商来自各个方面,市场中的消费者多样,同行业竞争者较多,但由于消费者需求较为稳定,因此能够比较准确地预测和了解消费者需求。处于这种环境中的组织会在其关键部门内采取较为灵活的组织结构形式。

4. 复杂—不稳定型

这类环境包含的因素多,且这些因素变化程度高,因而是不确定性程度最高的一种外部环境。家用电器制造企业、计算机生产企业、软件供应商等高科技企业通常处于这种环境中,这类企业产品品种、规格多样,消费者、供应商和竞争者众多,由于消费者偏好、技术发展等因素,市场变化极快且难以预测其变化方向和速度,不确定性程度最高。处于这种环境中的组织大多采用有机式组织结构,管理中更强调分权与合作,集权相对较少。由于高度分权,组织中还需要大量的协调和整合人员以保持目标的一致性。

大多数复杂组织遇到的问题和机会越来越多。环境(包括次级环境)的范围扩大了,变化的速度也加快了。此外,从以上的分析可以看出:外部环境越复杂、越不稳定、不确定性程度越高,组织越需要采用有机式的、灵活性的组织结构来适应环境;相反,外部环境越简单、越稳定、不确定性程度越低,组织越需要采用机械式的组织结构来提高效率。

案例

通用汽车公司

通用汽车公司(General Motors)曾经是世界上规模最大和盈利能力最强的制造企业之一,该公司一帆风顺地走过了 70 多年——这在企业史上创造了其他企业无法与之媲美的纪录。其管理理念是由其针对市场和顾客的"天衣无缝式的网络"构想与其有关的核心竞争力和组织结构的构想组成的。

20 世纪 20 年代以来,通用汽车公司一直认为汽车市场在价格方面是无差别的,该市场被各层次具有相当固定收入的顾客细分。同时其认为,价格是决定消费者购买汽车最为重要的因素。在通用汽车公司内部,这种市场理念反映到了市场占有率和生产组织的扩大这一系列操作中。其在实践中对这一理念的贯彻表现在:每年对所有车型的汽车尽量少做改动,使它们都能够长期大批量生产。这样,每年投放在市场上的相关车型的汽车产量就能达到最大,而生产每一辆车的单位固定成本就能达到最低。

当时,在上述市场理念和生产理念的指导下,通用汽车公司的管理层设计了一种半自治的事业部结构,每一个事业部在销售上都针对某一收入阶层的消费者。而且,各种档次的汽车按级分配,每级之间也由事业部衔接得天衣无缝,这样就能促使消费者提高自己的购车档次。

上述理念有如神助般地发挥了70多年功效。即使在大萧条中最为艰难的时期,通用汽车公司依旧能够获得稳定的市场占有率。但是,到了20世纪70年代后期,通用汽车公司的市场理念和生产理念就开始失效了。这时,汽车市场已经被那些朝三暮四地更换"生活方式"的人群细分。价格状况也只是人们购车的诸多因素中的一个,而不是唯一的因素。同时精益生产方式产生了一种小规模的经济效应。它使得厂商以较低的成本进行短期的生产并生产各种型号的产品,而且这种生产方式要比长期生产同一产品获利更多。

通用汽车公司对这种市场环境的变化一清二楚,但就是不肯相信这种生产方式,反而竭力想推行原有的做法,它仍然根据人们的不同收入状况来维持原有的事业部,但是每一个事业部都推出了一种"面向大众的汽车"。通用汽车公司还对其大规模、长期的大批量生产方式进行了自动化改造,并竭尽全力以此与具有小规模经济效应的精益生产方式相抗衡。为此,通用汽车公司耗费了约300亿美元。通用汽车公司与市场趋势背道而驰,试图通过辛勤的工作以及投入大量的精力、时间和资金来"弥补"自己的不足。但这种弥补方式反而使得消费者、经销商乃至通用汽车公司的员工和管理层感到无所适从。同时,通用汽车公司还忽视了它一直以来作为领头羊、别的厂商在以后似乎无法超越的、真正的成长型的市场:轻型卡车市场和小型货车市场。

资料来源:德鲁克.组织的管理[M].王伯言,沈国华,译.上海:上海财经大学出版社,2003:69-71.

2.2.2 应对环境不确定性

以上分析阐释了外部环境会因变化程度和复杂程度的不同而呈现出不同的状态。接下来要面对的问题就是如何设计组织结构使其适应不同类型的环境不确定性。面临不确定环境的组织通常更倾向于采用横向型组织结构,从而鼓励跨职能沟通和合作,以帮助组织适应外部环境。以下将阐述与处于不确定性环境中的组织相比,确定性环境中的组织在职位和部门、缓冲和边界联系、分化和整合、机械与有机的组织结构、计划和预测等方面都表现出明显的差异。组织在组织设计时应充分考虑内部结构与外部环境的匹配程度。

1. 职位和部门

随着外部环境不确定程度的提高,组织需要相应增加职能部门和职位数目,提高组织内部复杂性,以加强企业的对外联系职能。随着我国经济日益融入全球经济,组织面临的外部环境因素大大增加,由于组织所处的环境因素复杂多变,对外联系的工作量就会相应增加,组织必须增加一定的职位部门和岗位。采购人员与供应商打交道,买来原材料;营销部门寻找顾客,开展产品推广、广告宣传和销售服务工作;财务部门与银行和其他金融机构保持经常的联系和接触;人力资源部门进行求职应聘者的面试;还需要专门的人员和部门来开展公共关系和法律咨询工作等。由于互联网通信技术的发展,很多公司开始增加电子商务、信息技术部门来处理信息技术和知识管理方面的问题。这些新增部门的主要工作是保持组织与外部环境关键要素的联系和协调:一方面使组织及时调整计划和活动,能够更好地适应环境的要求;另一方面还能能动地改善一些外部环境因素来适应组织的要求。

2. 缓冲和边界联系

建立缓冲部门是应对环境不确定性的又一方法。缓冲角色的作用就是吸收和减少不确定性对组织内部生产经营的冲击和干扰。詹姆斯·汤普森(James Thompson)把扮演缓冲角色的对外联系部门描述为缓冲部门。核心系统完成组织主要的生产经营活动,希望能像封闭系统那样运转,以获得高效率和高质量,而缓冲部门就起到包裹核心系统,在环境与组织间进行原料、资源、信息和资金交换的作用。例如,市场部门根据市场需求研究开发新产品,帮助生产部门适时调整产品结构;物料仓储部门适当调整物料的库存数量;人力资源部门处理招聘、培训员工等来缓冲环境不确定性的冲击等(图2-3)。

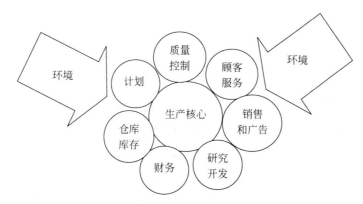

图 2-3 缓冲部门降低了环境不确定性对组织的冲击

边界联系角色发挥将组织与外部环境中的关键要素进行联系并协调的作用。边界联系主要完成以下两个方面的任务。

1) 收集、整理、分发外部环境变化的有关信息

组织必须随时保持对外部环境信息的获取,才能对市场的变化作出及时而准确的反应。一项对高科技企业的调查发现,有97%的竞争失败是因为对市场的变化关注不够,或没能根据主要的市场信息采取行动。[①] 要获得对组织而言重要的环境信息,就需要边界联系人员对环境信息的侦察和整理。如通过市场研究部门监测消费者偏好的变化趋势和竞争者的行动;研发部门要与外部的科研机构保持联系以探测新的技术进展、创新和新型的技术与原料;制造部门必须从外部了解收集有关原料供应、生产设备制造和员工培训等信

---

① MORGANOSKY M A,FERNIE J. Mail order direct marketing in the United States and the United Kingdom: responses to changing market conditions[J]. Journal of business research,1999,45(3):275-279.

息。通常,环境不确定性越高,边界联系人员的重要性就越高。[1]

边界联系可以利用商业情报的方法,即利用高科技手段对大量内外部情报进行分析从而找出其中可能有意义的模式和关系。其还可以利用竞争情报的方法,竞争情报为组织高层管理者提供了一个系统化收集和分析竞争对手公开信息并运用这些信息帮助组织决策的方法,收集竞争对手的资料多种多样,包括新产品开发、制造成本、培训等。

2) 向外部环境输出信息,以加强外界对组织的了解和认可

这一任务直接影响着外界对组织的认识。营销部门中的销售人员代表组织将组织的产品、服务信息介绍给消费者;公关部门将组织的良好形象和发展规划展现给外界;采购人员代表组织与供应商联系,陈述采购要求;法律咨询部门向外界发布有关组织的法律公告等。现在很多组织都建立了自己的网站,从而更加直接有效地展示组织的良好形象。

3. 分化和整合

组织分化是指不同职能部门的管理者在认知和情感导向上的差异,以及这些部门在正式结构方面的差异。[2] 当组织处于迅速变化又复杂的外部环境中时,为了对环境要素作出正确的反应,组织的各部门必须高度专业化,具备专门的技能和行为,从而应对外部环境的不确定性。如组织的研究部门与制造或销售部门的员工相比,其价值观、行为、态度、目标等通常存在模型的差异。

保罗·劳伦斯(Paul Lawrence)和杰伊·洛尔施(Jay Lorsch)曾对10家公司的制造、研发和销售部门进行研究[3],发现,为应对和处理外部环境中截然不同的要素,每个部门形成了各自的目标、结构和业务特色。如表2-1所示,组织内部各部门形成了一定程度的分化。研发部门制订创新、高质量工作的目标和长期(5年以上)的计划,采用非正规的结构,并安排以任务为导向的员工;而销售部门则采用高度正规的结构,制订顾客满意度的目标和短期(2周左右)的计划,并雇用社会性导向的员工。

表 2-1 组织各部门目标及业务导向的差异

要素	研发部门	制造部门	销售部门
目标	创新、质量	生产效率	顾客满意度
时间期限	长期	短期	短期
工作导向	基本为任务导向	任务导向	社会导向
组织正规化程度	低	高	高

高度分化很有可能带来部门之间难以协调的问题。各个部门在态度、价值观和目标、任务导向存在巨大差异的情况下,需要耗费大量的时间和资源来进行整合,特别是当组织

---

[1] SCHWAB R C,UNGSOM G R,BROWN W B. Redefining the boundary spanning-environment relationship[J]. Journal of management,1985,11(1):75-86.

[2] LORSCH J W. Introduction to the structural design of organizations[M]//DALTON G W,et al. Organizational structure and design. Homewood:R. D. Irwin,1970.

[3] LAWRENCE P R,LORSCH J W. Organization and environment[M]. Homewood:R. D. Irwin,1969.

处于高度不确定的状态下时,频繁的环境变化使得协调所需的信息处理工作量大为增加,整合人员所承担的协调和综合的职能对于组织来说必不可少。整合,是指各部门之间相互合作的特性。[①] 为了协调各部门,组织通常会配备专门的整合人员,又称联络员、协调员、项目经理等。表 2-2 是劳伦斯和洛尔施对轻工业中的三个行业调查的对比资料。表 2-2 说明,处于高度不确定性环境中、具有高度分化结构的组织,会配置 22% 的整合人员执行整合任务。在环境简单、稳定的组织中,几乎不需要配备整合人员。随着环境不确定性的提高,部门呈现出的分化程度也会相应提高,组织需要更多的整合人员来协调任务。

表 2-2 环境不确定性与组织整合人员

要　　素	塑料制品行业	食品行业	容器制造行业
环境的不确定性	高	中	低
部门的分化程度	高	中	低
整合人员占管理人员的比例/%	22	17	0

研究结论表明,当组织分化和整合的程度与环境的不确定性相匹配时,组织会运行良好。不确定性环境中运行良好的组织具有较高的分化和整合度。

4. 机械与有机的组织结构

应对环境不确定性的另一个重要的组织对策是增加组织结构的柔性,汤姆·马恩斯(Tom Burns)等为了考察外部环境对组织管理系统的影响,对英国的 20 家工业企业进行了调研。结果发现,外部环境与内部管理组织结构紧密相关。[②] 处于剧烈变化环境中的组织结构与处于稳定环境中的组织结构差异显著。从组织结构的规范化程度来划分,组织结构可以分为机械式组织结构(又称刚性结构)和有机式组织结构(又称柔性结构)。

(1) 机械式组织结构,通常出现在外部环境稳定的组织中,组织具有大量的规则、程序和明确的职权层级特征。同时组织大多数决策是由高层管理者作出的,即组织是集权的。这种结构的优点是具有良好的稳定性和较高的工作效率,但缺点也很明显,适应性差,不能对复杂多变的外部环境作出迅速有效的反应,不适用于高度不确定性的环境条件。

(2) 有机式组织结构,一般出现在迅速变化的环境中,组织内部相当松散,可以自由流动,且具有适应性,通常没有书面的规章条例,职权层级不明确,决策权分散。这种组织结构在简单、稳定的环境下会显示出工作效率不高的缺点,但在迅速变化的环境中具有良好的适应性,可以及时对外部环境的变化作出灵活、有效的反应。

随着环境不确定性的提高,组织更趋向于有机式结构,即权力和责任分散到较低的管理层级,鼓励员工在直接协同工作中发现和解决问题,倡导团队合作,并以非正式的方式分派任务和职责,组织更具灵活性,能对外部环境的变化持续作出有效的反应。机械式组织

---

① LORSCH J W. Introduction to the structural design of organizations[M]//DALTON G W,et al. Organizational structure and design. Homewood:R. D. Irwin,1970.

② BURNS T,STALKER G M. The management of innovation[M]. London:Tavistock,1961.

结构与有机式组织结构的比较见表2-3。

表2-3 机械式组织结构与有机式组织结构的比较

机械式组织结构	有机式组织结构
任务被细分为各个专业化的部分	员工为部门的任务共同努力
任务都有明确的定义	任务会在团队工作中得到调整和重新确定
存在严格的职权和控制层级链,有许多的规章制度	职权和控制层级少,规章制度也很少
对任务的控制集中在组织的高层	对任务的控制分布在组织的所有地方
纵向沟通	横向沟通
职能制	事业部制或者矩阵结构

机械式组织结构和有机式组织结构的划分,只是一种理论上的分类。事实上,真正绝对的机械式或者有机式的组织结构是不存在的,通常是两种类型并存,以某种结构的特征为主,即有机式较强或者机械式较强的组织结构。在拥有多样化产品的组织中,不同产品面对的环境不确定性不同,因此各个分公司的组织结构也不同。在一个组织的不同职能部门中,由于职能不同,对结构的要求也不同,研发部门需要较强的创新性,所以就需要较强的柔性,即有机式的组织结构,而制造部门就需要更强的刚性。总之,应根据组织的不同类型采用与环境相适应的组织结构类型。

5. 计划和预测

当环境稳定、简单时,组织可以集中精力处理常规性和当前经营中的问题,追求生产效率的提高,长期的计划、预测似乎并不重要。因为未来的环境不会有太多的变化,组织不需要作出相应调整。但是在不确定的环境中,计划和预测就变得十分必要,因为计划可以减小外界变化对组织的冲击和影响,使组织对环境变化作出协同和迅速的响应。不确定性环境中的组织需要设立一个独立的计划和预测部门,提高计划部门在各个职能部门中的地位和作用,计划人员需要预测不同的环境变化情境并设计出不同的应对方案。环境变化情境就像故事一样生动描绘了组织面临的选择、未来的各种变化以及管理者如何应对。改进计划工作方法,提高计划水平,如加强中长期预测和规划,实行滚动计划制度和备用多套应变计划,可以提高组织对外部环境变动的适应性。

但应该注意的是,计划不能完全替代其他活动,比如,有效的边界联系、充分的内部整合和协调等,在不确定性环境下,最成功的组织与环境保持接触,在此过程中不断侦察环境中的机会和威胁,并及时作出有效响应。

捷运航空公司的兴与衰

美国从20世纪70年代末起,工业经济开始衰退,美元汇率下跌,从1973年中东国家发起石油禁运以来,油价的上涨给航空工业带来沉重的打击,1982年美国成立"专业空运管理组织"(PATCO)后,出现了强硬的罢工势力。而里根政府又下令解雇罢工者,使劳资双方矛盾恶化。这一切使整个航空工业出现了困难重重的不利局面，正如民航局主席麦克钦所说："即便想象力再丰富，谁也不会想到这么多的不利因素会同时出现。"因此，当时有不少航空公司，如布兰利夫航空公司、大陆航空公司等都曾提出破产申请。

但是，即使在这凄惨的年代，于1981年成立的国民捷运航空公司，却在短短几年内迅速成长起来，而且蓬勃发展，至1984年就有能力收购边疆航空公司而成为美国第五大航空公司。

对于该公司经营成功的直接原因，按总经理马丁的说法，是该公司能保持低成本。这一方面是由于它选用低成本的飞机和低收费的机场，另一方面是它提高员工的积极性和飞机的生产率，既严格督导，又富有人情味，使整个公司充满一种同舟共济的大家庭气氛。该公司充满有干劲的年轻人，他们的薪资很低，例如，驾驶员第一年的薪资仅4万美元，比其他航空公司的资深售票员还低。公司员工不参加工会，他们经常依需要而交叉变换工作，飞机驾驶员有时兼售票员，售票员有时去搬运行李，甚至高阶层主管从董事长伯尔开始，也要到各个岗位去学习业务，有时还得负责调度员与行李放置员的工作；公司不雇用任何秘书，通常也不解雇员工，"铁饭碗"几乎成了不成文的政策。公司鼓励员工参与管理，让大家对经营管理工作多提意见与建议。公司还要求每个员工按折扣价格购买公司的100股股票，使之成为与公司利害相关的股东。许多资深员工往往已积累了超过5万美元价值的股票。另外，伯尔还是一个鼓动家，他经常鼓励员工："要成为胜利者，就需要有卓越的才能当一位能干的人。"

但是好景不长，1984年合并边疆航空公司后9个月，捷运航空公司就亏损了7 000万美元。为了适应规模扩大的局面，并扭转亏损的形势，伯尔带头改变了由他自己倡导的家庭式管理风格，逐渐向其他大公司的传统官僚制管理风格看齐，他不仅不愿多倾听员工的意见，甚至对提意见的人施加压力，直至解雇。连向伯尔建议实行终身雇佣制的执行董事杜博斯也被解雇，董事帕蒂也因不满公司的新规定（不论工作多忙均须从上午6时到晚上9时配合值班制）而主动辞职，创办了"总统航空公司"，并沿用原来捷运航空公司的管理风格。

伯尔后来改变了管理形式，但仍难逃厄运。捷运航空公司每况愈下，公司股票不断下跌，直至1986年伯尔把捷运航空公司卖给德萨航空公司，每股股票市价只为1983年公司最盛时的1/4左右。捷运航空公司员工之所以能接受很低的薪资，是因为他们希望公司昌盛，以便从所持的公司股票的升值和高额股利中得到补偿。可是如今股票暴跌，员工自然失去信心。最后，捷运航空公司消失，被并入大陆航空公司。

资料来源：捷运航空公司的兴衰［EB/OL］.（2018-10-04）. https：//wenku. so. com/d/925dfb5f97ecf6556693072c72656c08.

2.2.3 应对环境不确定性对策

图2-4总结了组织应对不同类型的环境不确定性所应采取的相应对策，结合环境变化

的复杂程度与变化程度,区分出四种不确定性类型。根据权变理论,不同环境下应采用不同的组织设计。将环境不确定性类型与组织设计对策对应起来,就得出组织设计与环境要素的权变框架。

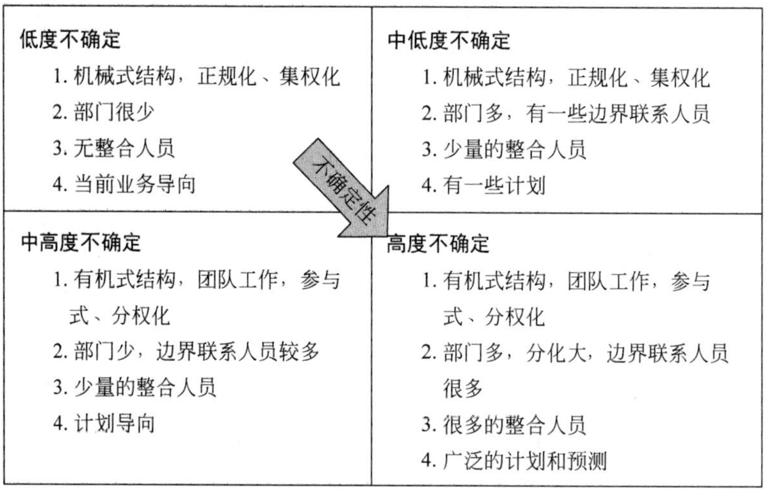

低度不确定	中低度不确定
1. 机械式结构,正规化、集权化 2. 部门很少 3. 无整合人员 4. 当前业务导向	1. 机械式结构,正规化、集权化 2. 部门多,有一些边界联系人员 3. 少量的整合人员 4. 有一些计划
中高度不确定	高度不确定
1. 有机式结构,团队工作,参与式、分权化 2. 部门少,边界联系人员较多 3. 少量的整合人员 4. 计划导向	1. 有机式结构,团队工作,参与式、分权化 2. 部门多,分化大,边界联系人员很多 3. 很多的整合人员 4. 广泛的计划和预测

图 2-4 环境不确定性和组织反应对策

低度不确定性的环境是简单、稳定的,组织只需设立少数几个部门,一般采用机械式组织结构。在中低度不确定性环境中,组织需要设置更多的部门并配备整合人员协调部门的工作,同时需要开展一些计划。在中高度不确定性环境中,环境是不稳定但简单的,组织结构通常是有机式、分权化的,计划受到重视,且管理人员要能够在必要时迅速地进行组织内部变革。高度不确定性环境,是最难对付的环境,组织规模很大、部门很多,且采用有机式的组织结构,配有大量的管理人员用于协调和整合,组织也很重视边界联系、计划和预测工作。

2.3 环境依赖性

环境依赖性是影响组织与环境关系的另一个特点,即组织对外部环境中物质、人力和资源的依赖性。组织需要从外部环境中获取生产经营所必需的原料、人力资源和信息资源等。环境对组织所产生的影响其实也都是以资源供给的形式体现出来的。环境是组织赖以生存的资源的主要源泉。资源依赖性,是指组织既要依赖环境,又力争通过控制环境中的资源而减少这种依赖性。[1] 如果对组织重要的资源被其他组织控制,组织就会变得脆弱。因此,每个组织都竭尽全力保持资源上的独立。

尽管所有的组织都希望把资源依赖性降到最低,但这样做很有可能带来很高的成本和

---
[1] ULRICH D, BARNEY J B. Perspectives in organizations: resource dependence, efficiency and population[J]. Academy of management review, 1984, 9(3): 471-481.

风险,所以一些组织开始寻求通过共享稀缺资源来达到保持竞争力的目的。

组织努力在与环境中其他组织的联系和自身的独立性之间保持平衡。组织通过调整组织间关系,操纵或者控制其他组织来保持这种平衡,获取所需资源。[①] 组织为了生存和发展,需要向外扩展、控制和改变周边的环境要素。组织通过以下两种策略控制和管理外部环境中的资源:一种是与环境中的组织建立有利联系的策略;另一种是改变和控制环境领域的策略。[②] 当组织意识到缺少有价值的资源时,就会有计划地运用这两种策略从环境中获取资源,而不是独自解决问题。以下介绍的两种策略与应对环境不确定性的策略有所不同,因为后者主要是为了应对环境信息缺乏,而前者是为了应对资源的需要。

2.3.1 组织间关系

组织间关系是指发生在两个或者两个以上组织之间的相对持久的资源交换、流动和联系。传统的观点认为,组织间关系是获取组织所需而采取的不正当手段,组织是彼此独立存在的,彼此相互竞争和依赖,组织间关系的形成虽然可以获得竞争优势,但是也可能会因为需要照顾其他组织的利益而影响组织的自主权和独立性。

詹姆斯·缪尔(James Moore)提出,现在的组织正日益朝着商业生态系统的方向演化,组织生态系统是指组织的共同体与环境相互作用而形成的系统,常常跨越传统的行业界限。例如,联想公司的生态系统就包括其上游的供应商,以及下游数以百万的消费者。苹果计算机公司的iPod与iTunes音乐商店联合作为娱乐公司比单纯的计算机生产商更为成功,苹果公司与其他组织间的密切合作,包括与音乐公司、消费电子公司、手机制造商、计算机公司乃至汽车制造商的合作有助于其获得成功。联想公司和苹果公司都与其他组织建立了组织间关系,形成商业生态系统,从而突破了传统的企业边界。

当环境中风险较大、资源稀缺时,组织应该向外扩展,控制威胁组织所需资源的外部环境要素,可以通过多种途径与其他组织建立组织间关系,如通过所有权的获得、战略联盟、连锁董事制、经理人员的聘用、广告宣传和公共关系等方式和外界保持联系,可以有效降低风险并保证稀缺资源的供应。

1. 所有权的获得

在行业环境中,组织如果面临巨大的不确定性,但又必须获得组织所需的资源,就需要通过购买其他组织的股权,利用所有权与该组织建立联系,从而获得组织本身尚不具备但对方组织已经拥有的技术、市场或其他资源。

组织可通过合并和收购在较高程度上获得其他组织的所有权。合并,是指两个或两个

[①] BABCOCK J A. Organizational response to resource scarcity and munificence: adaptation and modification in colleges within a university[D]. University Park, PA: Pennsylvania State University, 2023.

[②] 达夫特. 组织理论与设计[M]. 王凤彬,张秀萍,刘松博,等译. 9版. 北京:清华大学出版社,2008.

以上的组织联合而成新的实体。收购是指一个组织的所有权被另一组织购买,并由购买方控制的情形。① 合并也好,收购也好,组织通过这种方式获得所有权和控制权,从而减少其在行业中所面临的不确定性。

2. 战略联盟

战略联盟是组织从外部环境中获得所需资源的又一途径,美国管理咨询专家林奇(R. P. Lynch)认为,组织的成长有三种基本方式:内部扩张、实施并购、构建战略联盟。

通常当两个组织在经营方式、市场等方面存在一定的互补性的时候,组织更易采取联盟的方式建立联系和合作,而非并购。战略联盟是组织针对日益增强的竞争压力的有益响应,使组织迅速获得生存发展的空间,推动创新,加速整个经济社会的发展和演化。组织在面对战略联盟时需要考虑的核心问题是如何在保持已有关键资源的前提下,尽可能多地从战略联盟中的战略合作伙伴处获取有益的资源。战略联盟通常可以通过以下两种方式实现。

(1) 签订合同。合同又包括特许协议、供应协议两种具体形式。特许协议,即购买在一定时期内某项资产的使用权;供应协议,即约定一家组织向另一家组织供应产品,通过签订协议,共同约定供货数量、品质、规格和价格,双方实现长期的合作。如肯德基公司与原料供应商签订土豆供应合同,获得了对供应商的长期影响力,改变农民种植土豆方式的同时为农民带来收益,肯德基降低了环境不确定性,并且能稳定长期地从环境中获得所需资源。再比如,世界零售业巨头沃尔玛对供应商有严格的要求和强大的影响力,通过合同指导供应商生产的产品、数量、生产方式等,并约定进货的价格。

(2) 合资经营。所谓合资经营,就是两家组织共同出资建立一个独立于双方母公司的新组织,尽管母公司与子公司彼此独立,但母公司仍对子公司拥有一定的控制权。如上海大众由德国大众有限公司以及上汽集团共同出资,双方各占50%股份,通过这种共同出资的方式使德国大众顺利进入中国市场。

3. 连锁董事制

连锁董事制,是指一家企业的董事同时担任另一家企业的董事这样的正式关系。这一董事就成为两家企业的联系和桥梁,同时担任两家企业的董事就被称为直接连锁。假如A企业的董事与B企业的董事同时担任C企业的董事,则A企业与B企业发生了间接连锁。一个行业在面临财务状况不确定时,竞争企业间的间接连锁也相应呈增加趋势。

4. 经理人员的聘用

通过聘用从相关机构退休的人员作为组织的经理人员,组织也能获得与外界其他组织建立有利联系的途径,如聘用金融机构、关键客户企业的退休人员,就拥有了与其他组织进行相互沟通和影响的渠道与媒介,有助于组织降低财务绩效的不确定性和依赖性。

---

① BORYS B, JEMISON D B. Hybrid arrangement as strategic alliances: theoretical issues in organizational combinations[J]. Academy of management review,1989,14(2):234-249.

5. 广告宣传和公共关系

广告宣传和公共关系一直以来都是组织建立良好关系、保持良好形象的有效方式,特别是在竞争激烈的消费品行业更是如此。公共关系与广告的作用类似,不同的是其更接近一种事实报道,以市场和公众的意见为目标与导向,使公众从报纸、杂志、网络、电视等多种媒介看到组织的宣传,从而在利益相关者和公众心中为组织留下良好而深刻的印象。

2.3.2 组织可以利用和施加影响的领域

除了通过建立组织间关系获得组织所需资源外,组织也可以选择通过改变组织环境来获取资源,以下介绍组织如何影响和改变所在的环境领域。

1. 改变领域

组织所处的环境领域从来都不是一成不变的,即使组织确定了经营范围、市场领域以及相关的供应商、银行、员工和厂址,其环境领域还是可以改变的。[①] 组织可以通过寻求建立新的环境联系,剥离已有的旧的联系,也可以寻找并进入那些竞争者较少、资源充足、管制和约束较少、消费能力强、市场潜力大、进入壁垒和门槛较高的领域。

收购和剥离是改变组织环境领域的两大策略。如加拿大制造雪地摩托车的博姆巴迪厄(Bombardier),从20世纪70年代中期发生石油危机以致几乎毁掉整个滑雪行业时起,就通过一系列的收购活动改变公司的经营领域,先后与加拿大航空公司(Air Canada)、波音公司的德哈维兰(deHaviland)事业部等多家公司达成合作,从而逐步将公司的经营业务领域向航空业转变。剥离的例子是IBM公司将PC事业部卖给联想,从而专注提供软件和计算机服务解决方案的业务。

2. 政治活动

政治活动包括影响政府立法和规章条例的各种方法,政治策略可以用来给竞争对手设置规章制度方面的障碍,也可以用来废除对自身不利的法规。这种政治活动和政治策略主要是通过对政府机构施加影响,从而影响相关立法的通过与否。微软公司是美国最大也是最老练的游说组织。微软无处不在的游说努力及其强大的政治势力使得联邦政府很难通过任何微软反对的与技术有关的立法。一直以来避开政治的沃尔玛也开始雇用政治说客并积极参与政治活动。

案例

沃尔玛公司

20世纪90年代晚期,沃尔玛发现了一个可能阻碍它雄心勃勃的国际扩张计划的问

---

① KOTTER J P. Managing external dependence[J]. Academy of management review,1979,4(1):87-92.

题——美国同中国就后者加入WTO(世界贸易组织)谈判时,美方代表同意了中国提出的只允许美国零售商在中国开设30家店铺的要求。更糟糕的是,零售巨人沃尔玛的高层发现他们甚至不知道应该到华盛顿去找谁来申诉这一问题。

直到1998年,沃尔玛从来没有雇用过一位政治说客,也从未在政治活动上花过一分钱。沃尔玛从此以后从一家置身政治事件之外的公司转变成为一家努力游说以使得公共政策符合自己商业发展需要的公司。通过雇用内部说客以及和有利于自己的游说组织开展紧密合作,沃尔玛在全球贸易的问题上取得了重大的胜利。

除了关心全球贸易外,沃尔玛发现在很多其他问题上自己也需要政府的支持。公司一直在和工会组织、员工的律师以及联邦调查员进行法律诉讼。例如,国际食品和商业劳工联合会(United Food and Commercial Workers International Union)帮助沃尔玛员工对公司提出了一系列的共同起诉(class-action suits),起诉的范围包括超时工作、医疗保健以及沃尔玛违反全国劳工关系管理委员会政策等。沃尔玛马上投入几百万美元开始游说,以图施加压力使联邦政府设立共同起诉赔偿额的上限,并通过立法禁止公司工会向外界恳请援助。尽管沃尔玛游说立法并没有取得成功,但公司的高层仍然为他们的游说成绩感到非常满意。但同时他们也承认要学会如何游说以使政府制定最有利于自己的法律法规,沃尔玛仍然有很多东西要学。

资料来源:李岚.从沃尔玛的经营活动看美国大企业的政治公关行为[J].领导科学,2009(23):49-50.

除了雇用说客以外,许多企业的高层管理者特别是CEO(首席执行官)经常借助自己的地位与政府高层接近,开展游说活动或者政治活动时也特别有效。

3. 行业协会

影响组织环境的很多工作都可以通过与那些具有相同利益的组织进行合作从而共同完成,如中国粮食行业协会、中国奶业协会、中国保险行业协会等。通过将行业中的资源集中起来,这些行业协会能够开展市场预测、发展公共关系等活动,例如,中国奶业协会充当着政府与企业的桥梁,加强行业发展问题的分析与研究,反映行业发展情况,提出行业发展建议,帮助乳制品行业企业开发市场潜力,更具竞争力。

图2-5为环境与组织的整合性框架,主要从两个方面进行了概述:第一个是组织外部环境的复杂性和不稳定性影响着组织对环境中信息的需要和应对。为了应对环境中的高度不确定性,组织可以通过合理设置新的部门与职位和边界联系角色,设置适当的整合人员,增强组织的灵活性,建立有机式的组织结构,做好对环境的计划、预测和响应。当环境的不确定性较低时,组织往往呈现出机械式的组织结构、部门和职位的数量较少、边界联系人员较少、更高程度的集权等。第二个是关于环境中资源稀缺性的问题。由于组织受所在外部环境中有限资源的约束,因此,如何处理好对环境资源依赖性的问题至关重要。当组织对环境中其他组织的资源依赖性较强时,该组织就需要通过建立有利的组织间关系,并采取恰当方式和手段控制组织所在的环境领域。相反,如果组织对环境中资源的依赖性较低,说明该组织不易被环境中的其他组织控制,也就易于保持其独立性。

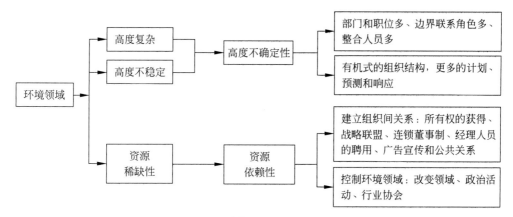

图 2-5　环境与组织的整合性框架

本 章 小 结

组织是处于社会系统中的子单位,因此处于外部环境众多因素的影响之下,外部环境对组织的生产经营和管理工作、组织的有效运行发挥着非常重要的作用。环境内容的变动和复杂程度在很大程度上决定着组织的结构设计与运营,而组织的战略决策、经营策略和经营活动也是对环境的应激性响应。组织处于环境之中,被环境影响,因此组织应该了解并适应环境,同时,组织也对环境产生影响,能够控制和改变环境,可以改变环境中的要素,使之朝着有利于组织的方向发展。

组织所处的外部环境可以从不确定性和资源依赖性两个角度进行分析。环境的不确定性是由稳定-不稳定、简单-复杂两个维度构建的环境要素综合作用的结果。资源依赖性是由于组织始终需要从环境中获得所需的稀缺资源所产生的。

组织设计和管理必须考虑环境的影响。环境的复杂性和变动性对组织管理产生了某种特定影响。组织需要时刻关注和识别外部环境的变化、威胁和机会,并使组织的内部结构与外界环境相适应和匹配。在外部环境复杂多变时,要保持组织结构相应的复杂性,组织应该是高度分化的,并且采用有机式的组织结构,设置更多的专门部门和职位,强化组织的边界联系能力和缓冲角色以获取环境信息,配备更多的资源给负责计划、预测、协调内部各种活动的部门。

由于组织对环境的资源依赖性,当风险较大、资源稀缺时,组织需要向外扩展,控制那些威胁组织从环境中获得资源的外部环境要素。组织可以通过所有权的获得、战略联盟、连锁董事制、经理人员的聘用、广告宣传和公共关系等建立组织间的有利联系。组织对环境的控制和影响主要可以通过改变领域、政治活动和行业协会等方式,从而降低外部环境对组织的威胁和风险,保证组织所需的稀缺资源的供应的同时保持一定程度的独立性。

复习思考题

1. 以熟悉的组织为例,分析组织的外部环境包括哪些内容。

2. 为了降低环境不确定性对组织内部的冲击和干扰,举例说明各专业化的管理部门应如何发挥其缓冲作用。

3. 选择两个不同的行业,运用外部环境的不确定性分析模型进行两个行业不确定性的比较分析。

4. 影响环境不确定性的因素有哪些?通常来说,环境的复杂性和环境的变化哪一个对环境不确定性产生的影响最大?

5. 组织在什么样的环境条件下强调计划?对动荡的环境来说,计划是一种合适的反应措施吗?

6. 环境是如何影响有机式和机械式的组织结构的?

7. 假定有两个组织,其中一个处于简单、稳定的环境中,另一个处于复杂、多变的环境中,请问两个组织的职能人员对生产个人的比率有什么不同?为什么?

8. 如何理解企业是一个相对独立的开放系统?

9. 环境与组织相互影响,组织可以采取哪些措施对外部环境施加影响?

10. 组织间关系的类型包含哪些?

案例分析

伊士曼柯达公司的兴与衰

即测即练

第 3 章

组织设计的内部环境

学习目标

- ✓ 了解规模与组织设计的关系
- ✓ 了解组织生命周期与组织设计的关系
- ✓ 了解信息技术与组织设计的关系
- ✓ 了解职能结构与组织设计的关系
- ✓ 了解公司治理与组织设计的关系

引例

公司治理制度的重要性——创维集团

创维集团有限公司(以下简称"创维")是以香港创维数码控股有限公司为龙头,跨越粤港两地,生产消费类电子、网络及通信产品的大型高科技上市公司。2004年11月,创维的创始人黄宏生因涉嫌串谋诈骗及盗窃上市公司资金被香港廉政公署拘捕。事发后,创维及时地进行了危机公关,公司的管理平滑过渡到了一个由职业经理人搭建起来的团队管理。其间,创维所有的工作和努力都围绕着一个核心思想:划清创维、香港创维数码控股有限公司、黄宏生本人三者的关系。通过媒体向公众传达:该事件是由香港创维数码控股有限公司的操作问题所引起的,而深圳创维集团是独立运营的实体集团,不会影响整个企业未来的发展。

从2004年发生"黄宏生事件"至今,创维优良的市场表现、健康的财务状况、管理层的平稳交接以及企业的正常运营,都说明了一个治理层和管理层权责划分清晰、委托代理关系明确的企业能够不受个别事件的影响,保持平稳地发展。

原本应激起千层浪的"黄宏生事件",却被创维轻松应对,除了高效的危机公关和稳定的产品市场表现以外,"创维再造"功不可没。其实,早在上市初,创维内部就已发生了问题。长期以来,创维以黄宏生为核心进行运作,黄宏生集创始人、董事长、CEO等要职于一身,其"事必躬亲"的管理方式与职业经理人模式发生了冲突,而这种冲突在2000年"陆华强事件"中达到顶峰,也迫使黄宏生进行了反思与改变。

"陆华强事件"使黄宏生认识到,一个企业要健康成长,必须在所有者和经理人之间形成制衡,建立完善的职业经理人制度。黄宏生开始了逐步放权:创维六大产业公司每一家都有自己的CEO,黄宏生只保留董事长的职务,并从事无巨细的事务性工作中解脱出来,开始关注战略的问题。2001年,张学斌加入。张学斌向黄宏生递交授权书,黄宏生下放了创维的人权、财权、营销权,并开始了对经营团队的期权激励计划,明确委托代理关系。

创维之所以能从容应对危机,得益于其在"陆华强事件"后意识到了建立完善公司治理制度的重要性。创维主动对公司的管理体制进行了革新,形成了清晰的创维集团、创维数码等管理架构,并在治理层和管理层上明确了权责界定。

资料来源:创维危机公关案例分析[EB/OL]. https://www.docin.com/p-2361535678.html.

3.1 规模与组织设计

3.1.1 组织规模

要确定一个组织的规模大小,需要考虑多方面因素,如组织中人员的数量、组织的生产能力、组织的市场占有份额、组织提供的产品种类、组织所属行业的特征、组织销售产值等。在实际应用中,并没有一个固定的衡量标准,各国都有各自的标准。例如,对于企业这种类型的组织,中国国家统计局在1979年制定了《大、中、小型企业划分标准》,对产品比较单一的企业,以企业主要产品的年生产能力作为衡量标准;对产品种类较多的企业,以企业所拥有的固定资产原值为衡量标准。而在其他国家,它们将企业的销售额或是市场份额作为衡量指标。每一种衡量标准都有其适用性和局限性,没有绝对准确的衡量标准。例如,如果将销售额作为衡量组织规模的标准,那么一家年销售额为5亿美元的飞机制造企业只能算作一个规模不大的企业,而如果一家生产螺丝钉的企业的年销售额能够达到这个数目,则可以算作一个大型企业了。

在本书中,我们将组织中的人员数量作为衡量组织规模大小的标准。首先,人员的数量在某种意义上对组织的影响是决定性的,其他衡量标准都在一定程度上与人员的数量有着或多或少的关系。例如,有研究表明,一个企业组织的员工总数与其净资产的相关性为0.78;医院里总劳动力和平均医治的病人之间的相关性为0.96。因此,用一个企业组织的人员数量来衡量组织规模是一个相对准确的方法。其次,从组织设计的角度来看,组织是以人以及他们之间的相互作用为主体的,因此其人员数量应比其他任何衡量标准与组织有更紧密的关系。

根据组织中人员数量的多少,通常把企业分为大型组织、中型组织和小型组织。一般认为,超过2 000人的组织为大型组织,低于1 500人的组织为小型组织,介于1 500人和2 000人之间的组织为中型组织。组织规模的大小只是划分组织类别的一个标准,并不能作为衡量组织好坏的标准。近年来,随着经济全球化进程的加快,大型的跨国企业越来越多,这些企业有着很大的竞争优势,能够完成复杂的工作和生产复杂的产品。大型企业对于参与全球竞争来说是必要的,因为全球竞争需要大量的资源和规模经济所带来的效益。但是,大规模的组织往往会带来官僚制,从而造成企业效率的下降。同时,在新技术的不断推动下,一些新型的小企业也以其灵活、快捷的反应表现出极强的生命力和创新能力。因此,尽管近年来由于行业合并产生了不少超大型的公司,但组织的平均规模正在缩小,小型化的公司利用扁平化、有机、自由流动性的管理方式来鼓励创新。当然,小型企业也面临着资源及能力上的不足和缺陷。越来越多的组织认识到这个问题,尽管有许多小型组织希望快速发展,成为大型企业,但是也有很多企业开始控制其发展速度和规模,将注意力集中到核心业务上。例如,联合利华公司由于无力支持其所有业务的全球化目标而将其价值49亿英镑的特种化学公司卖掉,将精力集中在其享有盛名的食品及个人护理产品业务上。

3.1.2 规模对组织设计的影响

组织规模的大小是影响组织设计的一个重要因素,不同规模的组织表现出明显不同的组织结构特征。20世纪70年代后期和80年代初期,国外的组织学者对此进行了大量的研究,其中主要的研究如下。

美国组织学家彼得·布劳(Peter Blau)等认为,组织规模是影响组织结构设计的最重要因素,规模大的组织会提高组织的复杂程度,并对专业化和规范化的程度提出更高的要求。当组织业务呈现扩张趋势时,会导致组织员工增加、管理层级增多、组织专业化程度不断提高,从而组织的复杂化程度也会不断提高,这必然会给组织的管理带来更大的困难。随着内外环境不确定性因素的增加,管理层也更难把握实际变化的情况并迅速作出正确决策,这时就需要对组织进行分权式的变革。

英国阿斯顿大学(Aston University)的研究发现,组织规模是组织结构的决定性因素。组织规模越大,工作的专业化程度越高,标准程度和规章制度的健全程度就越高,分权的程度就越高。在组织设计中,必须充分考虑组织规模的差异,以便制定出合适的组织结构。综合上述研究,组织规模对于组织设计的影响有以下五个方面。

1. 规范化

组织的规范化是指组织正式颁布的规章制度和书面文件的数量。一般而言,由于大型组织的员工人数多,管理层次多,分工细致,部门也比较多,为了便于对员工的工作进行有效控制和管理,各个职能部门之间进行有效协调,组织需要标准化的规章制度来规范人们的行为,因此各种正式颁布的规章制度和书面文件必然增多。而对于小型组织而言,由于员工人数少,管理者可以对所有员工的行为进行监督,即便没有充分的规章制度或是书面文件来约束员工的行为,员工也可以得到有效的管理,部门间的协调可以通过非正式的方式来进行。也就是说,大型组织比小型组织具有更高的规范化程度。

2. 集权化

组织的集权化是指组织决策权力的层级。如果决策主要由高层作出,则集权化程度高,若决策大部分在较低的层级完成,则组织集权化程度较低,即分权化程度高。一般而言,大型组织的员工人数多,分工非常细致,各种职能部门相对较多,如果在这种情况下,组织的所有决策都是由最高管理层作出,那么就会出现信息传递过程慢、传递过程中容易失真的现象,这将会导致决策错误的机会大大增加。而且,如此繁重的信息处理工作,还会使组织的高层管理者不堪重负、难以承受。而对于小型组织而言,人员数量相对较小,需要最高管理者作出的决策相对较少,而且信息很快就可以传递到决策层,决策失误的风险相对较小。此外,由于最高管理层直接制定决策,决策的制定、实施过程都能有较高的效率。因此,在大型组织中,需要实行分权化管理,而在小型组织中,集权化相对更有优势。

3. 复杂性

组织的复杂性:一方面是指纵向复杂性,即层级数量;另一方面是指横向复杂性,即部门或工种数量。组织规模与组织复杂性之间的关系是显而易见的,大规模的组织需要完成的任务本身就具有复杂性,人员也要大量增加,但一个部门的规模又不能太大,所以必然产生细分的要求。在部门增多的基础上,为保持管理的有效性,由于管理的幅度不能设置太宽,因此会使管理层次相应增加。这样,无论在横向的复杂性上,还是在纵向的复杂性上,规模大的企业都比规模小的企业表现出更强的特征。小型组织则不需要设立太多的层级以及部门,可以通过简化来保证其对环境的适应性和创新性。

4. 专业化

组织的专业化程度是指组织中职能工作分工的精细程度。如果专业化程度高,每个员工只需要从事组织工作很小的一部分;如果专业化程度低,员工从事工作的范围也就较大。大型组织中每一种工作任务量都比较繁重,有时甚至一种工作需要多个人来承担,因此每个人负责的工作范围就较小,专业化程度较高。细致的劳动分工和专业化是大型组织的普遍特征。而在大多数情况下,规模较小的组织专业化程度都较低,由于规模小,每一种类工作的任务量相对就少得多,往往一个人可以承担多种工作,工作范围较广。

5. 人员结构

组织的人员结构是指组织中各种人员的构成比例,如管理人员、专业人员、办事人员和直接生产人员等。正如专业化中所述,在大型组织中,每一项任务都由许多人来承担,专业化程度的提高,既要求专业部门的增多,也要求专业人员数量的增加,办事人员的比例增加则是由于大型组织沟通量的增大和书面工作的增多。一些专业人员或是办事人员分担了一部分原来需要管理人员以及直接生产人员做的工作,减小了他们的任务量,从而降低了管理人员和直接生产人员的比例。而在小型组织中,由于专业化分工的模糊性,许多管理人员同时还需要承担一些专业性甚至是直接生产人员的工作,所以反而会导致这部分人员的比例较大型组织高。或者说,在小型组织中,各种人员之间没有明确的界限,相对来说是比较模糊的。

许多人开始意识到,庞大组织似乎在现代竞争中显得有些迟钝和落后,尽管资本市场上公司的兼并和重组越来越多,但缺乏理性思考仅仅追求规模并不是一个正确的战略选择。对于大型组织,需要依靠规章制度、程序以实现标准化,需要不断地通过分工来细化工作内容,需要进行分权来保证决策的有效性,需要大量的专业人员以及办事人员来保证组织业务的正常运转,并以此达到对公司控制的目的。但是同时,在进行组织设计中也需要解决在这个过程中产生的效率变低、反应迟钝以及官僚化的问题。

小型组织在创新能力及灵活性方面有很大的优势,但是由于常常出现组织中缺乏规章制度、分工模糊和过于集权化等问题,其发展受到了一定的制约和影响。由于决策的过度集中也可能导致重大决策的失误,在组织设计中,应该从长远的角度着眼,在保持小型组织优势的前提下,避免出现重大决策的失误。

对于中型组织,有两个方面值得思考:一是如何防止臃肿,因为大多数中型组织都有快速成为大型组织的目标,而为了实现这一目标,会在组织设计上仿效大型组织;二是如何避免混乱,因为中型组织都是从小型组织成长发展起来的,在小型组织阶段具有的一些特点,如决策的集中、规范性的缺失等,会使中型组织在管理中出现混乱。

3.2 企业生命周期与组织设计

人们借用人类生长过程中要经过幼年、少年、青年、中年、老年等阶段,构成一个生命周期的现象,提出了组织生命周期的概念。不过,对于组织生命周期应分为几个阶段、如何划分,学者们也是见仁见智。1972年,美国哈佛大学的拉芮·E.格利纳(Larry E. Greiner)教授在《组织成长的演变和变革》一文中,第一次提出了组织生命周期的概念,他把组织生命周期划分为五个阶段。1983年,美国的罗伯特·E.奎因(Robert E. Quinn)和克姆·卡麦尔森(Kim Cameron)在《组织的生命周期和效益标准》一文中,把组织的生命周期简化为四个阶段。1999年,达夫特在总结格利纳、奎因和卡麦尔森等人的理论的基础上,提出组织发展经历四个主要阶段:创业阶段、成长阶段、规范化阶段、官僚化阶段。

3.2.1 创业阶段的组织设计

这个阶段的组织,通常由掌握某种技术的创业者创立,创业者同时承担技术专家及管理者的角色。组织的主要精力放在单一产品的生产和服务上,主要目标是生存。这个阶段中的组织人数少、规模小,一般没有规范化、正式的组织结构,分工较粗,员工之间交流频繁,多采用非正式的方式进行交流。对企业内部活动的控制,往往由创业者个人决策和监督。

然而,随着组织的成长和发展,组织中的员工日益增多,领导者开始面临一些新的问题,如人数增加带来的协调问题、产量增加带来的效率问题、财务方面需要建立正规的会计程序等,原有的创业者的管理能力遭遇重大挑战。这时,创业者要么对组织的结构进行调整以适应组织成长的需要,要么引入能够胜任繁重的管理工作的得力人员。例如,当苹果计算机公司开始步入快速成长阶段时,由于史蒂夫·乔布斯(Steve Jobs)和斯蒂夫·沃兹尼亚克(Stephen Wozniak)两人都不能胜任,因此迈克·马克库拉(Mike Markkula)被引进来成为他们公司的领导人。

3.2.2 成长阶段的组织设计

成长阶段是组织发展的成长期。通过引入更有能力的管理者,组织开始确定新的目标和方向,各种规章制度逐步建立,分工也开始细化,组织内的部门增多,内部沟通和协调增强,组织进入一个迅速增长的阶段,并会在一定时期内保持稳定。

带领组织成功走出创业阶段的新管理者,对于自己的管理能力具有充分的自信,并不愿意将决策权下放到下层管理人员手中。而作为下层管理人员,会感到过分的集权给他们的工作造成了很多限制,即便他们在长期的实践中拥有对市场的了解,由于缺乏自主权,也无法对市场中的各种变化作出迅速和正确的反应。在这种情况下,就要求组织建立合理有效的分权机制,保证基层管理人员的效率。

3.2.3 规范化阶段的组织设计

规范化阶段是指组织进入成熟期。处于规范化阶段的企业,组织内部管理制度化,基层组织机构开始健全,分工精细,有比较成熟的产品和服务流程,能够提供多样化的服务,内部环境稳定。由于经营领域扩大,协调和沟通就会增多,专业化管理已经成为主要管理方式,企业内部形成了经理人队伍,企业的主要目标是扩大市场并寻找新的经济增长领域,企业呈现出多元化的趋向。

然而,随着规范化程度的不断提高,企业中的制度、规范、报表等书面文件会越来越多,过多的书面文件不仅使企业中的沟通和协调越发烦琐,管理结构僵化,企业的创新能力和适应性下降,而且会造成企业中的官僚习气,各层管理者不喜欢被约束,沟通变得更加困难,从而使企业陷入僵化的境地。组织迫切需要一种积极、协作、团队的方式来保证庞大的组织有效运转。

3.2.4 官僚化阶段的组织设计

官僚化阶段的组织往往显得规模巨大和臃肿,开始出现老化、衰退的现象。组织内沟通和决策速度减慢,由于内部推诿、卸责现象增多,因而缺乏创新,高层的控制力减弱。为了找到组织新的增长点,组织的产品和服务的多元化特征变得明显。在这个阶段,企业组织结构随规模扩大向官僚制方向的发展已走到了极致。

在这个阶段,组织的主要目标是摆脱衰退期,避免进入死亡期。因此,组织目标又回到了生存上。此时的企业为了进一步发展可能会在很多方面面临更新的需要,而且这些更新可能是周期性的,如产品、技术、经营理念、企业文化等,有时企业会通过重组、并购、分拆等来实现,甚至企业的领导人在这个阶段也经常被更换。通过每一次创新,企业有可能重新获得成长的动力和活力。这时,企业必须勇敢地面对这些问题并及时处理和解决;否则,企业就可能陷入长期的衰退之中。

生命周期的各阶段在本质上是顺序演进的,它遵循的是一种规律性的进程。具体来讲,每个阶段都由两个时期组成:一个是组织的稳态发展时期,组织处于这个时期时,结构与活动都比较稳定,内外条件比较吻合,可以得到较高速度的发展;另一个是组织的变革时期,即当组织进一步发展时,组织内部会产生一些新的矛盾和问题,使组织结构与活动不相适应,组织的发展受到制约,此时必须通过变革使组织结构重新适应内外环境的变化,使组织保持适应性,组织就是通过如此循环往复的发展而不断成长的。

3.3 信息技术对组织设计的影响

3.3.1 信息技术对组织的作用

一般认为,信息技术是人类开发和利用信息资源的所有手段的总和。它包含两方面的内容:一是信息的产生手段,包括信息的表达、检测、收集和储存等;二是信息的处理手段,包括信息的传递、挖掘和利用等。现代信息技术主要是指由计算机技术、通信技术、信息处理技术和控制技术等构成的综合性的高新技术,它是所有高新技术的基础和核心。现代信息技术中最核心的是数据库技术、分布式网络技术、多媒体技术。数据库技术使大量的信息存储成为可能;分布式网络技术改变了信息的交互和共享方式,由此改变了人们的协作方式。数据库技术和分布式网络技术的结合使集中式管理成为可能。而多媒体技术改变了人们对事物的认知方式,缩短了新产品开发和制造周期,从而也引发了管理的变革。

信息技术的飞速发展,已经把人们推进了信息时代。信息在人们生活中的地位越来越重要,人们已经把它和材料、能源一起称为当今国民经济的三大支柱。对组织来说,信息技术的发展更是促进了组织从运作理念到运作模式上的重大变革,利用信息技术获得信息的能力已经成为影响组织绩效和竞争力的重要因素之一。

1. 信息技术提高交易的效率

在信息技术出现之前,由于在交易过程中存在着信息不完全、不对称的情况,占有信息资源多的一方可以从交易中获得更多好处。而信息技术的广泛应用,使信息的获取变得非常方便,可以改善原来的信息不完全和不对称的情况,提高交易的公平性和科学性。

2. 信息技术提高了决策的科学化程度

现代信息技术的开放性和网络化使得信息的获取和共享容易了,可以通过相关的信息技术,挖掘出一些有价值而没有被利用的信息的潜在价值,并顺利地到达决策者的手里,提高了决策的科学化程度。信息技术的广泛应用,可以充分减少由于信息不充分而导致的决策失误,有利于组织的健康发展。

3. 信息技术打破了组织的时间和空间的边界

信息技术,特别是网络技术的发展,使得现代组织之间和组织内部的交流完全超出了时间与空间的限制。企业可以通过先进的信息技术尤其是通信技术和遍布在全球各地的其他组织或者个人进行无限制的交流,而不再局限在特定的时间和空间范围内。信息技术的广泛使用,充分拓展了组织的业务范围,为组织的长远发展带来更广阔的前景。

4. 信息技术简化了组织结构

信息技术,特别是信息系统的应用,使信息的传输能力大大加强,通过电子邮件、BBS(电子公告牌)、视频会议等通信技术,可以在同一时间将信息在整个组织范围中扩散开来,减少了信息流通的中间环节,弱化了中间管理层的效用,从而减少了对中间层次的需求,促使企业简化组织结构,推动了企业的机构精简。

5. 信息技术改变了组织中的权力载体

随着知识越来越重要,企业中传统的资本权力结构,即企业上下级之间实行命令和控制的模式越来越不适应信息技术的发展,而以知识型专家为主的信息型组织越来越受欢迎。新的组织是以团队为单位的结构,这样的团队有一些决策权力,同时又受到更高层次的团队的指挥。这样,在企业中遇到的横向协调关系将远远大于纵向关系,同时也因为较多的横向协调关系取代纵向关系,使得公司管理的民主化程度进一步提高。

3.3.2 信息技术下的组织设计

企业要想适应信息技术的发展,就要抛弃传统的组织结构模式,重新建立适应当代信息化要求的新的企业组织结构模式。根据信息技术对企业组织结构的要求,企业的组织设计会呈现以下趋势。

1. 扁平化

管理学大师彼得·德鲁克(Peter Drucker)曾经提出:"未来的企业组织将不再是一种金字塔式的等级制结构,而会逐步向扁平式结构演进。"信息技术的进步,加快了信息的收集、处理和传递,计算机系统承担了许多以前由中层管理人员负责的沟通、协调和控制方面的职能,从而导致组织削减中层管理人员,减少了组织的层次,缩短了组织高层与基层之间的信息传递距离。

2. 网络化

组织的网络化强调组织内部的个体、群体和部门之间以及它们与组织环境之间的相互依赖性,以快速适应外部环境。在网络化的组织结构中,严格的等级制形式的命令链被网络化形式的沟通取代,传统的命令沟通方式变为协商式的沟通方式,从而令组织高效、职能柔性和开放。在当今的社会和经济环境下,组织为了获得更多的市场机会,就必须将触角渗透到与业务相关的各个角落,而这就要求组织内部的结构逐渐网络化。组织的网络化使得交易成本显著降低、管理效率极大提高。

3. 无边界化

随着信息技术的普及和发展,企业的管理者、技术人员以及其他组织成员很容易打破组织之间、产业之间、地区之间甚至国家之间的壁垒,进行信息交流,共享信息资源,组织的业务活动越来越不受时空的局限。因此,组织需要宽松其组织边界来适应现代环境的要求。组织的无边界化并不意味着企业组织的外延无限扩大,不需要任何界限,而是企业建立一种有足够柔性的结构,打破僵硬的分工体系,随内、外部环境的变化不断整合其机构和业务流程。随着企业更加注重顾客和市场的需求,弱化职能边界将可以对不断变化的顾客需求和竞争性的产品供应作出更协调、更迅速的反应。

另外,信息技术导致市场竞争环境的激烈化,使得单个的企业已经难以在激烈的市场竞争中占据优势,而几个各具优势的企业联合起来相互支持、互为补充,就可以使企业既获得开展生产经营活动所需的资源,又在生产经营活动中强化自身的竞争优势。伴随着信息技术的发展而出现的虚拟公司就是这样的组织形式。在这种组织形态下运作的企业有完整的功能,如生产、营销、设计、财务等,但在企业内部却没有执行这些功能的部门。

随着信息技术的广泛应用,对于有的组织而言,以往的市场地位可能因信息化的发展而动摇,甚至原来的利润基础被侵蚀——例如,报纸,其赖以生存的广告收入受到互联网、电视等媒体的威胁,虽然在很多地方,传统习惯还能使报纸有一个表面化的平静,但用不了多久,这种现象就会由于信息技术的发展而发生翻天覆地的变化。因此,在组织设计时,必须充分考虑到当今时代信息技术对组织的影响,充分利用信息技术的强大优势进行组织设计。

本 章 小 结

本章主要介绍了组织的内部环境中的各个要素:组织规模、组织生命周期、信息技术对于组织设计的影响。组织在进行设计的过程中,必须充分考虑内部环境中的各项要素,综合考虑,从中选择最适合组织生存和发展的方案,进行最优的组织设计。

复习思考题

1. 谈谈组织规模对于组织设计的影响。
2. 谈谈组织不同生命周期的特点。
3. 谈谈信息技术对组织设计的影响。
4. 影响组织结构设计的内部环境因素包含哪些？影响如何？
5. 随着信息技术的发展，组织结构设计的演进趋势是什么？
6. 组织扁平化为什么受到重视？企业组织扁平化实践可能遇到什么问题？
7. 谈谈你对无边界组织的理解并举例。
8. 为何现实世界中存在许多高度自卫、结构僵化、反应迟钝、缺乏效率、不利于创新、忽视内外需求的组织？
9. 什么是官僚制组织结构？其出现原因及适用条件是什么？

数据驱动的便利蜂

第 4 章

组织战略与结构

学习目标

- 了解战略与组织结构之间的关系
- 理解组织为什么要追随战略
- 掌握组织战略的类型
- 掌握如何根据战略选择组织结构

引例

乐百氏的组织架构变革

广东乐百氏集团(以下简称"乐百氏")是闻名全国的大型食品饮料企业,中国饮料工业十强企业之一,产品商标"乐百氏"是中国食品饮料行业目前为数不多的经国家知识产权局商标局认定的"驰名商标"。

乐百氏自成立之初经历了三种业态的架构模式。

在创业伊始,乐百氏采用直线职能制的架构模式,得到快速稳定的发展。12年间,5位创始人不但使乐百氏从一个投资不足百万元的乡镇小企业发展成中国饮料工业龙头企业,而且把一个名不见经传的地方小品牌培育成中国驰名商标。然而,随着乐百氏的壮大,原来的组织结构显得有点力不从心,因此,寻求变化势在必行,其中组织架构的改革就是适应新形势的举措之一。

2001年8月,乐百氏开始了历史上最为关键的组织结构变革。改革后,乐百氏的事业部制架构变为:在总裁之下设5个事业部、8个职能部门和1个销售总部。其目的是利润中心细分,减少中间层,集团的权力结构由从前的5人会议变为1个总裁和14个总经理,成为一个比较扁平化的组织架构。

2002年3月11日,区域事业部正式出台,乐百氏按地域分为五大块:西南、中南、华东、北方和华北。这次架构改革距上次仅仅7个多月的时间,其中一个重要原因是达能的全国战略思路的影响。乐百氏因拥有良好、稳定的经销商网络,被达能委以重任,它在中国市场上的战略地位将越来越重要。随着乐百氏托管的产品增多,每个市场的产品更加复杂、各种产品的销售情况各不相同,原来的产品事业部制可能对客户的变化需求反应不再迅速,很快不再适合新的发展,于是区域事业部制,这种以工厂为中心、更扁平的组织结构应运而生。

区域事业部制将更有利于培养事业部的全局观念。负责人注重利润的追求,使决策和运营更加贴近市场,对市场形势和客户需求作出快速预测与反应,加强了区域的市场主动权和竞争力,对资源的调控更为快捷和趋于合理。

资料来源:乐百氏组织结构的调整[EB/OL].(2020-10-04). https://wenku.so.com/d/3f9eac4fc467fafe97b4b5f0bc28c3b8.

4.1 组织战略

4.1.1 战略的内涵

战略是指对开发核心竞争力并获得竞争优势的整体承诺和行动的整合与协调。[1] 通过选择一项战略,公司作出决策采取应对竞争者的行动方案。公司主管们据此安排竞争行动的主次。达夫特认为,战略是指组织在与竞争性环境相互作用中实现预定目标的计划,即战略是确定组织如何达到目标的方法。在《什么是战略》一文中,波特认为战略所指的方法是企业如何界定独特的定位、如何作出明确的取舍、如何加强各项活动之间的配称性。实施战略的目的是使组织获得有别于其他组织的持久核心竞争力,而不是使组织仅仅获得好的收益。[2] 企业战略是有机的,因为外部环境和公司资源组合是变化的,战略必须随时间作出调整。战略一般具有全局性、系统性和长远性的特点。

4.1.2 战略的基本类型

按照不同的标准可以将战略分为不同的类型,这里,我们按照战略的层次将战略分为公司层(公司经营方面)战略和业务层(竞争性)战略。

公司层战略,又称经营战略,指一家公司在多个行业或产品市场中,为了获得竞争优势而对业务组合进行选择和管理的行为。公司层战略的实质就是"使公司作为一个整体的实力超过各事业部实力单独相加的总和"。公司层战略主要关注两个关键问题:公司应该在哪些业务中经营;公司应该如何管理这些业务。产品多元化是一个基本的公司层战略,按照产品的多元化程度可以将公司层战略分为五种类型:专业化产品经营战略(单一业务型),主副业多元化产品经营战略(主导业务型),限制性相关多元化[纵向一体化

---

[1] 希特,爱尔兰,霍斯基森.战略管理——竞争与全球化(概念)[M].吕巍,等译.6版.北京:机械工业出版社,2005:6.

[2] PORTER M E. What is strategy? [J]. Harvard business review, 1996, 74(6): 61-78.

(integration)]产品经营战略(相关约束型)、非限制性相关多元化(共享价值链中某一环节)产品经营战略(相关联系型)和无关多元化产品经营战略(无关型),如表4-1所示。

表4-1 多元化的层次及类型

低度多元化层次	单一业务型	超过95%的收入来自某一项业务
	主导业务型	70%~95%的收入来自某一项业务
中度相关多元化层次	相关约束型	超过70%的收入来自主导业务,所有业务共享产品、技术、分销渠道
	相关联系型(相关和无关混合体)	不到70%的收入来自主导业务,各个业务之间的联系是有限的
高度相关多元化层次	无关型	不到70%的收入来自主导业务,各个业务之间没有相关性

资料来源:希特,爱尔兰,霍斯基森.战略管理——竞争与全球化(概念)[M].吕巍,等译.6版.北京:机械工业出版社,2005.

业务层战略又称竞争战略,是指一整套相互协调的使命和行动,旨在为客户提供价值,并通过对某一特定产品市场的核心竞争力的利用获得某种竞争优势。[①] 业务层战略可以分为成本领先战略、差异化战略和集中化战略。集中化战略又可以分为集中差异化战略和集中成本领先战略,当然企业可以同时选择集中成本领先战略和集中差异化战略。竞争战略的框架是波特在研究了大量的企业之后提出的,这个框架按照竞争范围和竞争优势两个维度将竞争战略分为五种类型,竞争优势分为低成本和独特性两类,竞争范围分为广泛和狭窄两类,最后形成的竞争战略框架如图4-1所示。

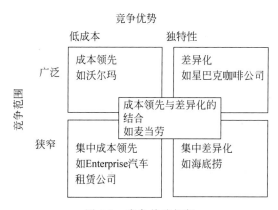

图4-1 竞争战略框架

除了按照战略的层次对战略进行分类之外,还有一种经典的划分方法,即美国的雷蒙德·迈尔斯(Raymond Miles)和查尔斯·斯诺(Charles Snow)根据对既定产品或经营项目进行竞争的方式和态度不同,将经营战略分为保守型战略、风险型战略及分析型战略三大类。

---

① 希特,爱尔兰,霍斯基森.战略管理——竞争与全球化(概念)[M].吕巍,等译.6版.北京:机械工业出版社,2005:76.

战略的选择受多种因素的影响,这些因素包括资源等内部环境,也包括行业等外部环境。一般来说,这些因素改变了,战略就要跟着改变;战略改变了,组织结构就要跟着改变,即组织会根据环境的变化选择适当的战略,在这种战略下对组织结构作出选择,至于组织如何选择战略我们不做讨论。

4.2 组 织 结 构

4.2.1 组织结构的内涵

组织结构,是指组织的基本框架,是组织为了完成组织目标,在管理中进行分工协作,在职务范围、责任、权力方面所形成的结构体系。根据管理学大师亨利·明茨伯格(Henry Mintzberg)的观点,组织结构的本质是劳动分工成不同人、物,并在各种任务中实现协调的方式之和。[①] 组织结构一般从正式化、复杂化和集权化三个方面进行描述。

正式化,又称规范化,是指组织内部行为规范化的程度,包括组织内部的员工行为准则、规章制度、工作程序及标准化程度等。正式化用于衡量组织内利用正式规范约束员工的程度。

复杂化,又称部门化,是指组织内各要素之间的差异性,包括:组织内部专业化分工程度,横向和纵向的管理幅度,管理层次数,组织内人员及部门分布情况等。复杂化用于衡量组织在横向和纵向两方面的复杂程度。

集权化是指决策制定权力的集中程度。在一些组织中,决策制定权力高度集中,问题从下而上传递给高层管理人员,由他们制订合适的行为方案;而另外一些组织,其决策制定权力则授予下层人员,这被称为分权化。

4.2.2 典型的组织结构

在具体分析如何在不同的战略下选择组织结构之前,我们先了解以下几种典型的组织结构。

1. 直线制

直线制是最早、最简单的组织形式。它的特点是企业各级行政单位从上到下实行垂直领导,各级主管负责人对所属单位的一切问题负责。组织不再另设职能机构(可设职能人员协助主管负责人工作),一切管理职能基本上都由行政主管自己执行。

直线制的特点是集权化。这种组织结构权力等级森严,典型的直线制组织结构如图4-2

---

① 明茨伯格.明茨伯格论管理[M].闾佳,译.北京:机械工业出版社,2007:80.

所示。

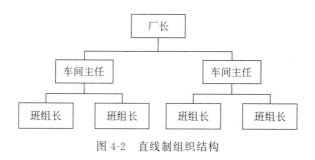

图 4-2 直线制组织结构

直线制的优点是结构简单、任务分明、命令统一。其缺点是：要求主管负责人通晓多种知识和技能，并亲自处理各种业务。

2．职能制

在职能制结构中，组织从下至上按照相同的职能将各种活动组合起来。所有的工程师被安排在工程部。[①]

职能制的特点是集权化。这种结构分工细致，职能制组织结构如图 4-3 所示。

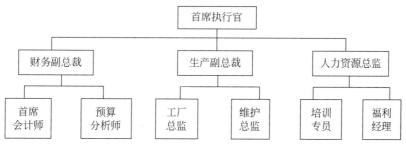

图 4-3 职能制组织结构

职能制的优点是：促进职能部门内的规模经济；促进深层次知识和技能提高；促进组织实现职能目标。当企业生产一种或少数产品时，职能制组织结构的作用发挥到最优。

职能制的缺点是：对外界环境变化的反应较慢；可能引起高层决策堆积、科层超负荷；部门间缺乏横向协调；缺乏创新；对组织目标的认识有限。

3．直线职能制

直线职能制，也称生产区域制或直线参谋制。它是在直线制和职能制的基础上，取长补短，吸取这两种形式的优点而建立起来的。例如，在厂长下面设立职能机构和人员，协助厂长从事职能管理工作。直线职能制组织结构要求行政主管把相应的管理职责和权力交给相关的职能机构，各职能机构就有权在自己业务范围内向下级行政单位发号施令。目前，绝大多数企业尤其是稳定环境中的中小企业都采用这种组织结构形式。这种组织结构

---

① 达夫特.组织理论与设计精要[M].李维安，等译.2 版.北京：机械工业出版社，2003：44.

形式是把企业管理机构和人员分为两类：一类是直线领导机构和人员，按命令统一原则对各级组织行使指挥权；另一类是职能机构和人员，按专业化原则，从事组织的各项职能管理工作。直线领导机构和人员在自己的职责范围内有一定的决定权与对所属下级的指挥权，并对自己部门的工作负全部责任。而职能机构和人员，则是直线指挥人员的参谋，不能对直接部门发出命令。

直线职能制的特点是集权化和规范化。这种结构分工细致、任务明确，部门职责界限清晰，组织中有非常正规的规章制度，典型直线职能制组织结构如图 4-4 所示。

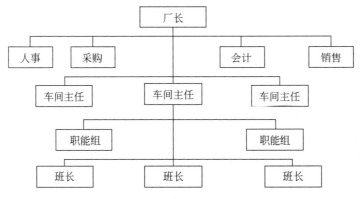

图 4-4 典型直线职能制组织结构

直线职能制的优点是：既保证了企业管理体系的集中统一，又可以在各级行政负责人的领导下，充分发挥各专业管理机构的作用。

直线职能制的缺点是：职能部门之间的协作性较差，职能部门的许多工作要向上层领导请示才能处理，这样一方面加重了上层领导的工作负担，另一方面也造成办事效率低下。此外，直线职能制不利于培养高层管理人才。这种组织形式容易使管理人员仅重视与自己有关的业务知识学习和能力培养而忽视对全局性、关键性问题处理能力的培养。最后，当企业规模较大时，企业内部的沟通会很困难，加之相互之间缺少有效的协作机制，容易使企业变得僵化而无法适应环境变化。

4．事业部制

事业部制简称 M 型结构，亦称联邦分权制，是一种高度（层）集权下的分权管理体制，它是指以某个产品、地区或顾客为依据，将相关的研究开发、采购、生产、销售等部门结合成一个相对独立单位的组织结构形式。按照各事业部之间的关系，M 型结构又可以分为合作型 M 结构和竞争型 M 结构。合作型 M 结构中的部门之间采取合作的关系，而竞争型 M 结构中的部门之间采取竞争的关系。事业部制适用于规模庞大、产品种类繁多、技术相对复杂的大型企业，国外较大的联合公司较常采用这种组织形式，近几年我国一些大型企业集团或公司也引进了这种组织结构形式。采用事业部制的公司按地区、产品类别、顾客等分成若干个事业部，从产品的设计、原料采购、成本核算、产品制造到产品销售，均由事业部及所属工厂负责,单独核算,独立经营,自负盈亏,公司总部只保留人事决策、预算控制和监督大权,并通过利润等指标对事业部进行控制。事业部不具有独立法人资格,但具有较大的生产经营权限,是一个利润责任中心。在每个事业部内部,仍然按职能结构设置职能管理部门。

事业部制的特点是分权化,权力被分散到各"部门"。在这种组织结构中,以市场为基础的各个"部门"松散地结合在一起,受行政管理总部的控制;各部门自主开展业务,通过绩效控制系统来标准化其产出;单个的部门倾向于采取机械化组织结构,充当总部的工具(而就整个组织来说,则倾向于形成封闭系统)[①],一家采用事业部制度的制造公司的典型组织结构如图4-5所示。

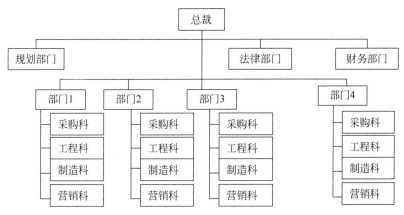

图4-5 一家采用事业部制度的制造公司的典型组织结构

事业部制的优点是:公司高层领导可以摆脱日常事务,集中精力考虑全局问题;事业部自主经营,更能发挥其积极性,有利于组织专业化生产和实现企业的内部协作;各事业部之间有比较、有竞争,有利于企业的发展;事业部内部的供、产、销之间容易协调;事业部经理需要从事业部整体考虑问题,有利于培养管理人才。

事业部制的缺点是:公司与事业部的职能机构重叠,造成管理人员的浪费;各事业部可能只考虑自身利益,影响事业部间的协作,一些业务联系与沟通往往也被经济关系替代。

事业部制是很多企业做大规模之后常采用的一种组织结构,该组织结构自问世以来就受到越来越多的世界著名企业的青睐。1966年,在美国学者莫利尔和安东尼对美国3 525家公司进行抽样调查的2 658家公司中,有82%的公司采用事业部制结构。进入21世纪以来,随着经济全球化的发展,市场竞争日趋激烈,为了适应内外环境的变化,现在越来越多的企业选择了事业部制。

5. 母子公司式

这种结构与事业部制结构非常相似,区别在于母公司和子公司之间不是行政上的隶属

---

① 明茨伯格.明茨伯格论管理[M].闾佳,译.北京:机械工业出版社,2007:123.

关系,而是资产上的联结关系。当子公司的股权全部归一家公司所有时,称为"独资子公司"或"全资子公司";当子公司归两家以上公司所有时称为"联合子公司"。母公司主要是凭借股权,在股东会和董事会的决策中发挥作用,并通过任免董事长和总经理贯彻母公司的战略意图,实现对子公司的控制。

母子公司式结构的优点在于子公司具有独立的法人地位,可以自行决定业务发展方向,根据公司发展需要以及市场需求进行生产经营活动,不会产生事业部制结构中的资源争夺以及沟通不畅的问题。虽然子公司是独立法人,但是母公司可以通过股权来对子公司的重大决策进行干预,通过股权来行使监督和管理的职责,既可控制子公司,又不需要配置过多的资源。

母子公司式结构的不足之处在于子公司的独立法人地位以及在沟通过程中存在的信息不对称问题,可能会导致母公司不能及时、准确地了解在子公司中发生的重大事件,从而导致出现管理失效的问题。而且由于资本市场的运作,母公司还有可能失去对子公司的控制地位,从而丧失对子公司的监督、管理权力。

6．矩阵制

矩阵制组织结构是由纵、横两套管理系统交错而成的组织结构。它开始是企业内部为完成某种特定任务而组建的。这种组织形式打破了"一人一个老板"的命令统一原则,使一个员工同时接受直线和职能两方面的领导。它的特点表现在围绕某项专门任务成立跨职能部门的专门机构上。例如,组成一个专门的项目小组去从事新产品的开发工作,在研究、设计、试验、制造各个不同阶段,由有关部门派人参加,保证任务的完成。这种组织结构形式是固定的,人员却是变动的,需要谁,谁就来,任务完成后就可以离开。项目小组和负责人也是临时组织与委任的,任务完成后就解散,有关人员回原单位工作。这种组织结构非常适用于横向协作和攻关项目。典型矩阵制组织结构如图 4-6 所示。

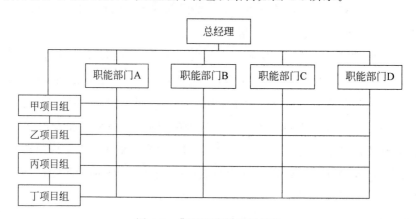

图 4-6 典型矩阵制组织结构

矩阵制组织结构的优点是:机动、灵活,可随项目的开发与结束进行组织或解散;任务清楚,目的明确,各方面有专长的人都是有备而来,因此在新的工作小组里,能沟通、融合,为攻克难关、解决问题而献计献策;由于从各方面抽调来的人员有信任感、荣誉感,他们增强了责任感,激发了工作热情,促进了项目的完成;同时加强了各部门之间的配合和信息交流,避免了直线职能制结构中各部门互相脱节的现象。

矩阵制组织结构的缺点是:项目负责人的责任大于权力,因为参加项目的人员来自不同部门,隶属关系仍在原部门,所以造成了项目负责人的管理困难,没有足够的激励手段与惩治手段;同时,项目组成员一方面要接受负责人的领导,另一方面要接受部门上司的管理,容易出现两难的处境,这种人员上的双重管理是矩阵制结构的先天缺陷。而且当任务完成以后,项目组成员仍要回原单位,因而容易产生临时观念,对工作有一定影响。

矩阵制结构是一种特殊的组织结构,几乎所有类型的组织都尝试过矩阵制结构,包括医院、咨询公司、银行、保险公司、政府部门和许多类型的工业企业,但是需要指出,企业在使用这种组织结构的时候还需具备以下三个条件。

第一,产品线之间存在共享稀缺资源的压力。这种组织通常是中等规模,拥有中等数量的产品线,在不同产品线之间共享人员和设备方面,组织有很大的压力。

第二,存在对两种或更多的重要产出的环境压力,例如,对深层次技术知识(职能制结构)和经常性的新产品(事业部制结构)的压力。这种双重压力意味着在组织的职能和产品之间需要一种权力的平衡,而双重职权的矩阵制组织结构恰恰能做到这点。

第三,组织的环境条件是复杂并且不确定的。频繁的外部变化和部门之间的高度依存,要求无论是在纵向还是在横向方面都有大量的协调和信息处理。[①]

4.3 组织战略与结构的匹配

4.3.1 战略与结构的关系

根据艾尔弗雷德·D.钱德勒(Alfred D. Chandler Jr.)的观点,"组织追随战略",说明了战略决定结构、结构适应战略的内在联系。钱德勒在《战略与结构》一书中以美国杜邦公司、通用公司、新泽西标准石油公司和西尔斯·罗巴克公司为例,说明了美国的大公司一般都经过数量扩大、地区扩展、垂直一体化和多元化经营四个阶段,与此发展相适应,组织结构从集权的总公司为唯一利润中心的直线职能制转变为分权的多利润中心的事业部制。[②]

从辩证的观点看,企业战略决定组织结构,而组织结构也反作用于企业战略,即结构对战略有促进或制约的作用,两者相互影响、相互制约。

1. 企业战略决定组织结构

企业战略具有前导性,而组织结构具有滞后性。企业战略对组织结构的影响表现在以

---

① 达夫特.组织理论与设计精要[M].李维安,等译.2版.北京:机械工业出版社,2003:49.
② 陈昌权.经营战略与组织结构[J].经营与管理,2002(1):34-35.

下两个方面。

第一,不同的战略要求不同的业务活动,从而影响管理职务和部门的设计,具体地表现为战略收缩或扩张时企业业务单位或部门的增减等。

第二,战略重点的改变会引起组织工作重点的改变,从而导致各部门与职务在企业中重要程度的改变,最终导致各管理职务以及部门之间关系的相应调整。①

2. 组织结构支持和影响企业战略

组织结构对企业战略的作用主要表现在以下三个方面。

第一,组织结构直接影响组织行为的效果和效率,从而影响企业战略的实现。

第二,组织结构存在交易成本。要调整或重建组织结构,就要耗费大量的时间、人力、物力,会增加实施战略的总成本。具体而言,交易成本对战略的影响主要体现在:一是增加了实施战略的总成本,弱化了企业的竞争能力;二是造成了资源配置的无效率,例如,为缓和矛盾而增加定员编制。②

第三,组织结构影响信息传递,不同的组织结构下,信息传递的效率和效果是不一样的。

总体上来说,正如钱德勒所言,企业战略对组织结构的影响相对于组织结构对企业战略的影响而言更占主导作用。

4.3.2 不同战略下的结构匹配

在既定的战略下,组织通常选择相适应的结构与之匹配,以使组织的效率最高。组织结构没有好坏之分,每种结构都有其优点,也有其缺点,只要适合这一时期的组织就是合适的组织结构。下面我们按照前述的不同战略来阐述与之对应的组织结构。需要指出的是,下面的分析并不是在某种战略下一定会采取某种组织结构,只是组织采取了某种战略之后倾向于采取某种组织结构,因为组织结构除了受战略影响外,还受环境、技术、规模、生命周期和文化等因素的影响。

1. 不同公司层战略下的结构匹配

1) 专业化产品经营战略

如果一个企业超过95%的收入来自某一项业务,那么该项业务则被称为企业的核心业务,企业所实施的战略就是专业化经营战略。该战略一般出现在企业成立的初期,是受企业资源限制而采取的经营战略。比如,红豆集团在成立之初主要经营的是针织内衣,实施的就是专业化产品经营战略。当然也有一些大型企业为了获得规模经济、扩大市场影响力而采取专业化产品经营战略。比如,青岛啤酒股份有限公司自20世纪末成立以来一直只生

---

① 阿布都热西提. 企业战略与组织结构的关系研究[J]. 知识经济, 2010(15): 3.
② 姜艳, 黄桂萍. 企业战略与组织结构如何相匹配[J]. 经营与管理, 2010(9): 77-78.

产啤酒,公司超过95%的收入来自啤酒业务。这种战略下的企业,因产品品种单一、管理较简单,通常采取集权的直线职能制。采取这种结构,高层领导能对企业实行严格的控制,企业能够对组织进行统一指挥,保证命令迅速地执行,还能通过分工提高组织的效率。

2) 主副业多元化产品经营战略

如果一个企业70%~95%的收入来自某一项业务,那么该企业所实施的战略就是主副业多元化产品经营战略。美国史密斯菲尔德食品公司(Smithfield Foods)采取的正是这种战略,其主导业务是肥猪的饲养和屠宰。在这种战略下,企业生产和经营副产品差别不大,但为了避免对主业造成干扰,企业通常采用附有单独核算单位的职能制。

3) 限制性相关多元化产品经营战略

如果企业超过70%的收入来自主导业务,所有业务共享产品、技术、分销渠道,则企业实施的是限制性相关多元化产品经营战略。比如,宝洁公司是一家美国日用品生产商,它的产品开发围绕着日化这一主题进行,公司目前的产品包括美尚、家居和健康三大系列,产品间的联系直接且频繁,其实施的就是限制性相关多元化产品经营战略。在这种战略下,企业因产业价值链上的各环节同时对外、对内进行产品经营,一般实行有利于保持活力和控制的混合组织结构,即主要的集权职能部门加产品事业部。

具体来说,与限制性相关多元化产品经营战略相对应的是合作型 M 结构,因为企业业务之间的相关程度较高,相关多元化公司在各个分离的业务之间应该有一定程度的资源共享和技能传递,要想达到范围经济(即由厂商的范围而非规模带来的经济。当同时生产两种产品的费用低于分别生产每种产品时,所存在的状况就被称为范围经济)的目的,就要求协调内部各多元化事业部的行为,以促进其合作。合作型 M 结构既能作为事业部结构充分发挥各事业部的灵活性和主动性,从而提高经济效益,又能利用事业部之间的合作来实现范围经济。尽管事业部制是一种分权的组织结构,但是此时公司通常需要一定程度的集权,这在理论界和实践界得到了普遍的认同。管理学家明茨伯格就提出相关多元化公司中各事业部之间的相互依赖使公司能在各事业部共同的职责功能上保持一定的控制权以确保这种协调,甚至连事业部制的创始人——通用公司的总裁——艾尔弗雷德·P.斯隆(Alfred P. Sloan)也指出,集中监管对确保各事业部的战略统一和投资充足是必要的。另外,相互依赖的各事业部之间也存在着人事冲突,公司高级管理人员必须投入精力解决,这也需要一定程度的集权。除了集权之外,还需整合机制使各事业部取得横向沟通,以保持相互依赖的各事业部间紧密结合。

4) 非限制性相关多元化产品经营战略

如果企业不到70%的收入来自主导业务,各个业务之间的联系就是有限的,则企业实施的是非限制性相关多元化产品经营战略,这种战略是相关约束型和无关型的混合体,企业内部可以共享价值链某一环节。比如,三星集团是一家以电子为龙头的多元共存企业,它不仅包括电子业务,而且包括造船、化工、金融、汽车等业务,产品之间的联系有限。实施这种战略的企业大多适于彻底分权的事业部制。

具体来说,与非限制性相关多元化产品经营战略相对应的是竞争型 M 结构,因为业务之间的相关程度很低,企业通过促进事业部之间的良性竞争往往能实现企业效益的最大化。此时企业要获得的不是范围经济而是控制经济。约翰·威廉姆森(John Williamson)曾提出非相关多元化公司要实现控制经济,必须具备如下的组织特征:第一,战略和运营决策的自主权要下放到事业部,使事业部管理者对事业部业绩担负起责任;第二,事业部的自主权应该掌握在总部的控制范围内,但是总部不干涉事业部的具体事务,除了财务审计、惩罚机会主义行为或者不称职的事业部经理以及纠正不良业绩;第三,公司总部的控制应该通过设置回报率目标和对产出进行监管来实施,也就是说,公司总部应该依靠客观性的财务指标来衡量事业部业绩;第四,各事业部间现金流应由公司总部以竞争为基础、以提高产出为目的来分配。由此可见,非限制性相关多元化公司在组织结构上,首先要进行分权,即将战略与运营的决策权下放到事业部,从而让事业部管理者对其掌控的业绩负责;其次,不必像限制性相关多元化产品经营战略下的企业一样对业务进行整合,整合会增加业绩含混、信息加工处理的需求以及造成公司官僚政治;最后,用客观性财务指标对各事业部的绩效进行评价,并实施相关激励,从而促进事业部之间的竞争。

5) 无关多元化产品经营战略

如果企业不到 70% 的收入来自主导业务,各个业务之间没有相关性,则企业实施的是无关多元化产品经营战略,这属于高层次的多元化战略。比如,娃哈哈集团除了征战饮料行业之外,还经营保健品、童装等不相关的行业,娃哈哈集团的这些产品之间没有关联,它们也没有共享价值链,而是共享了同一个品牌"娃哈哈",可见娃哈哈集团实施了无关多元化产品经营战略。由于企业主要共享的是无形资源,因此对这种产品经营战略,企业通常实行母子公司制,以避免总部对相关业务过度干预。与非限制性相关多元化产品经营战略下的组织类似,总部需要对各事业部(也可以说是子公司)进行充分的授权,以促进其灵活性、主动性和创造性的发挥;总部需要促进各事业部(也可以说是子公司)之间的竞争,以实现组织效率的最大化。

2. 不同业务层战略下的结构匹配

1) 成本领先战略

成本领先战略是通过设计一整套行动,与竞争对手相比,以最低的成本生产并提供顾客所接受的产品或服务。这种战略主要关心稳定性而不是冒险或为创新、成长寻求新的机会。实施这种战略的企业需要组织结构提高效率,要求高强度的集权,严格实行成本控制,执行标准化的操作程序,建立高效率的采购和分销系统,进行严密的监督,实行有限的员工授权。雇员一般受到严格的监督和控制,执行日常程序化的惯例工作,没有权力作出决策或采取行动。直线职能制的组织结构恰恰能达到这些要求。比如,格兰仕集团自成立之初就实施了成本领先战略,它的组织结构一度是直线职能制,如图 4-7 所示,结构简单,并且组织结构扁平化、层级少。

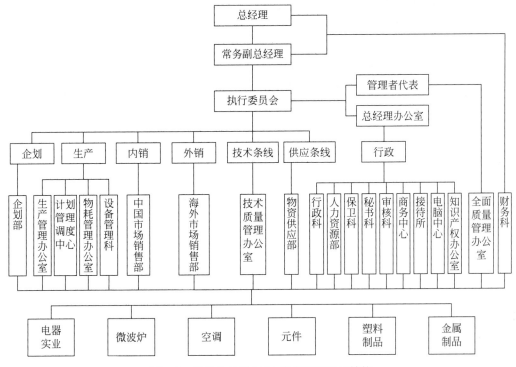

图 4-7　格兰仕集团 2004 年之前的组织结构

2）差异化战略

差异化战略是指企业提供顾客认为重要并且是与众不同的产品或服务。相对于成本领先战略,采取差异化战略的企业的目标顾客是那些认为企业的产品与竞争对手的不同且能带来附加价值的顾客群。实施这种战略的企业要求组织结构具有灵活性和弹性,强调横向协调,拥有强大的研发能力,鼓励员工不断学习再造,增强他们的创造性和创新性。

3）集聚战略

集聚战略又称集中化战略,是通过设计一整套行动来生产并提供产品或服务以满足某一特定的竞争性细分市场的需求。集中化战略的出发点是企业想利用其核心竞争力以满足某一特定行业细分市场的需求时不考虑其他需求。实施这种战略的企业只为一个或一组市场细分服务,要求高层指导与下属的特定战略目标相结合；密切与顾客的关系,衡量为顾客提供服务和维护顾客的成本；强调提高顾客的忠诚度；加大员工与顾客接触的授权奖励。

4）集中成本领先战略

集中成本领先战略是指选择某一特定的竞争性细分市场作为目标市场,并在这个市场以低于竞争对手的成本为目标顾客提供所需的产品或服务。集中成本领先战略下的企业倾向于选择直线职能制的组织结构,如宜家家居。宜家家居是一家总部位于瑞典的家居公司,是一个在 30 多个国家有着分公司的全球家具零售企业,它的目标顾客是既讲究款式又要求低价的青年消费者,虽然它在公司总体结构上采取事业部制,但是在各事业部内部为了降低成本、提高效率又采取了直线职能制组织结构。

5）成本领先战略与差异化战略的结合

低成本与差异化都能成为企业的竞争优势，通常企业只要成功实施其中一种战略就能够在竞争中处于有利地位，但一味的低成本却面临着价格上的瓶颈，差异化战略又面临着差异性来源的瓶颈，若能将二者很好地结合起来，企业在竞争中的胜算势必会大得多。例如，美国西南航空公司，它是一家成立于1971年的航空公司，自成立之初，就定位于短程航运市场，并且一直致力于为顾客提供独特且能够创造价值的差异化服务（如空中的"娱乐体验"），以与竞争对手形成差异并且"总是不断地寻找使成本少之又少的途径"。其通过精简高效的地勤人员、有限的常规服务和机舱的高效利用来降低运营成本。采取这种战略的组织可能在组织设计上注重效率，注重产品研发这一职能部门，与之相对应的是强调研发的直线职能制组织结构。

3. 迈尔斯和斯诺战略下结构匹配

1）保守型战略

实施保守型战略的企业的组织目标是保持并扩大产品的市场份额，追求生产经营的稳定和提高效益，实施这种战略的企业常常面临较为稳定的环境。其相应的组织结构特征是：致力于改善内部管理、提高经营效率、降低成本，专业化、规范化、集权化的程度较高，组织结构强调管理的规范性和严格的等级制度，以严密的控制、统一的行动提高工作效率，一般会用以集权的职能式为主的组织结构，组织结构偏刚性。

2）风险型战略

风险型战略与保守型战略相反，组织领导人认为市场环境是多变的，不确定性很多，只有不断开发新产品、开拓新市场，在必要的时候甚至放弃已有产品的生产和市场份额来满足变化的需求，才能使企业在竞争中立于不败之地。这类企业勇于创新，涉及多产品的经营，在了解环境和寻求机会方面下大力气，具有强烈的进取心，相应的组织结构特征是：松散型，劳动分工程度、规范化低；分权化，以事业部制组织结构为主，组织结构偏柔性。

3）分析型战略

分析型战略是介于保守型战略和风险型战略两者之间的战略，企业一方面用保守型方法努力保持已有的产品和市场；另一方面又寻求新的增长点，组织结构的设计也具有双重性，即刚性结构和柔性结构的混合。其相应的组织结构特征是：进行适当的集权控制，对现有的活动实行严格控制；对一些部门采取让其分权或相对独立的方式，通常建立分权与集权、机械式与有机式相结合的混合式或矩阵制组织结构。

4.3.3 权变理论对组织战略与结构的影响

权变理论在组织结构和绩效关系的研究中具有很高的价值（Chow，Heaver and Henriksson，1995）[①]，其核心思想是：组织是一个开放的、动态的系统，作为社会总系统的一

---

① CHOW G, HEAVER T, HENRIKSSON L E. Strategy, structure and performance: a framework for logistics research[J]. Logistics and transportation review, 1995, 31(4): 285-308.

部分,组织与社会环境各部分之间存在相互依赖和相互影响的作用;并且,组织本身也是由各个子系统有机联系而成的一种系统,各子系统之间也存在相互依赖与相互影响的作用。因此,组织不是静态的,而是始终处于一种内部与外部、内部与内部之间的调整和适应的运动过程中。组织结构与环境因素之间存在着一种函数关系。就组织结构而言,环境变量是自变量,组织结构的要素是中间变量,具体的组织结构类型是因变量,环境变量的变化会影响组织结构的各个要素,进而形成不同类型的组织结构。因此,企业在设计其组织结构时,需充分考虑自变量、中间变量和因变量的构成要素及其相互关系。

1. 权变模型的自变量

1) 组织战略

在组织的所有层面,战略和组织结构之间的匹配可以提高组织的绩效。[①] 关于组织能力与绩效之间关系的各种研究也表明,企业组织的设计必须与组织战略保持一致,这样才能实现企业的绩效目标。[②] 组织战略对组织结构设计的影响具体体现为:实施不同战略的企业,对企业活动的专业化程度、集中化程度和一体化程度有不同的要求,进而选择不同类型的组织结构。例如,如果企业的战略是防卫型的,则其所处行业结构和未来发展均被视为已知事实,其经营环境相对稳定,企业的产品范围有限,主要采取低成本或高效率的竞争策略,企业活动的正式化和集中化将有利于组织绩效的提高,组织结构也多选择机械式。相反,如果企业采取前瞻性的战略,则其所处的经营环境具有高度的不确定性,企业的目标通常为使行业结构朝着自己设计的新结构发展,这类企业总是寻找和创造新的市场机会,所采取的竞争战略可能是差异化的,此时,满足客户要求的重要性将远远大于企业活动正式化和集中化所形成的成本优势,组织结构的选择也倾向于有机式。

2) 技术

技术包括生产技术和信息技术。就生产技术而言,企业生产中使用的工艺与流程的数量和种类会影响企业活动的数量及复杂性,从而影响企业组织的规模、集中化程度和一体化程度,其工具和设备的空间安排对上述三个方面亦有影响。例如,采用常规技术的企业,企业活动的复杂性较低,程式化和集中化程度较高,相应地,其组织结构的复杂程度也较低,适于采用机械式组织结构。而采用非常规技术的企业,企业活动的复杂性大大提高,程式化和集中化程度较低,因而其组织结构也相对复杂,适于采用有机式组织结构。再有,如果按照流程来设计各种设施和设备的空间布局,企业活动的数量和复杂性都将大大低于按照产品所进行的布局设计。就信息技术而言,由于其发展能促使企业同时实现信息处理能力的提高和信息处理成本的下降,并且增强高层的控制力,使管理幅度变宽,因此,信息技术的使用可以改变企业组织的特征。具有强处理能力的信息系统能够支持企业活动不断

---

① GALUNIC C, EISENHARD T K. Renewing the strategy-structure-performance paradigm [J]. Research in organization behavior,1994(16): 215-255.

② STANK T P, TRAICHA P A. Logistics strategy, organizational design, and performance in a cross-border environment[J]. Logistics and transportation review,1998,34(1): 75-86.

地向合作与联合的方向发展,使一体化企业运作系统成为可能。换而言之,对信息技术的采用至少会对企业组织规模、组织结构的层级和企业活动一体化等方面产生影响,从而影响其组织结构。

3)产品

企业生产或经营产品的数量及其标准化程度是影响组织结构的重要因素。企业生产或经营产品品种的多少决定了其活动的数量和复杂性,进而影响企业组织的规模、专业化程度、集权化程度和一体化程度。企业生产产品的标准化程度或产品的定制化程度会对企业组织的集中化程度、一体化程度产生影响。

对于生产或经营产品品种较多的企业,企业活动的数量相应较多且较为复杂,要求较多的协调。相应地,企业组织的规模较大,专业化程度、集中化程度较高。相反,生产或经营产品品种较少的企业,企业活动的数量较少且相对简单,协调起来比较容易,因此企业组织的规模较小,专业化程度和集中化程度较低。另外,如果企业产品的标准化程度高,即企业更多地按计划或库存生产,则有可能集中地对企业活动进行计划和协调,因此,其集中化程度和一体化程度也相应较大。相反,如果企业产品的标准化程度较低,即企业更多地按订单生产,则要求企业活动的计划和协调具有较大的灵活性,因此,其集中化程度和一体化程度也相应较低。

4)企业活动的重要程度

对于不同的企业,企业活动的重要性会有所差别。这种重要性可界定为"企业活动在企业价值增值活动中所占的比重"。[1] 如果某一特定企业活动的成本在总成本中的比重较大,则制定决策时所需考虑的因素就多,对合理协调的需求也相应较大,从而需要将该活动的功能定位于较高的管理层级以有效保证这种协调。相反,如果某一特定企业活动只占企业价值增值活动的一小部分,则在设计组织结构时,决策者就必须更多地权衡其他因素。[2] 因此,企业活动对于企业的重要程度会直接影响组织结构的各个方面。

2. 权变模型的中间变量

这里的中间变量是指组织结构的各个要素。组织结构的不同要素受自变量(环境因素)的影响,其共同决定因变量(组织结构的类型)。

道尔顿(Dalton)等人在梳理有关组织结构的早期研究文献的基础上,从两个方面归纳了组织的要素,即"结构的"(structural)和"结构性的"(structuring)。结构的要素是指组织的物理性特征,即组织规模、管理跨度、管理层级和行政强度。结构性的要素则是指那些规

---

[1] GERMAIN R. Output standardization and logistical strategy, structure and performance[J]. International journal of physical distribution & logistics management, 1989, 19(1): 21-29.

[2] CHRISTOPER M. Implementing logistics strategy[J]. International journal of physical distribution & materials management, 1986, 16(1): 56-62.

定或约束组织成员行为的规则和活动,包括专业化程度、正式化程度和集中化程度。①

其他一些学者在研究中还加入一体化程度,并指出其在提高企业的组织绩效方面具有重要的作用。

就组织结构而言,其具体要素至少应包括以下几个方面。

1) 企业组织的规模

对组织规模的描述有多个维度,本书所讨论的企业组织规模主要以从事企业活动的人员数量及所使用的设施设备数量为判断依据。企业组织规模通常受技术、产品和企业活动重要性的影响。

2) 企业组织的层级

不同的企业组织层级(高耸或扁平)对应着不同的管理跨度和正式化程度,从而决定了相应主管所处的管理层级和管理权限以及企业活动的目标、程序、政策、规则在多大程度上被精确而具体地阐述。② 企业组织的层级通常受技术和企业活动重要性的影响。

3) 企业组织的专业化程度

专业化程度被定义为组织内不同职位的数量或不同功能活动的数量③,具体而言,即组织内劳动分工的细致程度。企业组织的专业化程度是指企业活动根据其具体功能进行细分的程度。这一中间变量通常受战略、产品和企业活动重要性的影响。

4) 企业组织的集中化程度

集中化指的是将企业活动集中于单独的某一功能领域或部门。④ 集中化程度与组织的决策方式有关,在一定程度上反映了组织的集权程度。此中间变量受战略、技术、产品和企业活动重要性的影响。

5) 企业活动的一体化程度

企业活动的一体化程度即企业活动的协作程度。⑤ 这一中间变量较多地受战略、技术、产品和企业活动重要性的影响。

3. 权变模型的因变量

组织结构的具体类型有多种,包括直线制组织结构、职能制组织结构、事业部制组织结

---

① DALTON D R, TODOR W D. Organization structure and performance: a critical review[J]. Academy of management review,1980,5(1):49-64.

② CHOW G,HEAVER T,HENRIKSSON L E. Strategy, structure and performance: a framework for logistics research[J]. Logistics and transportation review,1995,31(4):285-308.

③ PUGH D S, HICHSON D J, HININGS C R, et al. Dimensions of organization structure[J]. Administrative science quarterly,1968,13(1):65-105; PAYNE R L, MANSFIELD R. Relationship of perceptions of organizational climate to organizational structure, context and hierarchical position[J]. Administrative science quarterly,1976(21):515-526.

④ GERMAIN R. Output standardization and logistical strategy, structure and performance[J]. International journal of physical distribution & logistics management,1989,19(1):21-29.

⑤ CHOW G,HEAVER T,HENRIKSSON L E. Strategy, structure and performance: a framework for logistics research[J]. Logistics and transportation review,1995,31(4):285-308.

构、矩阵制组织结构、网络型组织结构等。但就其应对环境变化的能力(弹性)而言,通常可分为机械式组织结构与有机式组织结构两大类。机械式组织结构具有高度复杂性、高度正规化和高度集权化的特点,这类组织坚持统一指挥的原则,具有正式的职权等级链,从而保持了较窄的管理幅度,这种较窄的管理幅度增加了组织的管理层级,因此高层管理者只能依靠各类规则和条例来控制各管理层,高度的集权使组织的稳定性、效率达到极高的水平,同时也导致了组织僵化、反应迟钝。而有机式组织结构则以低复杂性、低正规化和分权化为主要特征,这种组织结构类型虽然也存在分工,但是没有高度的标准化程序和严格的规章制度,以员工之间的纵向沟通和横向沟通取代层级控制,经常地使用工作团队,授权员工开展多样的工作活动和处理各种问题,所以具有高度的适应性。

但是,这两大类组织结构类型又不是绝对地完全割裂开来的,如果以一个坐标轴表示组织结构的弹性,将典型的机械式组织结构和典型的有机式组织结构置于坐标轴的两端,则可以得到若干具有不同弹性的组织结构类型(图 4-8)。因此,企业设计组织结构时,在理论上就能够根据前述自变量的变化及其对中间变量的影响作用,选择一种"最合适"的类型。

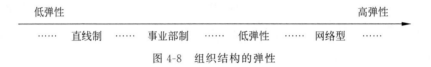

图 4-8　组织结构的弹性

4．自变量和因变量的整合模型

依据组织结构的权变理论,可将自变量、中间变量和因变量按下面的方式整合(图 4-9)。组织内部环境因素(组织战略、技术、产品和企业活动的重要程度)应对外部环境因素(不确定性或复杂性)的影响产生适应性变化,这种变化作用于组织结构的各个要素(规模、层级、专业化、集中化和一体化),这些要素共同决定组织结构的具体类型。

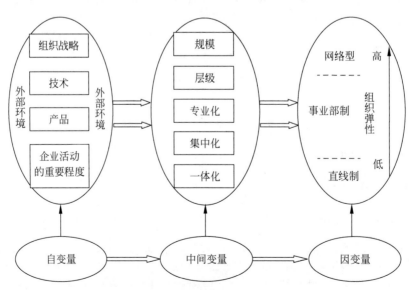

图 4-9　企业组织结构设计自变量与因变量的整合

本 章 小 结

"公司战略必将决定其组织结构"——这是著名学者钱德勒在《战略与结构》这本书中提出的著名论断,说明了战略决定结构、结构适应战略的内在联系。在企业实践中,企业战略决定组织结构,组织结构反作用于企业战略,并且战略对组织结构的影响占主导地位。

本章首先介绍了直线制、职能制、直线职能制、事业部制、母子公司式和矩阵制这几种组织结构,并且介绍了其各自的优缺点;接着,按照战略的层次将战略分为公司层战略和业务层战略,还补充介绍了战略管理领域的另一种经典分法——根据对既定产品或经营项目进行竞争的方式和态度的不同,将经营战略分为保守型战略、风险型战略和分析型战略;最后介绍了每种战略下倾向于采用的组织结构及其特点。

另外,需要指出世界上没有通用的最佳企业组织结构,最适合的组织结构就是最好的组织结构。组织结构并非为了变化而变化,企业战略与组织结构是动态变化的过程。任何企业要想实现可持续发展,都要根据环境、市场等因素的变化,不断调整企业战略、调整并完善组织结构,使组织结构最大限度地与企业战略相匹配,保障企业战略目标顺利实现。

复习思考题

1. 什么是战略?战略有哪几种类型?
2. 简述典型的组织结构及其优缺点。
3. 谈谈战略与组织机构之间的关系。
4. 结合实际谈谈不同的公司层战略应当如何与组织结构相匹配。
5. 结合实际谈谈不同的业务层战略应当如何与组织结构相匹配。
6. 影响组织结构与战略的权变因素有哪些?
7. 简述直线职能制组织结构和矩阵制组织结构的主要区别及各自的优缺点。
8. 如何理解组织结构?
9. 简述权变理论对组织结构及战略之间关系的影响。
10. 简述迈尔斯和斯诺战略下的结构匹配。

TCL 的组织战略与结构

第 5 章

组织决策

学习目标

✓ 了解决策在组织管理中的作用
✓ 理解组织决策的性质与类型
✓ 掌握组织决策的过程及决策方法

引例

新东方的转型决策

"双减"政策使教培行业遭受重创,作为行业巨头的新东方在此种危机之下,也开始将决策进行转换,转向以素质教育、大学业务和出国为主的教育业务。但这对于新东方目前的困境而言,无异于治标不治本,因此一直在探索转型的新东方,从成立素质教育成长中心将目光瞄准直播带货这一道路。于是,二次创业使得东方甄选品牌诞生。

首先,东方甄选在内容布局上进行决策。知识是东方甄选的看家本事,东方甄选最初就是凭借知识带货出圈。在东方甄选直播间出圈之前,"买买买,321上链接"是大多数带货直播间的常态,快节奏的网络生活促使主播为消费者营造紧张的抢购氛围,靠低价取胜。不同于其他以销售为主导的直播间,东方甄选利用自身资源优势,将课堂搬入直播间,将文学大家请进直播间,开启"知识带货"的先河。东方甄选的主播老师们介绍的不光是产品,更是产品背后的故事,是更深层次的文化底蕴和人生感悟。其次,在营销传播视角下进行媒介渠道融合。在 Web 3.0 时代,营销即传播,传播即营销。尤其是在互联网背景下兴起的直播带货领域,营销性质的卖货内容通过网络传播给大众,更加展现着渠道与媒介间的融合。东方甄选爆火的这个时机非常巧妙,2022年"618"即将到来之际,各大平台头部带货主播的空缺迫使抖音对开创知识带货先河的东方甄选直播间加大流量倾斜,实现了东方甄选和抖音之间的"相互成全"。此外东方甄选在各大社交平台和电商平台也都运营着自己的官方账号。营销渠道和传播媒介的契合,使东方甄选在卖货的同时传递品牌理念,又通过媒介渠道发生更深更远的传播,反过来进一步促进销售增长,实现了营销和传播的良性循环。

在"双减"的重压下,新东方还能实现如此成功的转型,最重要的无疑是管理层的决策成功!

资料来源:揭秘新东方的重生——由教培转行电商的成功原因[EB/OL].(2023-03-28).https://me.mbd.baidu.com/r/14UnHrkthTO?f=cp&u=219e8184ba7009a1.

5.1 组织决策的特点与类型

5.1.1 组织决策的必要性

作为组织管理的一项基本职能,决策是管理工作的本质与前提,在管理中处于支持性地位,也就是说,组织管理的各项职能都离不开决策。如同决策理论学派的代表人物赫伯特·A.西蒙(Herbert A. Simon)所强调的,"管理就是决策",突出了决策在管理中的核心作用。特别是在当今动态变化的环境中,组织所面临的不确定性因素越来越多,如何快速地作出有效的组织决策以解决组织中存在的问题,已成为组织管理中的重点。理解并有效运用组织决策的理论对于组织经营管理是重要的。

首先,决策贯穿于组织管理过程的始终。组织管理是为实现预期的目标,以人为中心进行的协调活动,其中涉及决策、计划、组织、领导、控制等各方面的管理职能,而决策是组织管理的基础和起点,贯穿于组织管理的全过程。在管理目标的确定方面,就首先面临选择组织目标的决策,从多个可选目标中确定适合组织实际发展情况的目标,这就是决策活动。在组织计划及计划实施、组织结构设计以及领导协调控制等方面,组织也要经常进行决策,从多个备选方案中作出选择,确定组织的结构、业务、人员配置、制度等,以更好地开展经营管理活动,实现组织目标。

其次,决策的正确与否会直接影响组织的生存发展状况。决策是组织管理的一项基本职能,决策的优劣将直接影响管理水平的高低,从而影响组织的生存发展。对于每个组织来说,管理者每天都要作出很多决策,这些决策可能涉及组织经营管理的各个方面,对组织的生存发展状况会有不同程度的影响,将决定组织的发展。在决策管理过程中,保证决策的正确性及有效性是组织进行管理的重要保证。

最后,决策是各级管理者的主要工作职责。根据明茨伯格的管理者角色研究,管理者扮演着多种角色,即人际角色、信息角色和决策角色三大类。其中,决策角色即是各级管理者的决策者职责,主要包括企业家角色、干扰应对者角色、资源分配者角色和谈判者角色。因此,决策是管理者的主要工作职责,管理者处理信息并作出组织决策,然后协调相关工作人员并分配组织资源以确保决策计划的实施。

5.1.2 组织决策的特点

组织经营管理的所有方面都包含这样或那样的决策过程,同时也正是组织决策形成了所有管理活动的基础,决定了组织发展的方向。

关于决策的定义,不同的学者有不同的观点。最通俗的解释是,从两个以上的备选方案中选择一个方案的过程就是决策。而根据决策理论学派的代表人物西蒙等人的观点,管理活动的全部过程都是决策过程——管理就是决策。这种观点突出了决策的核心作用,扩大了决策的内涵。加雷思·琼斯(Gareth Jones)等人认为,"决策是管理者通过分析关于具体的组织目标和行动方案的各种选择,最终作出决定以应对他们所面临的机遇和威胁的过程"。[①] 我国学者周三多等人认为,"决策是指组织或个人为了实现某种目标而对未来一定时期内有关活动的方向、内容及方式的选择或调整过程"。[②]

本书采用被广泛使用的决策定义:决策是识别并解决问题以及利用机会的过程。相应地,组织决策被定义为组织中管理者识别并解决问题以及利用机会的过程。对于组织决策,可以从以下三个方面来理解:第一,组织决策是一个动态的行为过程,这种过程由许多决策阶段构成,且需要不断地进行动态变化调整。第二,组织决策的主体是各级管理者,既可以是单个管理者,也可以是有多个管理者的群体。第三,组织决策的目的是解决问题或利用机会,从而改善组织经营管理,实现组织目标。

根据组织决策的定义,可以将组织决策的特点归纳如下。

1. 目标性

任何组织决策都是为了实现某种组织目标,组织目标是一切管理工作的前提。只有明确目标,组织决策所涉及的方案选择、实施及控制等工作才会有检测的标准和依据,这样才能取得良好的决策效果。

2. 前瞻性

组织决策是为了解决问题或利用机会,这些问题和机会是针对未来的,而且有很多的不确定性,人们无法预知决策的成功与否,可以说,决策是基于对未来的预测,并据此形成行动方案,然后组织实施,影响组织的未来发展状况。因此,未来性是组织决策的特性之一,决策必须面对未来的诸多不确定性,在存在风险的环境下拟订及实施决策计划。

3. 选择性

决策是从两个以上的备选方案中选择一个的过程,其中选择是关键。只有作出使组织"满意"的方案选择,才能有效地解决组织的问题,实现组织目标。选择涉及两个方面的因素:一是可供选择的备选方案。组织为了实现特定的目标,总是会拟定很多可供选择的方案,以选择出最适宜的行动方案。二是诸多的限制条件,如成本效益、风险要求、组织目标、环境约束等。组织往往就需要在这些限制条件下作出各种方案选择。

4. 过程性

组织决策是一个过程,这从决策的定义中可以明显地看到。一方面,决策本身是一个

[①] 琼斯,乔治.当代管理学[M].郑风田,赵淑芳,译.3版.北京:人民邮电出版社,2005:219.
[②] 周三多,陈传明,鲁明泓.管理学——原理与方法[M].4版.上海:复旦大学出版社,2009:238.

分阶段的过程,涉及方案的拟定、选择、实施及控制等步骤,这些阶段相互联系、密切配合,形成一个整体的过程。另一方面,组织中的决策涉及的范围广、内容多,需要各级管理者及员工密切合作,各项决策方案配套使用,这是一个综合的决策协调过程。

5. 动态性

组织决策是一个动态的过程,涉及不同的决策阶段,并需要经常进行反馈调整,是一个不断循环的管理过程。同时,组织经营所面临的内外部环境是动态变化的,需要管理者密切追踪与决策相关的信息,不断地对组织活动进行动态调整,以更好地解决问题或利用机会,实现组织经营目标。

6. 组织性

组织决策的效果往往受到组织结构、组织制度文化等因素的影响,这是与个人决策所不同的。组织性是组织决策的基本特性之一,组织正是以组织手段来解决各种决策问题的。

7. 协调性

组织经营活动是复杂多变的,组织决策所涉及的问题也是多因素的综合。因此,为了达到特定的决策目标,参与组织决策的人员就必须相互协调配合,不仅要着眼于本部门的利益,还要考虑到整个组织的利益,只有这样才能促使组织利益的优化,实现组织目标。

5.1.3 组织决策的类型

组织经营活动所涉及的对象、内容等各不相同,决策的方式和方法也就相互区别。根据不同的标准,可以将组织决策划分为以下几种类型。

1. 个体决策和群体决策

根据决策的主体不同,可将组织决策分为个体决策和群体决策。

个体决策是指单个管理者作出的决策,一般由个人通过理性方法和直觉过程作出,比较容易受到周围环境因素的影响。群体决策是指多个管理者一起作出的决策,这种决策比较重要,涉及的问题比较复杂,有明确的针对性,常常需要由多个人讨论决定。

相较于个体决策,群体决策有明显的优点。群体决策能够更大范围地汇总信息,形成更多的可行性方案;能够充分利用各成员的知识、经验和背景,提高决策的科学性;能够得到更多的认同,易于决策的顺利实施等。但群体决策也有一些缺点,如花费时间较多、效率可能较低、易产生群体思维、责任不明晰等。

正是个体决策和群体决策的不同功能与特点,使得两者在组织决策中都占据一定的地位。但是随着环境的复杂多变,组织决策更多的是采用群体决策,个体决策在组织中的局限性使其应用有限。

2. 战略决策、战术决策和业务决策

根据决策性质的不同,可将组织决策分为战略决策、战术决策和业务决策。

战略决策是涉及组织重大问题的全局性、方向性的决策,对组织来说最为重要,事关组织的发展方向和远景规划,具有时间长、范围广、影响大的特点。例如,组织目标的确定、组织结构的调整、技术更新改造等。战略决策属于组织的高层决策,是组织高层管理者的主要职责之一。

战术决策又称管理决策,是为实现组织战略目标所采取的决策,是战略决策执行过程中的具体决策,具有影响时间较短、范围较小的特点。例如,组织生产和销售等计划的制订,设备的更新,销售渠道的选择,资源的分配使用等。战术决策属于组织的中层决策,一般由组织中层管理者负责。

业务决策又称执行性决策,是组织日常工作中为提高工作效率而作出的决策,是日常作业中的具体决策,对组织的影响范围较窄。例如,日常工作任务的分配和检查、个别工作程序和方法的变动、材料的采购以及库存控制等。业务决策属于组织的基层决策,一般由基层管理者负责。

3. 初始决策和追踪决策

根据决策的起点不同,可将组织决策分为初始决策和追踪决策。

初始决策是组织对特定经营活动的初次选择,是零起点决策。它是在有关活动尚未进行且环境未受到影响的情况下作出的决策。

追踪决策是在初始决策的基础上,对组织经营活动进行的选择或调整,是非零起点决策。这是因为随着初始决策的实施,组织的内外部环境发生了变化,这种情况下就需要进行追踪决策,根据新情况采取相应的解决方案。事实上,追踪决策是组织的常态,大部分组织决策是在非初始状态下完成的。

4. 程序化决策和非程序化决策

根据决策所涉及的问题,可将组织决策分为程序化决策和非程序化决策。

程序化决策是指涉及组织例行问题的决策。其中,例行问题是指那些重复出现的、日常的管理问题,如设备故障检修、合同违约、产品质量检测等。对于例行问题,管理者可以通过重复、例行的程序来解决。

非程序化决策是指涉及组织例外问题的决策。其中,例外问题是指那些偶然发生、新颖、性质和结构不明晰、具有重大影响的问题,如组织结构的变化、重大的投资问题、开发新产品或开拓新市场等。对于例外问题,管理者没有例行程序可以遵循,需要针对问题进行特殊处理。

此外,程序化决策和非程序化决策的划分并不是绝对的,在特定的条件下,二者是可以相互转化的。特别是随着现代决策技术的发展,许多非程序化决策的问题都已经具备程序化决策的性质,程序化决策的范围逐步扩大。

5. 确定型决策、风险型决策和不确定型决策

根据环境因素的可控制程度,可将组织决策分为确定型决策、风险型决策和不确定型

决策。

确定型决策是指在环境因素稳定的条件下进行的决策。在确定型决策中,管理者掌握了各决策方案的全部信息,能够确切地知道每个方案的结果,从而可以通过直接比较作出方案选择。

风险型决策是指在环境因素部分可控的条件下作出的决策。在风险型决策中,管理者对未来环境中各因素是否出现是不确定的,但他们可以预测各因素出现的概率,通过测算能够得出各个方案优劣的程度。在这种情况下,组织决策具有一定的风险,而且是不可避免的风险。

不确定型决策是指在环境因素不稳定的条件下进行的决策。在不确定型决策中,管理者对未来环境中各因素是否出现、出现的概率等都是不确定的,需要依赖经验、直觉和估计作出决策。这种决策方案的选择较困难,对管理者的能力要求较高。

除上述几种主要的分类方法以外,还可以根据其他决策因素对组织决策进行分类。例如,根据决策跨越的时间长短,将组织决策分为长期决策、中期决策和短期决策;根据决策目标的多寡,将组织决策分为单目标决策和多目标决策;根据决策主体层次的不同,将组织决策分为高层决策、中层决策和基层决策等。

5.2 组织决策过程

5.2.1 组织决策模式

现代组织决策的理论模式是决策理论的一个重要组成部分,随着决策理论的发展而逐步发展起来,形成了不同的决策模式,本书主要介绍以下四种组织决策模式。

1. 理性决策模式

理性决策模式又称科学决策模式,是基于"经济人"假设下的决策理论,这种模式强调从规范角度考察问题,深受古典经济学理论的影响。理性决策模式认为,管理者应该理性地进行所有的决策活动,并尽可能使组织的经济利益最大化。这种决策模式以找出解决问题的最优方案为核心,寻找解决问题的全部可能方案,全面地预测和评估每个方案,然后根据实现目标的程度比较各个方案并选择最优方案。

理性决策模式将决策过程分为六个步骤,形成了一个较为系统的决策程序。①管理者根据实际的经营管理活动,找出需要解决的问题;②管理者针对问题的性质提出解决问题的目标,并将这些目标进行排列或组合;③管理者将所有可能的行动方案列举出来,以供选择;④管理者通过一系列的科学方法,预测和评估每个方案可能产生的后果;⑤管理者根据每个方案实现目标的程度,对行动方案进行比较分析;⑥管理者选择能最大限度地实现目标的行动方案,即选择最优方案。

在实际应用理性决策模式的过程中,管理者必须具备各方面严格的条件:能够获得有关决策的全部信息;能够了解所有人的社会价值取向;能够找到所有可能的行动方案;能够准确地预测每个方案可能产生的后果;能够正确地选择最优方案。但是,组织决策活动是现实的管理活动,受到很多因素的制约,通常不可能完全具备这些条件。也就是说,理性决策模式忽略了许多现实因素的影响,这种模式不一定能指导实际的决策活动。

2. 有限理性决策模式

有限理性决策模式的代表人物是西蒙,他在批判理性决策模式的基础上提出了有限理性的观点。西蒙认为,传统的理性决策模式是一种理想化的模式,它并不符合现实中决策的实际情况。按照理性决策模式,管理者必须掌握有关决策的全部信息,并能够正确地选择最优方案,但是事实上,管理者所获得的信息是不完全的,其处理信息的能力也是有限的,而且由于时间及组织资源、个人主观因素等的影响,管理者的决策能力也是有限的,并不存在绝对最优的行动方案。因此,西蒙提出了有限理性决策模式,这种模式更贴合实际情况,实用性较强。

有限理性决策模式主要包括以下几方面的内容。

(1) 人是介于完全理性和非理性之间的有限理性人,并在决策中遵循满意原则。西蒙认为,完全的"经济人"是不存在的,现实中的人是"行政人""有限理性人",并由此提出了决策的满意原则。事实上,现实的决策环境是高度不确定和极其复杂的,在这样的环境中,管理者的各种知识、计算能力是有限的,不可能无限制地寻求全部信息、全部方案和预测全部结果,以找到最优方案,而是选择并接受令人满意的行动方案。

(2) 由于受到决策时间、可利用资源等各方面的限制,管理者不可能掌握全部有关决策的信息和备选方案的情况,从而其选择的理性是相对的。也就是说,有关决策的合理性理论必须考虑人的基本限制以及其他限制,所探讨的是有限的理性,而不是全知全能的理性,所考虑的选择机制应当是有限理性的适应机制,而不是完全理性的最优机制。[1]

(3) 管理者在作出决策的过程中,容易受到各种主观因素的影响,如管理者的性格、喜好、价值观等。在现实的决策过程中,管理者经常会对决策问题有先入为主的印象,他们会根据以往的经验和直觉作出判断,从而影响决策的结果。

(4) 组织决策的整个过程包括四个阶段,即情报活动阶段、设计活动阶段、选择活动阶段、审查活动阶段。具体来说,决策过程涉及环境分析、问题识别、拟订方案、方案的评估和选择、行动方案的实施及调整等各方面的工作,管理者需要组织协调好整个过程,从而提高决策的科学性。

总体上,有限理性决策模式是对传统的理性决策模式的突破和改进,但它也有其局限性,如基于满意原则,管理者可能会简化决策分析,并采纳有限选择中的满意方案,而忽略决策中其他方面的情况。

---

[1] 秦勃.有限理性:理性的一种发展模式——试论 H. A. 西蒙的有限理性决策模式[J].理论界,2006(1):78-79.

3. 渐进型决策过程模式

渐进型决策过程模式源自公共政策制定中所形成的渐进决策模式，是由明茨伯格和他的同事提出来的。这种模式基于从问题发现到问题解决的结构化顺序的研究，认为组织决策通常是由一系列小的决策组合所形成的。也就是说，组织决策是一个渐进性的过程，这个过程包含许多决策点，而且组织可能遇到障碍而引致决策中断，并重新进行决策，从而组织就是在这样的决策循环中解决问题并稳步前进的。

渐进型决策过程模式主要包括三个阶段，即识别阶段、形成阶段、选择阶段。具体来说，识别阶段包括认知和诊断两个步骤，即发现问题，并收集信息对问题进行诊断，确认问题的详细状况。形成阶段是针对所确定的问题形成解决方案的阶段，可以从两个方面进行：一是通过组织以往的经验、例行的程序，从组织决策案例中寻找行动方案；二是通过设计新方案，逐步地提出定制的解决方案。选择阶段是选定解决方案的阶段，包括评估、选择和授权三个方面的工作。其中，评估和选择可以通过分析、磋商、判断作出决定，而授权在决策方案被组织接受时发挥作用，通过科层制传递到负责的层级。

此外，组织决策还存在动态因素的调节作用。这种作用主要是指由于时间限制、管理者更替、出现新的备选方案等，组织决策出现迫使决策过程回流的问题，即决策中断，进而形成决策循环，重新进行决策。事实上，组织经营环境不断变化，组织决策就是一个不断循环的动态过程，需要经常地进行动态调整，而且这种调整是渐进性的，这是比较符合实际情况的决策模式。但是，渐进型决策过程模式也有一些明显的不足，如若经营环境剧烈变化，渐进型决策的作用就容易受到限制，甚至会阻碍组织进行重大改进。

4. 垃圾桶决策模式

垃圾桶决策模式在组织决策过程中是一个新的概念，不同于上述几种单个决策的模式，它侧重于组织的多项决策，是由迈克尔·科恩（Michael Cohen）、詹姆斯·马奇（James March）、约翰·奥尔森（Johan G. Olsen）提出的。垃圾桶决策模式从反阶段论的角度探索决策的过程，并强调组织中的非理性因素的作用，目的是解释那些具有极高不确定性的组织的决策类型。

垃圾桶决策模式认为组织决策是无秩序的，并不存在一系列有序的步骤，而是多个独立要素随机结合的结果。这些要素包括问题、潜在解决方案、参与者和选择机会，它们都存在于组织之中，共同影响决策的结果。具体来说，在组织决策的过程中，问题能否被解决，关键在于问题、潜在解决方案、参与者是否匹配，若刚好匹配，则组织存在选择机会，问题会被解决，否则问题得不到解决。从这个意义上说，组织是混合这四种要素的垃圾桶，而其重点就是这些要素的匹配性。因此，这种模式认为组织决策呈现随机的性质，是模糊和不可预测的，决策结果也就是不确定的。

组织决策的垃圾桶模式主要有四种决策结果：提出解决方案而问题并不存在；作出选择而没有解决问题；问题可能持续存在而未被解决；解决组织的部分问题。也就是说，组织在作出决策的时候,并不是所有的问题都能得到解决,而是仍有许多尚未解决的问题。

垃圾桶决策模式一般适用于快速变化、不清晰、不确定的决策环境,但现实中的组织并不经常处于这种环境,它们只是有时需要作出这种决策,因此这种决策模式也存在局限性。同时,这种决策模式并不能提供具体的方法预测选择机会在何种情况下出现,它更多的是对决策事实的一种解释,并不能指导具体的组织决策。

5.2.2 决策步骤

组织决策有不同的决策理论模式,根据它们各自的特点,可以将组织决策的一般过程归纳为六个阶段,如图 5-1 所示。

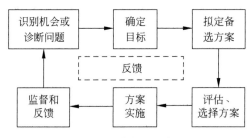

图 5-1 组织决策的一般过程

1. 识别机会或诊断问题

识别机会或诊断问题是组织决策过程的起点,以后各阶段的决策活动都是以此展开的,因此,决策者首先需要对机会或问题进行准确识别。

组织经营活动往往涉及多方面的问题。有些问题简单明晰,很容易识别,而有些问题却很复杂,识别问题或机会变得非常困难,甚至可能造成失误,此时就需要管理者通过详细分析来确定问题情况。通常,实际情况对预期的偏离往往预示着潜在的机会或问题,管理者可以据此正确地识别机会或诊断问题。在此过程中,准确的信息是关键,管理者需要收集高质量的信息并正确地解释信息,从而准确地定义机会或问题以提高决策的正确性。

此外,管理者还要详细分析机会或问题的各个构成要素,明确问题产生的原因,这样才能确定相对应的行动方案。

2. 确定目标

目标是组织所要取得的结果。在确定机会或问题之后,就要明确决策所要达到的目的,即确定目标:一方面,目标确定了组织决策的方向,可以指导管理者拟定并选择合适的行动方案;另一方面,目标是检测决策效果的依据,管理者可以据此对决策过程进行监督和反馈,以提高决策的效率和效果。

在确定目标方面,管理者要注意决策目标的可行性、具体性以及可量化性,并加强组织各层级目标的协调配合,以保证决策目标的有效完成。

3. 拟定备选方案

在确定问题或机会以及决策目标之后,管理者就要找出多个实现决策目标的备选方案,即拟定备选方案的阶段。在这一阶段,管理者通常要在时间、成本等因素的限制之下,根据问题或机会的性质收集信息并进行详细分析,同时利用组织内外部人员的知识、经验和背景,发挥想象力和创造力,提出尽可能多的行动方案。其中,管理者要注意多角度审视问题,避免个人主观因素的过多干扰,并且善于听取他人的意见。

4. 评估、选择方案

在组织决策过程中,管理者通常都要进行方案选择。在作出选择之前,管理者要对各种备选方案进行评估,依据一定的标准和技术确定各方案的价值及适当性,进而比较各方案的优劣。在这个过程中,管理者主要从决策的标准和原则、各种方案的预期结果及风险性、组织资源的配置情况等方面评估和选择方案,并且可以利用科学的决策方法和技术,从而最终选择出组织满意的行动方案。

5. 方案实施

方案实施是组织决策过程中非常重要的一个环节,只有行动方案有效实施,才能实现决策目标,所有的决策工作才能体现出价值。方案实施是指在方案选择的基础上,将所选方案具体转化为实际行动的过程。在这个过程中,管理者要注意做好以下几个方面的工作:首先,管理者要制订具体的实施计划,并将工作责任落实到具体的部门和个人,确保决策方案的正确实施;其次,管理者要保持和决策实施人员的沟通,确保与决策实施有关的各项任务被相关人员理解并支持;最后,管理者要建立监督反馈机制,以便及时了解方案的进展情况,并及时调整。

6. 监督和反馈

在决策方案的制订及实施过程中,管理者要保持监督和反馈,经常分析决策过程的各个阶段,发现问题及原因并及时进行调整。由于组织的内外部环境不断变化,可能会出现不适应的新问题,管理者需要不断地对决策过程进行修正,定义新情况,重新确定工作程序,以减小不确定性对组织造成的影响。同时,管理者的能力限制以及组织资源约束等也都可能使决策的制定及实施出现问题,管理者需要经常分析比较决策执行情况,确定偏差及原因,并采取相应的解决措施,以确保决策目标的实现。

实际上,组织决策是一个"决策—实施—再决策—再实施"的不断循环的过程,管理者需要根据实际情况不断地对决策活动进行修正调整,而且组织经营活动的复杂性也需要管理者经常性地作出决策。

5.2.3 快速决策

在当今复杂多变的环境中,组织决策对时间的要求越来越高,组织必须学会迅速地作出决策,否则就可能因缓慢而导致失败。在这种情况下,组织决策就不能依照复杂而全面的决策程序,组织要能够把握整体并突出重点,从而迅速地作出决策。也就是说,管理者需要实时跟踪组织的实际情况,及时发现问题并快速解决,而且管理者要在组织中建立信任和共识,以增强组织决策的效果,但是如果意见无法达成一致,管理者就需要作出决策并立即执行。

在这种环境下,组织就可以利用快速决策分析法来迅速地决策。快速决策分析法是由美国学者罗伯特·贝恩(Robert Behn)和詹姆斯·沃普尔(James Vaupel)提出的,是在时间和信息不充分的条件下迅速地作出决策的分析方法。这种方法以管理者的主观认识能力、经验和直觉为分析基础,从决策问题的整体结构入手,充分运用管理者的主观思维、推理和判断能力,通过认识心理过程的客观规律来分析和解决组织决策问题。它的特点是把握整体、抓住关键、避免烦琐、循序渐进,使决策分析快速见效,从而取得事半功倍的效果。

快速决策分析法包含五个步骤,即思考、分解、简化、具体论证和反思。具体来说,思考是指管理者要注重对决策问题的思考、认识过程,认真思考并确定问题的性质和结构,然后才能解决问题。分解是指管理者把决策问题分解为若干要素,并对这些要素进行分析研究,然后再将这些要素重新组合起来,分析它们之间的相互联系,从而弄清决策问题的来龙去脉。简化是指管理者要抓住决策问题的主要因素和主要联系,重点关注决策要素的情况并加强这些要素的分析工作。具体论证是指管理者对重要的备选方案及其可能结果等进行分析、确认和具体化,它包括多次分析论证过程,而且只有在一次分析结果不理想时,才进行其他分析论证。反思是指由于整个决策分析过程包含很多的主观判断和预测,管理者需要不断地进行思考和修正,从而将整个决策分析过程有机地串联起来。

在组织快速决策的过程中,组织可以根据实际情况循环运用上述五个步骤,不断深入决策问题的本质,并最终得出符合实际的决策结果,从而提高组织快速决策的能力,增强组织的适应性和竞争力。

5.2.4 危机决策

在组织的经营过程中,组织不可避免地会受到许多不利因素的影响,这些因素会影响组织目标的实现,甚至会由此而引发危机,影响组织的生存发展。而危机管理就是针对危机进行管理的理论,它强调组织要以战略的眼光,进行规划决策、动态调整、化解处理及员工培训等活动过程,以应对组织的各种危机。其中,危机决策是危机管理的核心。

危机决策是指管理者在时间、资源等约束条件下,确定应对危机的具体行动方案的过程。由于危机通常具有突发性、紧急性、不确定性、无序性、独特性等特点,危机决策就不能遵循常规决策的程序,这种决策有其独特的特点。

第一,决策目标动态权变。由于危机可能会引起严重的后果,所以危机决策的首要目标就是控制危机的蔓延和事态的进一步恶化,然后随着危机事态的变化,危机决策的目标就需要进行同步调整和改进。因此,危机决策的目标具有动态权变性,需要根据实际情况分多次作出。

第二,决策环境复杂多变。由于危机事件的突发性和不确定性,组织所面临的危机决策环境也包含许多的不确定性,涉及组织外部环境和组织内部环境两个方面。其中,组织外部环境的不确定性主要表现为决策状态的不确定性、主观认知的不确定性以及后果影响的不确定性等。

第三,决策信息严重不对称。这种信息不对称是指管理者所掌握的信息与真实信息之间的严重失衡,主要表现为信息不完全、不及时和不准确。由于危机具有高度的不确定性,而且危机信息会随着危机事态的发展而不断变化,管理者不可能完全掌握危机的全部信息。同时,由于主体认知的有限性和信息加工处理的时滞与失真,管理者所掌握的信息就必然会出现不完全、不及时和不准确的情况。

第四,决策步骤非程序化。由于危机决策面对的问题复杂多变,所以组织就难以借助常规的程序和方法进行决策。因此,危机决策可以说是典型的非程序化决策,没有规律可以遵循,没有固定的决策模式可以效仿。

基于危机决策的特点,组织需要根据实际情况进行不同的危机决策,但是管理者在决策中仍要坚持一些原则,从而增强危机决策的效果。这些原则包括:快速反应原则,权力集中原则,灵活机动原则,标本兼治和重在预防原则。

具体来说,快速反应原则是指在危机决策的过程中,管理者必须快速反应、果断行动,即迅速明确危机问题的性质和危机发生的原因,然后果断地作出决策并付诸实施,以迅速地遏制危机的蔓延。但是,管理者在注重快速决策的同时,也要注意决策的正确性,以增强决策的效果。权力集中原则是指在危机决策的过程中,组织必须适当集中决策权,使管理者可以不经过充分的讨论而只是根据自己的知识、经验和直觉,迅速地作出决策并组织实施。同时,这也要求管理者简化决策程序,抓住决策问题的关键步骤和关键环节,以加快应对危机的反应速度。灵活机动原则是指在危机决策的过程中,管理者要根据危机事态的不同情况,采取不同的决策方法,作出不同的决策选择。同时,管理者也要根据危机决策的实施情况对决策过程进行变化调整,以更好地解决危机。标本兼治和重在预防原则是指在危机决策的过程中,组织要积极地对待并解决危机问题,控制危机的蔓延,而且尤其要注意危机决策的事前防范,制订应急预案和计划。

5.2.5　决策错误和学习

组织决策面临很多的不确定性,管理者通常不能准确地确定组织决策的有效性,特别是在快速变化的环境下更是如此,因此组织决策会不可避免地出现错误,并可能导致决策失败,使组织遭受一定的损失。但是,决策错误也会给组织提供解决问题的新信息和新思路,组织可以通过决策学习的过程获得相关的知识和经验,从而提高未来组织决策的有效性,促进组织经营效益的提高。

在组织的经营过程中,决策错误往往是尽量避免的,因为这样可以减少经营损失,但是,组织又需要允许决策错误,甚至鼓励管理者通过错误决策来找出正确的决策思路,从而有利于发挥组织的创造性,并探索新的决策方案。如果一个决策方案出现错误,就可以尝试另一个决策方案,从决策错误中获得经验教训并改进,组织通常就是在这个过程中获得发展的。因此,组织应该鼓励管理者拥有决策错误的意识,并通过决策学习的过程获得相关的知识和经验,从而增强组织决策的效果,并使组织获得更好的经营效益。

此外,组织有时会坚持决策错误并不肯改正,即对决策错误的顽固认同,如对某一没有效果的经营项目持续地投入资金和其他资源等。这种顽固认同源于两个方面的原因:一是管理者需要对决策错误承担责任时,他们就倾向于坚持这种错误决策;二是组织和社会对一致性较为重视,认为具有一致性的管理者比那些总是变换主意的管理者更值得信赖,这就会导致人为地坚持错误决策。正是由于这种对决策错误的顽固认同,组织往往会遭受很大的经济损失,因此,组织要注意减少这种对决策错误的顽固认同的行为,改正决策错误并作出新的决策。

5.3 组织决策的方法

组织决策涉及多方面的问题,在决策过程中需要运用各种决策方法和技术,特别是由于组织经营环境的多样性,组织决策面临很大的不确定性,此时通过各种决策方法和技术的有效运用,就可以提高组织决策的科学性和有效性。

5.3.1 头脑风暴法

头脑风暴法是一种群体决策方法,由英国心理学家亚历克斯·奥斯本(Alex Faickney Osborn)提出,主要用于形成创造性的新观点。它通常是将一定数量的相关专家或人员集合起来,在完全不受约束的条件下,针对特定的问题,畅所欲言,寻求多种解决问题的思路。这种方法的关键是创造性思维,在宽松的环境下,每个人通过面对面的交流讨论,引起思维共振和组合效应,产生尽可能多的决策建议。

这种方法要求参与人员对别人的建议不做任何评价,每个人独立思考、发散思维,尽可能提出多的建议,并对已有的建议进行补充。通过这种方法的运用,组织通常可以得到许多新思路、新想法,但是其也可能会由于组织不当、讨论时间过长等导致失败。因此,应注意对相关专家或人员的选择,并有效组织整个会议,特别要注意控制会议时间。一般来说,会议时间应控制在 1~2 小时,参会人员以 5~6 人为佳。

5.3.2 德尔菲法

德尔菲法是由兰德公司提出的,主要用来形成相关专家对某一问题或机会的意见。它通常是邀请一定数量的专家,针对特定的问题,各个专家背对背地发表意见,然后管理者对这些意见进行归纳整理,并向专家反馈相关结果,让他们再次进行分析并发表意见,经过多次循环,最终形成能代表专家组意见的结果。这种方法使用时要注意选择适宜的专家和专家人数,因为专家的质量和数量将直接影响决策的效果,同时,整个过程的组织要流畅,特别要注意对专家意见的整理和反馈。

这种方法避免了面对面讨论的不利影响,并且通过专家意见的综合,可以形成可靠的结果。但是它通常需要较长的时间周期,费用也较高,不利于时间紧迫的组织决策。

5.3.3 名义小组技术

名义小组技术是在不完全了解问题性质且存在严重的意见分歧时,可以采用的决策方法。在这里,小组只是名义上的,小组成员并不在一起交流讨论。在这种方法下,管理者首先选择小组成员,并提供给他们解决问题的信息,要求小组成员独立思考,尽可能地把自己的方案和意见写下来,然后各个成员依次将自己的想法陈述出来,并接受其他成员的评价和投票选择,最后根据投票结果选出被多数人赞同的决策方案。同时,管理者要对这个过程进行有效控制,并最终作出方案选择。

这种方法是一种群体决策方法,它要求小组成员独立思考和发表意见,可以有效地利用每个人的知识经验,发挥想象力和创造力,避免了直接讨论的不利影响,可以得出较为一致的意见。

本 章 小 结

作为组织管理的一项基本职能,决策是管理工作的本质与前提,在管理中处于支持性地位。首先,决策贯穿于组织管理过程的始终。其次,决策的正确与否会直接影响组织的生存发展状况。最后,决策是各级管理者的主要工作职责。组织决策被定义为组织中管理者识别并解决问题以及利用机会的过程,它具有目标性、前瞻性、选择性、过程性、动态性、组织性、协调性的特点。根据不同的标准,组织决策可以划分为不同的类型:个体决策和群体决策;战略决策、战术决策和业务决策;初始决策和追踪决策;程序化决策和非程序化决策;确定型决策、风险型决策和不确定型决策等。现代组织决策的理论模式是决策理论的一个重要组成部分,主要有理性决策模式、有限理性决策模式、渐进型决策过程模式和垃圾桶决策模式四种。组织决策的一般过程包括:识别机会或诊断问题,确定目标,拟定备选方案,评估、选择方案,方案实施,监督和反馈,形成了一个不断循环的过程。组织决策的方法主要有头脑风暴法、德尔菲法、名义小组技术,这些方法都可以供组织决策时参考使用。此外,还有一些特殊的组织决策,如快速决策、危机决策、决策错误和学习、顽固认同等,这些都有助于解决具体的组织决策实务。

复习思考题

1. 如何理解组织决策的必要性？
2. 组织决策的特点是什么？组织决策可以分为几种类型？
3. 组织决策有几种主要的决策理论模式？它们的核心内容是什么？
4. 组织决策的一般过程包括哪几个阶段？它们之间有什么联系？
5. 组织决策的方法有哪些？它们的主要内容分别是什么？
6. 快速决策分析法的主要内容是什么？它包括哪几个步骤？
7. 危机决策的特点和原则分别是什么？
8. 个体决策和群体决策的区别及其优缺点是什么？
9. 决策错误的原因及其应对方法有哪些？
10. 简述你对有限理性的理解。

宁德时代的决策

第 6 章

组织激励

学习目标

✓ 了解组织激励的基本含义与过程
✓ 掌握经济学主要激励理论
✓ 掌握心理学主要激励理论
✓ 掌握组织激励的基本应用方法

引例

海底捞的激励方案

四川海底捞餐饮股份有限公司(以下简称"海底捞")成立于1994年,是一家以经营川味火锅为主,融汇各地火锅特色于一体的大型跨省直营餐饮民营企业。海底捞虽然是一家火锅店,但它的核心业务却不是餐饮,而是服务。在将员工的主观能动性发挥到极致的情况下,"海底捞特色"日益丰富。海底捞的员工激励措施与效果主要概括为以下几点。

1. 良好的晋升通道

海底捞为员工设计好在本企业的职业发展路径,并清晰地向他们表明该发展途径及待遇。每位员工入职前都会得到这样的承诺:"海底捞现有的管理人员全部是从服务员、传菜员等最基层的岗位做起,公司会为每一位员工提供公平公正的发展空间,如果你诚实与勤奋,并且相信:用自己的双手可以改变命运。那么,海底捞将成就你的未来!"该措施满足了员工对自我实现的需要,激励了员工对更好未来的追求。

2. 独特的考核制度

海底捞对管理人员的考核非常严格,除了业务方面的内容之外,还有创新、员工激情、顾客满意度、后备干部的培养等,每项内容都必须达到规定的标准。

这几项不易评价的考核内容,海底捞都有自己衡量的标准。例如"员工激情",总部会不定期地对各个分店进行检查,观察员工的注意力是不是放在客人的身上,观察员工的工作热情和服务的效率。如果有员工没有达到要求,就要追究店长的责任。海底捞通过独特的考核制度,既规范了管理人员的管理行为,又使管理人员可以通过不同的措施,激励员工的工作热情。

3. 尊重与关爱,创造和谐大家庭

海底捞的管理层都是从最基层提拔上来的,他们都有切身的体会,都能了解下属的心理需求。这样,他们才能发自内心地关爱下属,并且给予员工工作与生活上的支持和帮助,同时也得到员工的认可。

在海底捞,尊重与善待员工始终被放在首位。海底捞实行"员工奖励计划",给优秀员工配股。此外,海底捞的管理人员与员工都住在统一的员工宿舍,并且规定,必须给所有员工租住正式小区或公寓中的两、三居室,不能是地下室,所有房间配备空调、电视、电脑,宿舍有专门人员管理、保洁,员工的工作服、被罩等也统一清洗。若是某位员工生病,宿舍管理员会陪同他看病、照顾他的饮食起居。同时,海底捞的所有岗位,除了基本工资之外,都有浮动工资与奖金,作为对员工良好工作表现的鼓励。考虑到绝大部分员工的家庭生活状况,公司有针对性地制定了许多细节上的待遇。

在尊重与善待员工的问题上,海底捞还有不少"创意"。例如,将发给先进员工的奖金直接寄给他的父母。

在如此和谐的文化与工作氛围的激励下,员工们的热情日益高涨,提出很多建议。并且,只要是合理的,公司都会采纳。这些激励措施既满足了员工的基本需求,同时也满足了他们的尊重需求与自我实现的需求,激发了员工的主人翁意识。

在我们看来,海底捞的成功服务是取胜的关键,但是如何做到将服务差异化战略成功灌输给所有员工,激励每一个员工共同努力才是真正至关重要的。要做到真正的顾客满意,必须将标准化的流程、制度与服务员的判断力和创造力结合起来。员工的创造力不是管理出来的,而是通过一整套系统激励出来的。这些激励系统提升了员工的满意度,满意的员工就会带来优质的服务,提高顾客满意度以及降低许多餐饮企业都很头痛的浪费和损耗等隐形成本。海底捞更多依靠的是对餐饮业服务员这种特殊工作的理解,而不是生搬硬套一些书本上的先进理论,在实际操作中,恰恰是其激励机制符合了海底捞自身的实际,满足了员工各个层次的需求,使员工最大限度地发挥了个人潜力,使海底捞在激烈的市场竞争中站稳了脚跟,并得到了稳步发展。

资料来源:海底捞——员工激励案例分析[EB/OL].(2017-11-02). https://wenku.so.com/d/c1e17205314e2a2b3bc57f91cf04ea86.

6.1 组织激励的定义与过程

6.1.1 组织激励的定义

在没有激励措施下,下属一般仅能发挥工作能力的20%～30%,而当他受到激励后,其工作能力可以提升到80%～90%,所发挥的作用相当于激励前的3～4倍。

——哈佛大学心理学家威廉·詹姆士

激励,在经济学与心理学中的定义有所不同。从其相对应的英文来看,激励在经济学中对应的英文为 incentive,定义为引起一个人做出某种行为的某种东西。很明显,经济学的激励强调的是外在于个体的诱因,其准确的中文译文应为"刺激",并且常局限于物质刺激。而激励在心理学中对应的英文为 motivation,也被称作动机,定义为对所有引起、支配和维持生理与心理活动的过程的概括。这个词语源于拉丁语 movere,意思是"趋向于"。从这个定义也可以看出 motivation 强调的是个体内在的动机。由于个体的动机可能包括经济型等物质动机,因而 motivation 一词的含义应该大于 incentive。本书对"激励"一词的定义与 motivation 相同,其在管理学中被当作一个通用名词来使用,即应用于动力、愿望、需要、祝愿以及类似力量的整个类别。

根据罗纳德·科斯(Ronald Coase)的理论,组织存在的理由就在于组织可以在某种情况下节约更多的交易成本,可以更有效地组织分工,对社会产生更大的价值。而组织是由人组成的,因此组织激励问题成为组织理论的核心。组织激励,就是要研究如何激励有着不同的需要、掌握着不同的信息和从事着不同的工作的个人努力工作,并达成有效的合作来实现组织的目标。[①]

6.1.2 组织激励的过程

组织激励过程是指在组织中由激励客体(员工)的诱因诱发动机,再由激励行为达成激励主体(组织或管理者)目标的过程。在实践中,组织激励过程是一个相当复杂的过程,首先要挖掘出激励信息、认识与取得激励信息。在组织激励中,激励信息是指激励主体与激励客体之间交流的某些特定符号,如一种心态、情绪、情意、暗示等。然后是组织激励过程的控制。激励控制是指激励主体选择控制激励因素、掌握激励时机、监督激励的过程,调动激励客体的积极性,使其行为符合激励主体的要求,实现组织目标。激励控制一般包括三个基本环节:①选择控制激励因素,是根据激励主体、客体、环境来选择判定出有效的激励因素的过程;②时机控制,是指激励在什么时间实施最优并能取得最大的激励效果;③反馈控制,是指根据激励信息的反馈,控制激励过程。

6.2 激 励 理 论

6.2.1 经济学主要激励理论

自 20 世纪 70 年代以来,经济学最重要的成就之一就是激励理论,经济学的激励理论保

---

① 李小宁.组织激励[M].北京:北京大学出版社,2005:1.

留了"经济人"这一经济学的基本假设。当然这个假设有缺陷,但经济学激励理论的优势就在于放弃了心理学激励理论中复杂的心理因素,而集中在契约设计方面。

经济学中重要的激励理论有如下五个流派。

1. 劳动力市场供求模型

劳动力市场供求模型是新古典经济学最流行的分析逻辑。该模型认为,劳动力是一种商品,劳动力的价格由劳动力市场的供给与需求决定。企业决定是否雇用工人主要是看一个工人所增加的边际产品价值(value of marginal product,VMP)是否大于工资成本,即企业是否能盈利。这样就分为三种情况:只要 VMP 大于工人工资,企业就会雇用工人;VMP 等于工人工资,达到均衡状态,企业雇用工人产生不了利润,也不会亏本;VMP 小于工人工资,企业雇用工人会使利润减少,企业不会雇用工人。但这一理论的问题是如何精确计算出 VMP,如果不能计算出 VMP,这一理论就没有可适用性了。[①]

2. 契约经济学

由科斯、阿门·阿尔钦(Armen Alchian)和哈罗德·德姆塞茨(Harold Demsetz)、本杰明·克莱因(Benjamin Klein)、麦克·詹森(Michael Jensen)和威廉姆·麦克林(William Meckling)、奥利弗 E. 威廉姆森(Oliver E. Williamson)等发展起来的契约理论是目前主流经济学中的前沿领域。在契约理论看来,企业的本质就是契约。在经济学中,所有关于交易的承诺都被视为契约,具有法律效力的承诺,被称为正式契约或显性契约;不具法律效力的承诺,被称为非正式契约或隐性契约。组织中人与人之间、部门与部门之间、上级与下级之间的关系,以及经营者与所有者之间的关系,都可以视为契约关系,因此,所谓组织激励问题,其实质就是组织激励契约的设计问题。[②] 从契约的角度来看,管理者对雇员的激励主要是设计一份合理的、可执行的具有激励功能的合约。

考虑到个人的有限理性和环境的不确定性,要设计一份预期未来一切可能的合约是不可能的,因此,企业与雇员签订的大多是不完全合约。由于雇主与雇员都是理性经济人,不完全合约意味着企业和雇员都将存在机会主义倾向。比如,棘轮效应就是雇主机会主义行为的结果。从这个角度来看,员工与企业就存在无休止的斗争,这样的不完全合约可能产生严重的后果。为了使合约具有自我实施性,制定的合约就要尽量使当事人遵守合约,而违背合约的惩罚力度很大,这就满足了激励相容条件。例如,工作生命激励理论、锦标赛理论、效益工资理论、声誉理论等都体现了这个思想。然而,在许多情况下,业绩指标及测评工具都是难以确定的,因此雇主与员工之间制定显性激励合约是不够的,也是不可能的,于是隐性激励合约就有了很大的运用空间,因为它内在的机制是自我激励。隐性合约既可以减少对显性激励合约的需求,又可以节约很大一部分交易成本和监督费用。[③]

---

① 俞文钊. 现代激励理论与应用[M]. 大连:东北财经大学出版社,2006:12.
② 李小宁. 组织激励[M]. 北京:北京大学出版社,2005:14-15.
③ 俞文钊. 现代激励理论与应用[M]. 大连:东北财经大学出版社,2006:13-15.

3. 委托-代理理论

当你委托律师为你处理某项事务时,你与律师之间的委托-代理关系就发生了。在法律上,当 A 授权 B 代表 A 从事某种活动时,就发生了"委托-代理"关系。其中,A 是"委托人",B 是"代理人"。但在经济学中,委托-代理理论将雇主视为委托人,雇员视为代理人。由于委托人要对代理人的行为承担责任,委托人必须设计一种对代理人的激励契约,以使其行为符合委托人的利益,这又涉及他们之间非对称信息的交易活动,因此就会产生机会主义行为,包括由事前信息不对称造成的逆向选择和事后信息不对称造成的道德风险。解决逆向选择问题的办法是设计一个机制诱导信息占优的一方说真话,而解决道德风险问题的办法是设计一个机制让信息占优的一方承担风险。任务的难易结构不同也会影响到委托-代理关系。本特·霍姆斯特罗姆(Bengt Holmström)和保罗·米尔格罗姆(Paul Milgrom)的多任务委托模型指出,委托-代理理论的经济激励比较适合"简单任务"的工作,而复杂任务的工作,并不明显需要非经济性激励,比如,道德激励、内在激励等的补充。①

4. 产权理论

以新制度经济学派的科斯为代表的产权学派认为,产权明晰是企业绩效的关键或决定性因素。其主要论点是:①资产拥有论,认为企业资产只有为私人拥有,才能实现产权的排他性,这种排他性保证了拥有者的资产以及使用资产带来的收益不被他人所侵占,从而构建了企业拥有者对资产关切的有效激励机制。②剩余利润占有论,认为企业拥有者追求企业绩效的基本激励动机是对剩余利润的占有,企业家对剩余利润占有份额越多,提高企业效益的动机也越强。企业拥有者追求企业绩效动机的程度与剩余利润占有的份额成正比。③私有化论,认为非私有企业相对于私有企业来说,存在企业目的多元化(既要追求利润目标,还要承担福利、就业等社会义务等)、对经理激励不足,以及由不能承担所有商业风险导致的财务软约束等弊端。产权理论提出通过产权改变,完善企业治理机制,引入利润激励机制,从而不断提高企业的效益。现代企业中常用的股票期权、ESOP(员工持股计划)以及MBO(管理层收购)等,都是产权激励理论在实践中的应用。不过,学者郎咸平也指出在近十多年以来企业产权私有化的过程中存在着严重的国有资产流失现象,值得我们关注。②

5. 人力资本理论

20 世纪六七十年代在西方兴起的人力资本理论推动了经济学的发展,增强了经济学对社会经济现象的解释力。大部分学者都接受了西奥多·舒尔茨(Theodore Schultz)的人力资本定义,即人力资本包括:体现于人身体上的知识、能力和健康及其他精神状态等;从事工作的总人数及投入工作的总时间;对人的投资而形成的资本;劳动者通过投资在自己身上获得收益四个方面。舒尔茨认为人口的质量和知识投资在很大程度上决定了人类的未

---

① 俞文钊.现代激励理论与应用[M].大连:东北财经大学出版社,2006:15.
② 威廉姆森,温特.企业的性质——起源、演变和发展[M].姚海鑫,邢源源,译.北京:商务印书馆,2007:1-21.

来。① 因此从公司的角度而言，恰当地对人力资本进行投资并定价是激励员工发挥其工作积极性的关键方法之一。

6.2.2 心理学主要激励理论

在心理学领域，激励理论总体上可分为内容型激励理论和过程型激励理论两大类，内容型激励理论所研究的重点是"什么"，目的是找出是什么因素在促使员工努力工作。亚伯拉罕·H.马斯洛(Abraham H. Maslow，1908—1970)的需求层次理论、戴维·麦克莱兰德(David McClelland)的需要理论等是内容型激励理论的主要代表。而过程型激励理论所关注的重点是"如何"，即一个个体是如何努力工作的，主要的代表有目标设置理论、强化理论、公平理论和期望理论。② 本书就一些重要的激励理论做个大致的梳理与介绍。

1. 需求层次理论

美国心理学家马斯洛在1943年发表的《人类动机的理论》(A Theory of Human Motivation)一文中首创了需求层次理论。这种理论的构成根据三个基本假设：①人要生存，他的需要才能够影响他的行为。只有未满足的需要才能够影响行为，满足了的需要不能充当激励工具。②人的需要按重要性和层次性排成一定的次序，从基本的(如食物和住房)到复杂的(如自我实现)。③当人的某一级需要得到最低限度满足后，才会追求高一级的需要，如此逐级上升，成为推动继续努力的内在动力。马斯洛提出人的需求包括以下五个层次。③

(1) 生理需要，是个人生存的基本需要，如吃、喝、住处。

(2) 安全需要，包括心理上与物质上的安全保障，如预防危险事故，职业有保障，有社会保险和退休基金等。

(3) 社交需要，人是社会的一员，需要友谊和群体的归属感，人际交往需要彼此同情、互助和赞许。

(4) 尊重需要，包括要求受到别人的尊重和自己具有内在的自尊心。

(5) 自我实现需要，是指通过自己的努力，实现自己对生活的期望，从而对生活和工作真正感到很有意义。

除了广为人知的以上五种需要外，马斯洛还详细说明了认知和理解的欲望、审美需要在人身上的客观存在，但是他也说明，这些需要不能放在基本需要层次之中。

根据马斯洛的理论，如果你想激励某个人，你就需要了解他目前处于哪个需要层次，然后重点满足这种需要以及在其以上的更高层次的需要。

---

① 舒尔茨.人力投资——人口质量经济学[M].贾湛，施伟，等译.北京：华夏出版社，1990：1.
② 罗宾斯.组织行为学[M].孙健敏，李原，译.10版.北京：中国人民大学出版社，2005.
③ 弗朗西斯科，戈尔德.国际组织行为学[M].顾宝炎，等译.北京：中国人民大学出版社，2003：97.

马斯洛的观点非常流行，但许多人从不同的角度批评马斯洛的观点。比如，总体上该理论还缺乏研究证据的检验，没有任何研究者提供任何实证材料；有关它的预测能力几乎没有得到实证支持；一些实践与该理论存在出入，人们的需要可能从较高层次转向较低层次；由于马斯洛理论是以美国社会和美国文化为背景，不可避免会带有一些局限性等。

2. X 理论与 Y 理论

1957 年，美国社会心理学家道格拉斯·麦格雷戈（Douglas McGregor）在发表的《企业的人性面》一书中提出了影响颇大的"X—Y"理论。他将传统的指挥和监督理论命名为 X 理论，而将自己提出的理论命名为 Y 理论。依照麦格雷戈的归纳，X 理论对人的本性的假设是：

（1）一般人生来就是懒惰的，希望工作越少越好，所以总是设法逃避工作；

（2）一般人都缺乏责任心，愿意接受别人的指挥或指导，而不愿主动承担责任；

（3）人生来就以自我为中心，对组织的要求和目标漠不关心，把个人利益放到一切之上；

（4）大多数人习惯于守旧，认为安全感在工作相关因素中最为重要，反对变革，不求进取。

麦格雷戈不同意 X 理论，因而提出了与之相反的 Y 理论。Y 理论对人的本性的假设是：

（1）人从事工作和劳动，正如游戏和休息一样是自然的；

（2）如果员工承诺完成某个目标，他会进行自我引导和自我控制；

（3）在正常条件下，一般人不但会接受责任，而且会追求责任；

（4）大多数人在实现组织目标过程中，都有相当高的想象力、创造力，并不仅仅是管理者才具备这种能力。

麦格雷戈把 Y 理论称为"人员管理工作的新理论"，是"个人目标和组织目标相结合"的理论。他主张，管理者要以这种新理论为指导思想，根据不同的情况，因人而异地采用领导、协助和教育等方法，给工人安排令他感到有吸引力和有意义的工作，使个人需要和组织目标尽可能地结合在一起，以便把个人的智慧和能力充分发挥出来；要用启发与诱导代替命令与服从；用信任与关怀代替监督与惩罚。他还认为，企业管理的关键问题不是在采用"强硬的方法"或"温和的方法"之间进行选择，而是要在指导思想上变 X 理论为 Y 理论。

遗憾的是，并无研究证据证实哪一类假设更有效，也无证据表明接受 Y 理论并相应改变行为的做法更能调动员工的积极性。①

Z 理论

针对 X 理论与 Y 理论，美籍日裔学者威廉·大内（William Ouchi）1981 年在《Z 理论》

---

① 罗宾斯.组织行为学[M].孙健敏，李原，译.10 版.北京：中国人民大学出版社，2005：173.

一书中提出了Z理论。

Z理论管理法的基本原则是牵涉其中的工人是提高生产力的关键。Z理论的一个原则是信任,另一个重要原则是微妙性,密切的关系像一根线一样普遍贯穿于日本人的生活中。① 这显然是一种与社会文化密切相关的组织文化、企业文化。而美国从其社会文化环境系统到其企业文化系统,都缺乏或根本就不存在至关重要的信任和微妙性,因此,美国需要学习。

大内通过对A型组织和Z型组织的比较分析、Z型组织文化探究和从A型组织到Z型组织转变的程序与方法等阐述,总结了A型、Z型两种组织文化的基本特征比较(表6-1)。②

表6-1 两种组织文化的基本特征比较

组织文化类型	Z型	A型
基本特征	终身雇佣制 缓慢的评价和升级 非专业化的经历道路 含蓄的控制 集体的决策过程 集体负责	短期雇佣 迅速的评价和升级 专业化的经历道路 明确的控制 个体的决策过程 个人负责

3. 需要理论

麦克莱兰德的需要理论主要关注三种需求:成就需求、权力需求及合群需求。该理论认为需求不是先天本能的欲望,而是后天学习得来的。

(1) 成就需求:争取成功、希望做得最好的需求。具有强烈的成就需求的人,渴望将事情做得更为完美,提高工作效率,获得更大的成功,他们追求的是在争取成功的过程中克服困难、解决难题、努力奋斗的乐趣,以及成功之后的个人成就感,他们并不看重成功所带来的物质奖励。

(2) 权力需求:影响或控制他人且不受他人控制的需求。权力需求是指影响和控制别人的一种愿望或驱动力。不同人对权力的渴望程度也有所不同。权力需求较高的人对影响和控制别人表现出很大的兴趣,喜欢对别人"发号施令",喜欢承担责任,努力影响其他人,喜欢处于竞争性和重视地位的环境,与有效的绩效相比,他们更关心威望和获得对其他人的影响力。

(3) 合群需求:建立友好亲密的人际关系的需求。合群需求就是寻求被他人喜爱和接纳的一种愿望。高亲和动机的人更倾向于与他人进行交往,至少是为他人着想,这种交往会给他们带来愉快。高亲和需求者渴望亲和,喜欢合作而不是竞争的工作环境,希望彼此之间的沟通与理解,他们对环境中的人际关系更为敏感。

---

① 大内.Z理论[M].朱雁斌,译.北京:机械工业出版社,2007:2-5.
② 大内.Z理论[M].朱雁斌,译.北京:机械工业出版社,2007:43.

有证据表明,成功的管理工作是与高度的权力需求和低度的合群需求联系在一起的。另外,一项对儒家学说和中国人需求的研究中,中国的MBA学生较北美洲的学生在成就、归属、变化、认知结构和冲动等方面的得分都低,而在自主性和逃避危害方面的得分则高(Punnett,1995)。在这样的情况下,不过于强调个人绩效和短期目标,而是把奖励、职位和恰当的行为联系起来,并强调长期奖励而非激励奖励,激励的效果可能更好。[①]

4. 认知评价理论

认知评价理论由理查德·瑞恩(Richard Ryan)和爱德华·德西(Edward Deci)在1975年提出,又称为自我决定论,是指人对客观事件、事物的看法和评判。在认知评价理论出现前,激励理论学家普遍假设:内部激励因素(如成就、责任和能力)独立于外部激励因素(如高工资、晋升、和谐的上下级关系和愉快的工作环境)。但认知评价理论对这一假设提出了质疑。认知评价理论认为过分强调外在的激励因素会导致内在激励因素的萎缩,即如果组织给予一个从事自己感兴趣工作的人外部奖励,会导致他对任务本身的兴趣降低。正如作家钱钟书所言:"内在的不足才借助外在的多余。"

 案例

治吵闹的妙招

有位老人看上了乡村幽静淡然的环境,特意从喧嚣的城市搬到一个小乡村里休养。住进新房的第二天,老人就发现,这里有一个很不利于休养的因素:在他的住处附近有一群十分顽皮的孩子,他们天天互相追逐打闹。喧哗的吵闹声使老人无法静心休息,老人试图用长辈的身份要求他们停止吵闹,但是无论是跟他们讲道理,还是严肃地责骂他们,吵闹声都屡禁不止。

后来老人想到一个好办法,他把孩子们叫到一起,告诉他们:他将根据孩子们吵闹的情况给予不同的奖励。谁叫的声音越大,谁得到的奖励越多。

孩子们很是开心,叫的声音大就能拿到奖励让他们一个个兴奋不已。老人耐心地等着,等到所有的孩子都叫得筋疲力尽了,他拿出家里存着的好吃的糖果,给了那个叫得声音最大的孩子。

一连几天,孩子们已经习惯于通过叫喊声获取奖励,这时候,老人宣布,不再给叫声大的孩子任何奖励了,无论孩子们怎么吵闹,他都坚决不给。

结果,孩子们认为"不给钱了,谁还给你叫",觉得受到了不公正待遇,就再也不到老人所住的房子附近吵闹了。

5. 目标设置理论

美国马里兰大学管理学兼心理学教授埃德温·洛克(Edwin Locke)在研究中发现,外

[①] 罗宾斯.组织行为学[M].孙健敏,李原,译.10版.北京:中国人民大学出版社,2005.

来的刺激(如奖励、工作反馈、监督的压力等)都是通过目标来影响动机的。目标能引导活动指向与目标有关的行为,使人们根据难度的大小来调整努力的程度,并影响行为的持久性。于是,在一系列科学研究的基础上,他于1967年最先提出目标设置理论,认为目标本身就具有激励作用,目标能把人的需要转变为动机,使人们的行为朝着一定的方向努力,并将自己的行为结果与既定的目标相对照,及时进行调整和修正,从而实现目标。这种使需要转化为动机,再由动机支配行动以达成目标的过程就是目标激励。

目标有两个最基本的属性:明确度和难度。明确的目标比模糊或不具体的目标更能对员工起到内部激励的效果,从而提高员工绩效。一旦员工接受了困难的目标,就会比较容易的目标带来更高的绩效。有400多个研究发现,绩效与目标的难度水平呈线性关系。当然,这是有前提条件的,就是完成任务的人有足够的能力,对目标又有高度的承诺。在这样的条件下,任务越难,绩效越高。一般认为,绩效与目标难度水平之间存在着线性关系,是因为人们可以根据不同的任务难度来调整自己的努力程度。

在目标设置与绩效之间还有其他一些重要的因素产生影响。这些因素包括对目标的承诺、反馈、自我效能感、满意感等。[①]

6. 强化理论

强化理论是行为主义心理学家伯尔赫斯·弗雷德里克·斯金纳(Burrhus Frederic Skinner)提出的观点,他认为人或动物为了达到某种目的,会采取一定的行为作用于环境。当这种行为的后果对他有利时,这种行为就会在以后重复出现;不利时,这种行为就减弱或消失。人们可以用这种正强化或负强化的办法来影响行为的后果,从而修正其行为,这就是强化理论,也叫作行为修正理论。简言之,该理论认为强化可以塑造行为,这与目标设置理论形成鲜明的对照。强化理论家把行为视为由环境引起,认为不必关注人们的内心认知活动,控制行为的因素是强化物。强化理论提到了四种塑造行为的方法:正强化、负强化、自然消退(也被称为忽视),以及惩罚。

正强化是指对那些符合组织期望和组织目标的行为进行奖励,以使这些行为进一步加强或重复出现;对不符合组织期望和组织目标的行为事先指出,并告知这些行为的危害和对这些行为所采取的惩罚措施,以减少或不出现这种行为,被称为负强化;自然消退是指对某种行为不加理会,进而使行为主体的这种行为逐渐地消失;惩罚是对行为主体的某一种行为进行彻底的坚决否定。[②]

强化理论忽视了人的情感、态度、期望和其他已知的会对人的行为产生影响的认知变量,所以尽管有学者认同这一学说,并在企业中产生了很广泛的应用,但其把人当作动物来刺激的弊端也很明显,并且如果强化物使用不当的话,容易走上不正当的道路。

---

① 张美兰,车宏生. 目标设置理论及其新进展[J]. 心理学动态,1999(2):35-40.
② 钟力平. 斯金纳的强化理论及其应用[J]. 企业改革与管理,2008(2):70-71.

7. 公平理论

美国行为科学家斯塔西·亚当斯(Stacy Adams)在20世纪60年代中期提出了公平理论,又称社会比较理论,该理论侧重于研究工资报酬分配的合理性、公平性及其对职工生产积极性的影响。公平理论的基本观点是:当一个人做出了成绩并取得了报酬以后,他不仅关心自己所得报酬的绝对量,而且关心自己所得报酬的相对量。因此,他要进行种种比较来确定自己所获报酬是否合理,比较的结果将直接影响其今后工作的积极性。[①]

有证据表明,个体选择的参照对象是公平理论中的一个重要变量。员工可以使用四种参照比较:

(1) 自我—内部:员工在当前组织中处于不同职位的经验;

(2) 自我—外部:员工在当前组织以外的职位或情境中的经验;

(3) 他人—内部:员工所在组织内部的其他个体或群体;

(4) 他人—外部:员工所在组织之外的其他个体或群体。

基于公平理论,当员工感到不公平时,可以预计他们会采取以下六种选择中的一种:

(1) 改变自己的投入(如不再那么努力);

(2) 改变自己的产出(如实行计件工资的员工通过增加产量、降低质量来增加自己的工资);

(3) 改变自我认知;

(4) 改变对其他人的看法(如"某人的工作不像我以前认为的那样令人满意");

(5) 选择另一个不同的参照对象;

(6) 离开工作场所(如辞职)。

为了避免职工产生不公平的感觉,企业往往采取各种手段,在企业中造成一种公平合理的气氛,使职工产生一种主观上的公平感。如有的企业采用保密工资的办法,使职工相互不了解彼此的收支比例,以免职工互相比较而产生不公平感。

长期以来,公平理论一直着眼于分配公平,近年来研究已经指向:程序公平,即企业的分配过程是否公平;互动公平,也称为交际公平,是个体感觉到的决策者与接收者之间交往的质量。

8. 期望理论

期望理论是维克托·弗鲁姆(Victor Vroom)在其重要的一部著作《工作与激励》中(1964)阐述的激励理论。弗鲁姆提出的期望理论的基础是:人之所以能够从事某项工作并达成组织目标,是因为这些工作和组织目标会帮助他们达成自己的目标,满足自己某方面的需要。弗鲁姆认为,人们采取某项行动的动力或激励力取决于其对行动结果的价值评价和预期达成该结果可能性的估计。换言之,激励力的大小取决于该行动所能达成目标并能

---

① 罗宾斯.组织行为学[M].孙健敏,李原,译.10版.北京:中国人民大学出版社,2005:185-186.

导致某种结果的全部预期价值乘以他认为达成该目标并得到某种结果的期望概率,用公式可以表示为[①]

$$M = VE$$

其中:M——激励力量,是直接推动或使人们采取某一行动的内驱力。这是指调动一个人的积极性,激发出人的潜力的强度。

V——目标效价,指达成目标后对于满足个人需要其价值的大小,它反映个人对某一成果或奖酬的重视与渴望程度。

E——期望值,这是指根据以往的经验进行的主观判断,达成目标并能导致某种结果的概率,是个人对某一行为导致特定成果的可能性或概率的估计与判断。显然,只有当人们对某一行动成果的效价和期望值同时处于较高水平时,才有可能产生强大的激励力。

弗鲁姆的期望理论辩证地提出了在进行激励时要处理好三方面的关系,这也是调动人们工作积极性的三个条件:第一,努力与绩效的关系;第二,绩效与奖励的关系;第三,奖励与满足个人需要的关系。

对期望理论的应用主要体现在采用多数组织成员认为效价最大的激励措施,而且在设置某一激励目标时应尽可能加大其效价的综合值,加大组织期望行为与非期望行为之间的效价差值。在激励过程中,还要适当控制期望概率和实际概率,加强期望心理的疏导。期望概率过大,容易产生挫折,期望概率过小,又会减小激励力量;而实际概率应使大多数人受益,最好实际概率大于平均的个人期望概率,并与效价相适应。

6.3 组织激励理论应用

对管理者来说,能够理解激励理论是一回事,能够应用好往往是另外一回事。本节主要从内部激励与外部激励两个层面介绍一些在实践中得到一定程度认可的激励技术和方案,其中内部激励方案主要包括晋升、员工认可方案、员工忠诚度等,外部激励方案主要包括工资方案、股权激励、股票期权、灵活福利等。

6.3.1 内部激励

1. 晋升

晋升是指员工职位的向上变动。晋升同时服务于两个重要的目的:第一,配置资源。晋升是将不同能力的员工和不同要求的岗位进行匹配的一种方法。第二,提供激励。高级职位带来的高收入和名望为处于低级职位的员工提供了激励。有学者指出,在只有一种工作或者即使存在多种工作但高能力员工拥有绝对优势的情况下,两者不构成矛盾,而存在

[①] 弗朗西斯科,戈尔德.国际组织行为学[M].顾宝炎,等译.北京:中国人民大学出版社,2002:103.

多种不同的工作且每位员工只拥有比较优势的情况下,提供激励和配置资源的确构成一对矛盾。

对此,也有学者提出了激励天梯理论。激励天梯,就是设计一套晋升方案,通过综合考核员工的业务、贡献、责任、做人、家庭,把员工的晋升通道、经济收益等其他收益清晰明白地透明化操作。其内涵包括:业务标兵与助人的连带考核,从业务标兵到优秀教练的荣誉称号等。激励天梯理论是指向未来的一个激励系统,它使员工清晰地看到自己未来可以得到什么,对自己工作晋升的模糊感觉变得清晰可见;跳出了单纯的物质刺激,让内部激励水平不断提高,同时,也减少了人与人之间互相恶性攀比、互相诋毁的情况,破解了"别人发展了,我的机会就减少了"的错误逻辑。

2. 员工认可方案

对员工的认可,可以成为一种强有力的激励物,可以提高员工的责任感。对员工个人的注意,表明你对他感兴趣,对他所有的工作予以赞扬和感谢,都属于员工认可方案。与强化理论一致,如果行为之后紧接着以认可方式来奖励这一行为,则人们可能会受到鼓励重复该行为。员工认可方案有多种类型,其中最知名且应用最广泛的一项是员工建议体制。员工提出改善工作流程或削减成本的建议,可以得到小额的现金奖励。除此之外,还有很多种方式,比如你可以写一封电子邮件对员工作出的贡献表示感谢,可以敲锣打鼓地把奖状及奖金发送到他们家,或者邀请受到认可的员工家属享受一些独特的公司福利,包括免费机票等。[①]

3. 员工忠诚度

国内有学者通过研究 48 篇文献,发现对员工忠诚度内涵的阐述各有不同侧重,可以概括为三种观点:一是态度忠诚论,主要从员工的认识、情感和行为倾向方面加以考察;二是行为忠诚论,主要从员工表现出来的对企业的一系列具体行为加以研究,注重强调对企业的贡献标准;三是态度和行为综合论,该观点认为忠诚度是员工对企业行为忠诚和态度忠诚的统一。

员工对企业的忠诚度是反映企业人力资源管理水平的重要指标,也是关系到企业能否获得永续发展的大事。研究发现员工忠诚度培养的价值主要体现在:第一,员工的忠诚度有利于企业的生存和发展;第二,员工忠诚度与员工在企业的稳定性和积极性发挥有着密切关系;第三,员工忠诚度可以给企业带来可观的回报。

企业对员工忠诚度的培养对策概括为以下方面:首先,建立良好的企业环境,为员工提供良好的工作环境和条件,并加强工作设计以更好地满足员工的心理需要。其次,从人力资源管理制度着手提高员工忠诚度。由此需要做好企业的招聘、培训与晋升发展、薪酬福利、绩效考核等方面制度建设。此外,企业的培训制度、员工的晋升制度等都是培养员工忠

---

① 罗宾斯.组织行为学[M].孙健敏,李原,译.10 版.北京:中国人民大学出版社,2005:211-213.

诚度的重要措施。

当然,长期以来我国企业把忠诚度单纯理解为员工对企业的忠诚度,较少考虑到自身对员工的忠诚度。其实忠诚是相互的,没有企业对员工的忠诚度,就很难赢得员工对企业的忠诚度。[①]

6.3.2 外部激励

1. 工资方案

1) 薪点工资方案

薪点工资方案属于岗位工资方案,是运用要素计点法对组织内部所有岗位的任职资格、岗位责任、风险承担、知识和技能、工作强度和工作条件等各种报酬要素进行全面量化评估,评价出每个岗位的点数,核算出单位点值,并结合组织及个人绩效考核结果,核算出员工实际劳动报酬的一种工资分配方案。

在美国,薪点工资方案是确定工资结构最常用的方法,在组织的人力资源管理中具有重要地位,它不仅决定了每个岗位在组织中的相对价值,成为薪资分配的关键依据,而且实现了正向激励机制,使收入分配向责任重、贡献大、技术要求高和管理难度大的关键岗位倾斜。

2) 浮动工资方案

浮动工资方案包括计件工资、工资奖励、利润分成和收入分成等。

计件工资,就是按照工人完成的每一个生产单位付给固定报酬,该方案已经存在了100多年,多应用于制造业的普通工人及销售人员。工资奖励,即根据员工的业绩与公司的利润,对员工进行的奖励,主要是金钱。利润分成是整个组织范围内的报酬分配方案,根据公司的利润而设计出某种特定的共识,以此来分配报酬。收入分成,是一个基于公式计算的群体激励计划。群体生产力从一个阶段到另一个阶段过程的提高,决定了他们可以分配到的工资总量。

研究表明,浮动工资方案是有效的,有利润分成计划的组织比没有该计划的组织生产率水平更高。然而,根据期望理论,如果报酬完全由非绩效因素决定,如资历、职称等,员工就可能会降低努力水平,并且人们会把每年得到的绩效奖金视为一种理所当然,如果连续若干年的奖金没有提升,员工的满意度就会下降。[②]

3) 技能工资方案

技能工资是岗位工资(根据岗位、职称来设定工资方案)的替代方案,是根据个体掌握的技能和能做的工作来确定的。该工资方案吻合 ERG 理论[生存(existence)、相互关系(relatedness)、成长(growth)三核心需要理论],当员工的低层次需要基本上得到满足时,成长的机会可能是一个激励因子。因此,技能工资方案可以鼓励员工掌握更多的技能,促进

---

① 高福霞,李婷,李志.我国企业员工忠诚度研究述评[J].经济师,2006(1):192-193.
② 罗宾斯.组织行为学[M].孙健敏,李原,译.10版.北京:中国人民大学出版社,2005:218-219.

组织内部的沟通和交流,并且,当员工的技能水平可以互换时,也给管理者的工作提供了灵活性。

当然,技能工资方案也有其弊端,比如,技能会过时,导致员工需要不断地学习新的技能,可能会产生过度的压力;另外,有些员工的新技能几乎没有直接用处,或者与本职工作不直接相关,也需要付给他们更高的工资;最后,技能工资方案没有涉及绩效水平,只关注某个人是否掌握了某些技能。

2. 股权激励

股权激励是代理理论中解决代理问题的重要方式之一,其目的是使激励对象与股东的利益趋于一致。为解决高级经理人员激励问题,早在20世纪30年代,美国企业就开始把一定的股权授予经理人员,将经理人员的收益与公司的长期发展计划联系起来,对股权制度安排进行了实践性的探索。股权激励具体包括:业绩股票,公司奖励一定数量的股票或奖励一定数量的基金让员工去购买股票;经营者/员工持股,是经营者/员工持有公司的股份;管理层收购,公司管理层利用杠杆融资购买本公司的股份,成为股东,共担风险、利益共享。

有研究表明,股权激励可以起到为员工提供保障、有利于留住人才、有助于激励企业经营者的正面作用。然而,也有学者研究指出,在组织中,如果激励对象特别是管理层控制了股票期权的行权价和出售价格,以及拥有了重定价的谈判权,股权激励可能已经丧失其固有的刚性,而沦为管理层获取控制权收益的工具。[①]

3. 股票期权

股票期权激励手段实施的主要对象是企业中的经理人和中高层管理者,以及其他核心成员。股票期权可以看成员工持股的延伸,是指一个公司授予其员工在一定的期限,按照该授权日的股票的公平市场价格(FMV),及固定的期权价格购买一定份额的公司股票的权利。行使期权时,享受期权的员工只需要支付期权价格,而不管当日股票的交易价是多少,就可得到期权项下的股票。期权价格和当日交易价值的差额就是该员工的获利。[②]

持有股票期权的员工的利益完全取决于公司股票上涨的幅度,公司本身不承担任何担保责任和风险。这样就把员工与企业二者的利益更加紧密地联系在一起,激发员工以主人翁的方式工作。当然,股票期权的局限性就是可能会出现代理人努力工作,却碰上公司股票在期权到期日不知什么原因狂跌,起不到激励作用的情况。亚洲式股票期权相对地解决了这一问题。它是现金结算的股票期权,其支付额依据股票在某段时间内的平均价格而定,而不是像一般的股票期权那样由股票期权的到期日股票价格决定。[③]

4. 灵活福利

灵活福利允许员工从众多福利项目中挑选一组最符合他们需要的福利。这种做法改

[①] 刘浩,孙铮.西方股权激励契约结构研究综述——兼论对中国上市公司股权激励制度的启示[J].经济管理,2009(4):166-172.

[②] 罗宾斯.组织行为学[M].孙健敏,李原,译.10版.北京:中国人民大学出版社,2005.

[③] 彭红枫,郭海健.亚洲式股票期权——一种激励企业经营者的新工具[J].管理现代化,2001(1):29-30.

变了过去"一种福利计划适用于所有人"的方案。与期望理论的主旨相一致,组织的奖励应该和个人相联系,因为不同的员工有着不同的背景情况,对他们来讲,未满足的需求是有差异的。灵活福利就是针对以上现象的解决方案。当然,对大型组织而言,员工人数众多会导致多种福利组合,对这些方案控制与实施的成本可能会比较高。

案例

沃尔玛的员工激励

沃尔玛是世界上最重要的零售企业之一,其成功离不开对员工的高度重视。为了留住人才,沃尔玛制定了一项特殊的规定,让员工在离开公司时得到合理的回报。

这个规定是:员工的工龄只要满一年,每周工作时间超过 20 个小时,就可以获得他当年年薪 5% 的红利奖励。但这个红利不会立即发放,而是累积起来,到员工离开公司时一次性发放。此外,红利会以沃尔玛的股票形式支付,并且每年的红利都折算成股票记在员工的账上。

这项规定不仅给骨干人才带来了数百万的财富,也让普通员工在几年的工作中得到丰厚的回报。这种激励制度有效地促进了员工的工作积极性,激发了他们的创造力和创新精神。同时,这也是沃尔玛公司成功的重要原因之一。

资料来源:沃尔玛的员工红利,给股票给现金,让员工和企业共同发展[EB/OL].(2023-03-25). https://ms.mbd.baidu.com/r/14TDlithk3K?f=cp&u=27791a098bf7b137.

本 章 小 结

本章介绍了组织激励的基本概念与过程,梳理了经济学与心理学领域的激励理论,并从组织内部与外部论述了激励理论的具体应用方法。但是仅仅靠几条指导性的原则去套用是很危险的,因此,本章在最后概括一些实际工作中激励的建议供读者参考。

认清个体差异:员工有着不同需要,千万不要对他们搞"一刀切"。激励新型劳动力、专业人员、应急工、缺乏技能、工资最低的员工就需要采用不同的策略。激励多元化的员工队伍,可采取灵活的办公时间安排、压缩工作周、弹性工作制、远距离办公等策略。

运用目标和反馈:员工应该拥有困难而具体的目标,并得到反馈以了解他们在实现目标的过程中做得如何。

让员工参与影响到他们的决策:员工可以为影响到他们的很多决策作出贡献,包括设置工作目标、选择自己的福利组合、解决生产和质量方面的问题等。

奖励与绩效挂钩:奖励必须与绩效相联系。

检查体制是否公平：员工应该感到自己的付出与所得是对等的。[①]

复习思考题

1. 举例说明组织激励的过程。
2. 简述马斯洛的需求层次理论的基本内容。
3. 简述亚当斯的公平理论的基本内容。
4. 简述斯金纳的强化理论的基本内容。
5. 联系实际谈谈激励在管理中有哪些作用。
6. 谈谈在经济学领域中有哪些激励理论。
7. 谈谈在心理学领域中有哪些激励理论。
8. 结合实际谈谈一些企业中成功的激励案例与失败的激励案例。
9. 结合实际谈谈一些企业如何将内部激励和外部激励相结合。
10. 在实际工作中激励需要注意什么？

中国商用飞机有限责任公司的激励机制

---

① 罗宾斯.组织行为学[M].孙健敏,李原,译.10版.北京：中国人民大学出版社,2005：224-228.

第 7 章

组织沟通

学习目标

✓ 了解沟通在企业管理中的作用
✓ 了解沟通的基本含义及沟通过程
✓ 理解危机管理的过程和对策

引例

作为圣迭戈医院的护理部主任,詹妮负责管理 9 名值班主管及 115 名注册护士和护士助理。她讲述了这样一段亲身经历:7 月 9 日星期一刚上班,她就意识到自己犯了一个极大的错误。

詹妮早上 6:05 来到医院,她看到一大群护士(要下夜班的和即将上早班的)正三三两两聚在一起激烈地讨论着。当她们看到詹妮走来时,立即停止了交谈。这种突然的沉默和冰冷的注视,使詹妮明白自己正是谈论的主题,而且看来她们所说的不像是赞赏之辞。

詹妮来到自己的办公室,半分钟后,她的一名值班主管迪·马考斯走了进来。马考斯直言不讳地说:"詹妮,上周你发出的那些信对人们的打击太大了,它使每个人都心烦意乱。"

"发生了什么事?"詹妮问道:"在主管会议上大家都一致同意向每个人通报我们单位财务预算的困难以及裁员的可能性。我所做的只不过是执行这项决议。"

"可你说了些什么?"马考斯显然很失望,"我们需要为护士们的生计着想。我们当主管的以为你会直接找护士们谈话,告诉她们目前的困难,谨慎地透露这个坏消息,并允许她们提出疑问。那样的话,可以在很大程度上减小打击。而你却寄给她们这种形式的信,并且寄到她们家里。天哪!周五她们收到信后,整个周末都处于极度焦虑之中。她们打电话告诉自己的朋友和同事,现在,传言四起,我们处于一种几乎混乱的局势中,我从没见过员工的士气如此低落。"

詹妮犯了一个怎样的错误?

资料来源:Jenny 犯了一个怎样的错误?[EB/OL].(2013-03-14).https://www.docin.com/p-614209348.html.

以上案例中，詹妮正是没有正确地处理好组织中的沟通，才遇到了困惑，这是我们本章要讨论的问题。

美国著名未来学家约翰·奈斯比特（John Naisbitt）曾指出："未来竞争是管理的竞争，竞争的焦点在于每个组织内部成员之间及其与外部组织的有效沟通上。"对每个企业来说，管理沟通不仅是必需的而且是最重要的行为。在企业内部，管理者必须与员工进行有效的沟通，使他们了解企业的战略目标，听取他们对目标的看法和建议，并最大限度地让他们支持目标。此外，企业还要与政府、供应商、经销商以及竞争对手沟通，及时获取有关企业发展的各方面的信息资源。

组织是按一定规则和程序为实现其共同目标而集结的群体，组织目标的实现与否取决于组织沟通是否畅通，组织沟通是管理中极为重要的部分。管理者与被管理者之间有效沟通是管理艺术的体现。有效的组织沟通有利于信息在组织内部充分流动，可以提高组织的工作效率，提高组织决策的科学性与合理性。行为科学理论告诉我们，组织成员并不是单纯的物质利益追求者，他们还有精神层次的需求，例如，对组织的归属感、荣誉感和参与感，这些都是借助有效的组织沟通实现的。从企业文化来看，企业文化的形成有赖于组织成员之间的良好沟通以达成价值观的认同。所以，组织沟通是一切企业管理行为的灵魂。

7.1 组织沟通概述

现代企业管理的过程，从一定意义上说就是沟通的过程。管理学大师德鲁克指出，管理沟通是管理者的基本职责之一，沟通占据管理者大部分时间和精力，是管理行为的基本构成要素。

罗宾斯认为，在组织中，有效沟通不容忽视，这是因为组织中的每件事都包含着沟通。管理者没有信息就不可能作出决策，而信息只能通过沟通获得。一旦作出决策，还要进行沟通，否则将没有人知道决策已经作出。好的想法、有创见的建议和优秀的计划，都需要通过沟通等实施。因此，管理者需要掌握有效的沟通技巧。当然，这并不是说仅拥有好的沟通技巧就能成为成功的管理者，但是我们可以说，低效的沟通技巧会使管理者陷入各种问题与困境之中。

沟通是信息在两个或多个信息传递主体之间传递的过程。我们必须正确区分有效沟通和无效沟通。首先，有效沟通需要意义的传递，说话者必须有听众，写作者要有读者。其次，意义被传递之后还需要被理解，比如，听众不能听懂说话者的语言则未能理解其意义。然而沟通并不意味着双方达成一致，比如，辩论赛的正反两方，大多未能达成一致意见，但是一般情况下辩论过程中双方都充分理解了对方的意见和见解——这是有效的沟通。

7.1.1 组织沟通的含义

组织沟通包括组织内部、组织与外部沟通两个方面。它与一般意义上沟通的区别在于：组织沟通特定的情境是工作场所，其对象既是人际关系沟通的一般对象，又是工作任务要求沟通的对象，具有双重性。

组织沟通是从沟通学的角度阐释组织活动的新兴领域，它确立于20世纪60年代。人们对于组织沟通有不同的理解，纵观对组织沟通的诸多表达，基本分为两大学派，即以美国为代表的经验学派和以欧洲为代表的社会文化学派。前者立足于结构功能理论，把沟通视为组织功能系统的组成部分，强调组织协调活动、人际关系发展、信息沟通等行为对提高组织绩效的作用。后者主要从文化角度审视组织沟通，认为组织只不过是整个社会的一个细胞，社会由无数这样的细胞构成，而沟通就像神经网络一样把这些细胞有机结合成完整的社会文化系统。[①] 组织沟通对人类文化发展具有促进作用，而不仅是管理的工具。尽管两大学派对组织和沟通的认识不尽相同，但自20世纪80年代以来，关于组织沟通的理论逐渐走向融合。

7.1.2 组织沟通的基本要素

1. 发送者

罗宾斯认为，发送者是信息来源，在头脑中首先对信息进行了编码。被编码的信息受到四个条件的影响：技能、态度、知识和社会—文化系统。首先，如果教科书的作者缺乏必要的技能，则很难用理想的方式把信息传递给学生。我能够成功地把信息传递给你，依赖于我的写作技巧。当然，成功的沟通还要求一个人的听、说、读，以及逻辑推理技能。其次，个体的态度影响着行为。每个人对事情有自己的思维方式，这些思维方式影响着沟通。另外，沟通活动还受到个体知识范围的限制。信息发送者无法传递自己不知道的东西；反过来，如果发送者的知识极为广博，那么接收者可能不理解其传递的信息。最后，与态度影响行为类似，个体在社会—文化系统中所持的观点和见解也影响着沟通，如个体的信仰和价值观就会影响作为沟通信息源的个体。

2. 信息

信息是计划和决策的基础，是组织和控制过程的依据，也是管理系统各层次相互沟通形成网络的纽带。

经过发送者的编码之后，信息就开始传递。信息的表示形式多种多样，数字、文字、语言、声音、光、符号、图形、报表等都能表示信息。

---

① 胡河宁. 组织沟通[M]. 合肥：中国科学技术大学出版社，2006.

3. 接收者

接收者是信息指向的个体。但不能认为信息接收者是被动的,因为双向沟通中信息接收者同时也是信息的发送者。

由于信息在传递之前经过了编码,所以接收者必须擅长解码。这个过程受很多因素的影响,如接收者的知识储备、技能、态度和文化背景等。不同的接收者对相同的信息会有不同的理解。例如,一个公司外部的人并不了解公司员工中流传的一些行话,因此当其突然进入公司接触到这样的"行话"时,必然会难以理解。这就是其背景对信息解码造成的限制。再如,当接收者对信息发送者怀有敌意时,就会以消极的态度来对待传送来的信息,此时信息必然会失真。

4. 通道

罗宾斯在《管理学》中指出,通道是指传送信息的媒介物,它由发送者选择。口头交流的通道是空气,书面交流的通道是纸张。如果你想以面对面交谈的方式告诉你的朋友一天中发生的事,则可以使用口头语言与手势语言表达你的信息。一个具体的信息(比如,邀请别人参加舞会)可以口头表达,也可以书面表达。在组织中,不同的信息通道适用于不同的信息。如果大厦着火,使用备忘录方式传递这一信息显然极不合适。对于一些重要事件,如员工的绩效评估,管理者可能希望运用多种信息通道,如在口头评估之后再提供一封总结信。这种方式降低了信息失真的潜在可能性。

通道应该满足沟通的有效性要求,有助于提高沟通效率,并且易于管理控制。没有哪一种单独的媒介能够满足所有的沟通要求,例如,电子邮件:一方面提高了沟通效率,但另一方面因为其在反馈速度、语言符号的种类、人性化等媒介丰富度方面的欠缺导致不能很好地满足沟通有效性的要求。因此,为了满足不同的沟通要求,应该使用媒介组合[传统媒介与CMC(计算机介质通信)媒介组合、不同类型的CMC媒介组合等],以充分发挥各自的优点。

7.1.3 组织沟通过程

沟通是信息传递的过程,可以将沟通过程分为七个部分:①信息源;②信息;③编码;④通道;⑤解码;⑥接收者;⑦反馈。[①] 各种干扰因素会影响信息传递,如电话中的静电干扰、难以辨认的字迹、接收者的疏忽大意,以及生产现场设备的背景噪声等。无论是内部的(如说话人或发送者的声音过低),还是外部的(如同事在邻近的桌旁高声喧哗),都可能在沟通过程的任何环节上造成信息的失真。

---

① 罗宾斯,库尔特.管理学[M].孙健敏,黄卫伟,王凤彬,译.9版.北京:中国人民大学出版社,2008.

7.2 组织内部沟通

组织内部有各种各样的信息传递,正是通过有效沟通才能实现信息自由而迅速地在组织中流动。

7.2.1 内部沟通的作用

内部沟通有以下几方面作用。

1. 内部沟通是保持员工满意度和忠诚度的前提

研究表明,组织沟通和工作满意度呈正相关关系。组织沟通和工作满意度之间的关系研究主要集中在组织沟通的几个纬度:沟通信息的特征,沟通环境和沟通网络对工作满意度的影响。

弗雷德里克·雅布兰(Fredric Jablin)的研究表明,上下级沟通关系对下属的离职意向有预测作用。雅布兰还分析了由于工作地点的改变,沟通在员工适应性调节方面的作用。研究发现,上下级关系、同事关系、沟通关系开放性、沟通氛围、直接上司态度、信息传递状况等组织沟通因素与工作压力密切相关,并会引起心理、工作行为、生理上的压力反应。信息传递障碍可体现为信息失真、信息曲解、信息夸大、信息被过滤、信息拖延、信息不充足、信息忽略、表达不清晰、前后交代不一致、上级信息交代不明等。另外,一些组织沟通因素,如上下级感知差异、沟通链条异常(如沟通中断、缺乏沟通时机、不敢向上级提意见、下级有意过滤掉坏信息等)、个人表达受限等也会造成工作压力。

2. 内部沟通是提高团队绩效的保障

沟通程度对团队的任务绩效有影响,在沟通充分条件下,团队决策任务的准确性比沟通不足条件下的高。沟通程度对个人决策的满意度有影响。在沟通充分条件下,团队成员对决策的满意度比沟通不足条件下的高,沟通充分使团队成员对团队决策的认同感更高。

3. 内部沟通是组织变革的必要条件

作为变革推动者的管理者,应当有动力去发动变革。然而,变革可能对管理者构成一种威胁。变革当然也会对被管理者形成威胁。这样,组织就会产生惯性,促使其反对改革现状,尽管这一改革可能是有益的。教育与沟通是实施组织变革的策略和手段,通过与员工进行沟通,帮助他们理解变革的理由,会减小变革阻力。变革阻力常常来源于信息失真,或者是由不良的沟通造成的。如果员工们了解到全部的事实,改变他们对变革的态度和认识,那么变革阻力就会减小。个别会谈、备忘录、小组讨论或报告会等方式也是防止信息失真的有效方法。

7.2.2 内部沟通的类型

沟通有各种不同的方式,按沟通形式分类有口头沟通、书面沟通、电子沟通以及网络沟通等;按媒体传播信息的速度和互动程度可以分为即时性沟通和延时性沟通等。分类的意义在于从不同的目的出发,对各种沟通方式的特点进行研究、分析和了解,以便根据不同的要求正确选择沟通方式。

1. 正式沟通与非正式沟通

1)正式沟通

正式沟通一般是指在组织系统内,依据组织的结构和制定的渠道进行信息传递与交流。

从信息的流动方向可以将正式沟通分为以下两种类型。

(1)纵向沟通。纵向沟通包括下行沟通和上行沟通。其中,下行沟通是传达上级组织决定的政策、计划、规定等信息。上行沟通是下属依照规定向上级提出正式书面报告或口头报告。

(2)横向沟通。横向沟通主要是同层次、不同业务部门之间的沟通。在正式沟通系统内,一般其机会并不多,若采用委员会和举行会议方式,往往消耗很多时间、人力,而沟通的效果并不是很好。

正式沟通的优点是:沟通效果好,比较严肃,约束力强,易于保密,可以使信息沟通保持权威性。重要的消息和文件的传达、组织的决策等,一般都采取这种方式。其缺点在于:因为依靠组织系统层层传递,所以很刻板,沟通速度很慢,此外也存在信息失真的可能。

2)非正式沟通

非正式沟通是一种通过正式规章制度和正式组织程序以外的其他各种渠道进行的沟通,它可以弥补正式沟通渠道的不足,传递正式沟通无法传递的信息。这种信息无法通过正式沟通渠道来传播,而员工私下表达的往往是真实看法。因为传递这种信息一般以口头方式,不留证据、不负责任,许多不愿通过正式沟通传递的信息,却可能在非正式沟通中透露。非正式渠道的信息传递可以为决策提供参照,提高决策效率。

非正式沟通的优点在于:沟通方便,内容广泛,方式灵活,沟通速度快,可用于传播一些不便正式沟通的信息。而且由于在这种沟通中比较容易把真实的思想、情绪、动机表露出来,因而能提供一些正式沟通中难以获得的信息。管理者要善于利用这种沟通方式。

其缺点是:这种沟通比较难以控制,传递的信息往往不确切,易于失真、曲解。它可能促进小集团、小圈子的建立,影响员工关系的稳定和团体的凝聚力。所以应对这种沟通方式予以重视,注意防止和克服其消极的一面。

非正式沟通现象的存在是无法消除的,应该对其加以了解、适应和整合,使其有效担负起沟通的重要作用。一些企业和组织在公司的网站上设立了相关论坛、BBS(公告板系统)

公告等多种非正式的沟通渠道。在这些渠道当中，组织成员的沟通一般是在身份隐蔽的前提下进行的，所以，这些沟通信息能够较为真实地反映组织成员的一些思想情感和想法。对于组织领导者来说，了解掌握这些信息资料有利于做好管理沟通工作。

郊游、联谊会、聚会等形式也是非正式沟通的良好方式。这些渠道既能充分发挥非正式沟通的优点，又因都属于一种有计划、有组织的活动而易于被组织领导者控制，从而大大降低了信息失真的可能性。

2．直接沟通、间接沟通与混合沟通

1）直接沟通

直接沟通是指人们使用口头语言以及身体语言或借助技术手段使用口头语言以及身体语言进行的沟通。直接沟通主要包括面对面沟通、电话沟通等。即时互动性是其主要特征。在直接沟通中信息发送者与接收者的角色是不断相互转换和重叠交叉的，而且这种转换和交叉是在同一时段进行的，不具有延时性。在直接沟通过程中，互动双方可以直接得到对方的反馈，并根据反馈及时了解对方的态度和情感，及时调整沟通内容，使沟通不断深入。

如果不借助技术手段，直接沟通不能突破地域的限制进行。技术的进步为人类提高沟通效率提供了便捷的工具。

2）间接沟通

间接沟通是指人们通过书面语言、图片、录音、录像等符号媒介进行的沟通。间接沟通的特点是具有延时性，沟通结束后，沟通的内容依然存在。在间接沟通中，信息发送者与接收者的行为可以不在同一时段而分别进行。通过书面语言进行的沟通，具有表述准确、可以反复阅读、便于保存等优点，是主要的间接沟通媒介。

间接沟通的局限是互动性较弱，通过录音、录像等媒介进行的间接沟通，虽然保留了录音、录像等现场感和生动性，但其互动性远不及直接沟通那样充分。在间接沟通中，信息发送者与接收者之间虽然可以进行延时性的互动，但因时间、空间等条件的制约以及受个人行为习惯的影响，信息接收者往往难以与信息发送者形成互动，沟通最终往往会演变成为单向的信息传播或信息发布。因此，可以说间接沟通并不是充分互动的沟通方式。

3）混合沟通

混合沟通是指人们进行沟通时，直接沟通与间接沟通并存的沟通方式。例如教师在授课时，既可以通过语言与学生进行直接沟通，同时还可以利用笔记、教具等工具与学生进行延时性的间接沟通，教师即使离开教室，笔记和教具仍然存在。现实生活中，人们为了更好地说明问题，常常借助幻灯片、录像片、图片、文本资料等延时性工具配合讲解，以便进行更充分的沟通。

混合沟通因为同时具备直接沟通和间接沟通的优点，更便于受众理解沟通的内容，所以效果更好，沟通效率更高。人们在进行面对面交流时，常常会遇到仅仅靠口头语言难以充分表达思想的情景,这时往往会情不自禁地借助纸、笔或者其他书写工具进行书面沟通,以便更充分地沟通思想。混合沟通时,双方不仅可以进行即时的互动沟通,还可以进行延时沟通,因而表达比直接沟通更准确,可以说混合沟通是最充分的沟通方式。混合沟通主要包括借助工具的面对面沟通和网络视频沟通等。

3. 单向沟通和双向沟通

按照是否进行反馈,沟通可分为单向沟通和双向沟通。

(1) 单向沟通是指没有反馈的信息传递,比较适合以下几种情况:问题简单,但时间较紧;下属易于接受解决问题的方案;下属没有了解问题的足够信息,在这种情况下反馈无助于澄清事实反而容易混淆;上级缺乏处理负反馈的能力,容易感情用事。

(2) 双向沟通是指有反馈的信息传递,是发送者和接收者相互之间进行信息交流的沟通。它比较适合下列几种情况:时间比较充裕,但是问题比较棘手;下属对解决问题的方案的接受程度至关重要;下属能对问题的解决提供有价值的信息和建议;上级习惯于双向沟通,并且能够有建设性地处理负反馈。

单向沟通和双向沟通的比较见表 7-1。

表 7-1 单向沟通和双向沟通的比较

因 素	结 果
时间	双向沟通比单向沟通需要更多时间
信息理解的准确程度	在双向沟通中,接收者理解信息发送者意图的准确程度大大提高
接收者和发送者的自信程度	在双向沟通中,接收者和发送者都比较相信自己对信息的理解
满意	接收者比较满意双向沟通,发送者比较满意单向沟通
噪声	由于与问题无关的信息比较容易进入沟通过程,双向沟通的噪声比单向沟通要大得多

7.2.3 内部沟通障碍

松下幸之助关于管理有句名言:"企业管理过去是沟通,现在是沟通,未来还是沟通。"正确认识沟通,有利于管理者提高沟通能力,促进沟通效率。但是并非所有的沟通都是成功的,沟通的每一个环节都可能存在问题:发送者、传递通道、接收者的障碍都会影响沟通效果。因此,管理者必须正确认识沟通障碍,才能采取有效的措施来解决相应的问题。

1. 发送者的原因

由于发送者的原因造成的沟通障碍如下。

(1) 个体差异因素所引起的障碍。首先,人际技能直接影响着沟通的进行。其次,个人文化成长背景、知识阅历也会导致沟通障碍。

(2) 人格因素所引起的障碍。个体的情绪、思维方式、记忆等都会成为信息沟通的障碍。例如，沟通过程中，信息发送者性格比较孤僻、内向、不善言语，那么在沟通时可能会使信息传达不完整，接收者只能得到片面的、零散的、次要的信息，这就明显地造成了沟通的障碍。

(3) 对信息的态度不同所造成的障碍。这又可分为不同的层次来考虑，一是对人的态度，就是说，在沟通时沟通双方的态度不友好，或者不能互相配合，那么沟通的效果就不会很理想；二是对事的态度，就是说，沟通者对信息重视的程度不同和关注的重点不同，最后沟通的效果也是不理想的。

(4) 相互不信任所产生的障碍。人与人的良好交流都是在相互信任的情况下进行的，只有双方充分信任才能够有真实的交流与沟通。在企业里上下级之间进行沟通时，如果下级对上级不信任，下级就不会将信息及时、真实地反馈给上级；而上级对下级没有信任，最高管理者的管理意图就不能及时地传递给下级，影响企业管理的良好运行。只有双方相互信任地进行沟通，才能及时得到全面、真实的信息，最高管理者才可以及时作出科学合理的决策。

2. 沟通渠道障碍

沟通的技术性障碍会使沟通难以进行。沟通渠道中的障碍主要有以下两点。

(1) 沟通渠道选择不当。例如，重要的合同文本、会议记录应该用纸质文件传达，如果用口头传达就会效果不佳，接收者可能不重视。有时还会存在几种媒介互相冲突造成矛盾，或者采取了过长的沟通渠道，中间环节多，信息在传递过程中由于传递者断章取义、加以修饰或加入个人意愿而使原始信息发生了改变。研究表明，在逐级口头传达时，每传递一次信息丢失 30% 左右。要使信息传达尽量准确无误，必须减少中间环节。

(2) 电话信号不清、网络传输中断、邮件丢失或误送、字迹潦草等。这些也会干扰沟通的正常进行。沟通双方如果在空间上相距太远，接触机会很少，这也可能造成沟通障碍。

3. 接收者的原因

信息接收者的接收和理解程度会直接影响信息的沟通效果。从信息接收者的角度看，影响信息沟通的因素主要有以下几方面。

(1) 过度加工，导致信息的模糊或失真。接收者在信息交流过程中，有时会按照主观意愿，对信息进行"过滤"和"添加"。

(2) 知觉偏差，导致对信息理解的偏差。人们在信息交流或人际沟通中，总习惯于以自己为准则去对信息进行判断和选择，对不利于自己的信息会视而不见，以达到防御的目的。

(3) 心理因素，导致信息的误解或中断。由于接收者在信息交流过程中曾经受到伤害和获得不良的情感体验，因此对信息发送者心存疑惑，就会拒绝接收信息甚至抵制参与信息交流。同时，接收者认知水平、价值标准和思维方式上的差异，可能导致信息交流中断。

7.2.4　改善内部沟通

1. 疏通沟通渠道和打破沟通界限

沟通渠道对组织沟通效率的提高具有重要意义。所以作为一个组织,要充分考虑组织的行业特点和人员心理结构,结合正式沟通渠道和非正式沟通渠道的特点,设计一套包含正式沟通和非正式沟通的通道,以使组织内各种需求的沟通都能够准确、及时而有效地实现。目前,大多数企业的组织沟通还是停留在指示、汇报和会议这些传统的沟通方式上。由于没有及时掌握组织成员心理结构以及需求层次的变化,无法满足组织成员在自我价值的实现和对组织的归属感、集体荣誉感和参与感等方面的需求。

1) 疏通沟通渠道

首先,对庞杂臃肿的组织机构进行精简,在纵向上努力减少组织的层次以减少沟通环节,保持信息畅通。其次,根据企业战略的实施,适时对组织机构进行梳理、重组和调整,使企业部门职能清晰明确,有助于改善内部沟通。

2) 打破沟通界限

一是建立正式的沟通渠道,如办公网络、调度会、定期专业例会。二是形成合适的非正式沟通渠道,如电子网络、聚会等。其他沟通方法比如职工代表大会制度、员工接待日制度、总经理热线(电子邮箱)、员工信访系统等,企业管理者根据具体情况,灵活采用正式沟通与非正式沟通形式,或者两者相结合。

定期的领导见面会和不定期的群众座谈会就是很好的正式沟通渠道。领导见面会是让那些有思想、有建议的员工有机会直接与主管领导沟通,一般情况下,是由于员工的意见经过多次正常途径的沟通仍未得到有效回复。群众座谈会则是管理者觉得有必要获得第一手的关于员工真实思想、情感的资料,而又担心通过中间渠道会使信息失真而采取的一种领导与员工直接沟通的方法。与领导见面会相比,群众座谈会是由上而下发起的,上级领导是沟通的主动方,而领导见面会则是应下层的要求而进行的沟通。

总之,组织要实现有效沟通,必须根据自身实际情况,把多种沟通手段结合起来,如开办企业内部杂志,定期举办研讨会、培训会、联谊会、各部门主管的碰头会等;设置建议箱,及时听取和采纳下属建议;充分利用现代通信和网络技术,利用电话、短信及电子邮件进行沟通,使组织内部形成畅通的信息流通网络,实现信息共享,提高服务效率和质量。

2. 创造良好沟通环境

组织沟通总是在一定环境下进行的,沟通的环境是影响组织沟通的一个重要因素。这种环境包括组织的整体状况、组织中人际关系的和谐程度、组织文化氛围和民主气氛、领导者的行为风格等。组织中和谐的人际关系是优化沟通环境的前提。平时组织可以多开展一些群体活动(球赛、观看演出、聚餐等),鼓励工作中员工之间的相互交流、协作,强化组织成员的团队协作意识。这些措施一定程度上都能起到促进人际关系和谐的作用。另外,组织成员之间也应相互尊重差异、相互理解，在此前提下的人际沟通也将会更有效地改善人际关系。

3．提高沟通技能

提高组织沟通者自身的沟通技能是改善组织沟通的根本途径。因为沟通者本身就是组织沟通的行为主体，他们的文化知识水平、知识专业背景、语言表达能力和组织角色认识等因素直接影响沟通的进行。提高沟通技能应该注重以下几点。

1）保持良好的沟通心态

随着现代社会信息网络和通信技术的高速发展，人与人之间的沟通方式也变得丰富。"开诚布公""推心置腹""设身处地"都是悠久的中华文化所积淀的闪光词汇，或许正是大多数现代企业沟通者所缺乏的沟通心态。所以，现代企业的组织沟通者不仅要做好企业运作的程序化信息沟通，同时也应重视组织成员之间的心灵沟通。

2）积极倾听员工的意见

沟通是双向的行为。要使沟通有效，双方都应当积极投入交流。当员工发表自己的见解时，管理者也应当认真地倾听，不是被动地听，而应当主动地对信息进行搜寻和理解。积极的倾听要求管理者把自己置于员工的角色，以便正确理解他们的意图，同时，倾听的时候应当客观地听取员工的发言而不要轻易作出判断。

3）注重非语言信息

有关资料表明，在面对面的沟通过程中，那些来自语言文字的社交意义不会超过35%，有65%是以非语言信息传达的。非语言信息包括沟通者的面部表情、语音语调、目光手势等身体语言和副语言信息。非语言信息往往比语言信息更能打动人。因此，如果你是组织沟通的信息发送者，你必须确保你发出的非语言信息有强化语言的作用。如果你是组织沟通的信息接收者，你同样要密切关注对方的非语言提示，从而全面理解对方的意思、情感。

4）对不同的人使用不同的语言

在同一个组织中，成员年龄、教育和文化背景不同，就可能造成他们对同样的信息产生不同理解。另外，由于专业化分工不断深化，不同部门的员工都有不同的技术用语，而管理者往往注意不到这种差别，以为自己说的话都能被其他人恰当地理解，从而给沟通造成障碍。由于语言可能会造成沟通障碍，因此管理者应该选择员工易于理解的词汇，使信息更加清楚明确。在传达重要信息的时候，为了消除语言障碍带来的负面影响，可以先把信息告诉不熟悉相关内容的人。比如，在正式分配任务之前，让有可能产生误解的员工阅读书面材料，对他们不明白的地方作出解答。

7.3 组织外部沟通

组织外部沟通是组织与公众之间的一种信息交流。组织与外部的沟通，主要包括与客户、股东、上下游企业、新闻媒体、社区、政府部门等的沟通。外部沟通的主要目的是与对方达成共识,建立长期互信的关系。所以沟通时必须考虑如何双赢,通过沟通消除对方疑虑,获取信任基础。

7.3.1 组织与顾客的沟通

组织与顾客沟通的目的在于传递产品信息,让顾客产生企业所期望的反应,产生购买欲望。因此,企业与顾客之间建立良好的沟通渠道至关重要。这其中最重要的一种沟通渠道就是广告。

企业广告是指以企业的名义,并由其支付一定费用,通过大众传播媒体的公众传递商品(劳务)和购买者所能得到的利益的信息,以期达到促进企业商品(劳务)销售目的的信息传播活动,可简称为"广告是有偿的、有目的的信息传播活动"。

1. 制订广告目标

菲利普·科特勒(Philip Kotler)在《营销管理》中指出,所谓广告目标是指在一个特定时期内,对于某个特定的目标受众所要完成的特定的传播任务和所要达到的沟通程度。比如:在3 000万拥有自动洗衣机的操持家务者中,认识到品牌X为低泡沫洗涤剂并相信这种洗涤剂有较强去污力的人数,在一年中由10%上升到40%。这个目标就是被量化且明确界定的。广告目标是企业和顾客之间良好沟通的前提。没有目标的广告是不会有好的效果的,因为没有目标的沟通是盲目的。

2. 广告的媒体选择

广告媒体是用于向公众发布广告的传播载体,是指传播商品或劳务信息所运用的物质与技术手段。传统的"四大广告媒体"为电视、电台、报纸、杂志。在广告行业一般将电视媒体和电台媒体称为电波媒体,把报纸和杂志媒体称为平面媒体。

7.3.2 组织和政府的沟通

政府是市场规则的制定者和市场秩序的维护监管者,企业不可避免地要与政府发生各种各样的关系,其中沟通必不可少。随着政府体制的不断完善、改进,政府工作的透明化、规范化程度的提高,企业越来越需要通过正常渠道和政府沟通。企业有和政府沟通的需要,而这种沟通也是政府日常工作的重要组成部分。然而人们往往会把和政府的沟通误认为要通过"走后门"和政府拉关系,这种理解是完全错误的。不健康的沟通方式对政府和企业都有极大的危害。

通过与政府的沟通,可以更好、更准确地对自己在市场的角色进行定位。政府是市场规则的制定者,通过与其进行沟通,政府可以尽早地对企业的战略意图进行评估,有助于将企业的目标和政府的意愿统一起来。这样，不仅避免了与政府目标的冲突，更减少了机会成本。

正确认识与政府的沟通。只有不断地将良性信息传递给政府并且接受其反馈才能在良好的市场环境中获得支持和发展。企业需要更加积极主动地与政府部门接触，了解国家相关法规的变化，以便及时作出调整，而不是在遇到危机时才想到求助政府。

7.3.3 危机管理

1．危机管理的内涵

危机管理是企业为应对各种危机情境所进行的规划决策、动态调整、化解处理及员工培训等活动过程，其目的在于消除或降低危机所带来的威胁和损失。危机管理是指为了应对突发的危机事件，抗拒突发的灾难事变，尽量使损害降至最低点而事先建立的防范、处理体系和应对措施。

企业的发展不可能是一帆风顺的，总会遇到各种各样的问题，而有些问题会导致企业经营出现危机。这些危机会对企业的知名度和信誉度产生严重的影响，甚至使企业退出市场。任何企业危机都会引起社会公众和媒体的高度关注，因此危机处理得是否恰当，将影响企业的公众形象。运用正确的公关策略来处理危机事件，可以减少危机给企业信誉带来的损失，争取公众的谅解和信任，建立良好的媒介关系，保证企业的稳定与发展。

2．危机事件的特征

1）突发性

危机往往都是不期而至，在企业毫无准备的情况下发生的，令组织和管理者感到措手不及，给企业带来混乱和损失。

2）扩散效应

危机的扩散效应是指发生在一个企业内部的危机可能会影响到企业内部相关的其他部门，甚至可能会影响到其他企业，就像多米诺骨牌一样。2000年3月17日晚，位于美国新墨西哥州的飞利浦公司第22号芯片厂的一个车间因雷电起火，足够生产数千个手机的8排晶元被烧，数百万个芯片被粉尘破坏。这场持续了10分钟的火灾影响到远在欧洲的两个最大的移动电话生产商爱立信和诺基亚。因为这家工厂40%的芯片都是由爱立信和诺基亚订购的。但爱立信对此次火灾却没有作出快速反应。在市场需求最旺盛的时候，爱立信由于短缺数百万个芯片导致一种非常重要的新型手机无法推出，失去了推出新产品的时机。飞利浦公司的火灾危机不仅是飞利浦的危机，也影响到了爱立信的手机市场。

3）紧迫性

危机的突发性特征决定了企业对危机作出反应和处理的时间十分紧迫，任何延迟都会带来更大的损失。危机的迅速发生引起了各大传媒以及社会大众对于这些意外事件的关注,使企业必须立即进行事件调查与对外说明。如同滚雪球一样,如不对雪球进行及时处理,雪球的速度会越来越快,体积也会越来越大,破坏性也就不断增强,企业的危机如果不及时处理,企业自身的损失会增加,而且可能使更多相关联的外部企业蒙受损失。

4) 破坏性

危机最显著的特征就是其破坏性。发展得再好的企业组织,一旦危机应对不力,就可能在危机发生后遭受比较严重的物质损失和负面影响,有些危机可能导致企业破产。

5) 信息紧缺性

危机往往突然降临,决策者在必须快速作出决策的压力和时间有限的情况下,无法收集到足够的信息。紧张和惊恐的心理使得对相关信息的选择和判断出现失误,使决策者在信息不够的情况下作出错误的判断。

6) 舆论关注性

危机事件的发生能够刺激人们的好奇心理,常常成为人们谈论的热门话题和媒体跟踪报道的内容。企业如果不能及时向公众说明情况、公开信息,会使危机事件转化为公关危机。

3. 危机管理过程

危机管理过程可以分为三个阶段,即危机预防阶段、危机处理阶段和危机后的总结阶段。

1) 危机预防阶段

英国危机管理专家迈克尔·里杰斯特(Michael Regester)认为,解决危机的最好方法是预防。的确,任何一项危机的发生都会给企业造成某种程度的破坏。危机的预防实际上也是一种事前控制,即在危机发生之前,采取一定的措施避免危机的发生。

2) 危机处理阶段

危机处理是指在危机事件发生之后企业所采取的一系列解决危机的措施。危机处理阶段是企业危机管理中最为重要的一个阶段。企业能否将危机带来的损失降至最低、能否使企业转危为安,都在很大程度上取决于危机处理的有效程度。危机处理是一个困难而复杂的过程,这不仅仅是因为危机本身的复杂多变性,还因为处理过程的有效性会受到管理者有限理性的限制。一般地,我们可以将危机处理过程分为两个步骤,即隔离危机与处理危机。

(1) 隔离危机。隔离危机就是切断危机蔓延到其他地区的各种可能途径。在传染病区,为防止病情蔓延,对病人采取隔离,始终是卫生部门处理问题的第一步。企业隔离危机也是为了控制危机,防止危机造成的损失扩大。

(2) 处理危机。处理危机必须做到快速和准确。快速就是要果断地采取措施。危机被拖延的时间越长,破坏性也就越大。准确就是要找到危机发生的真实原因,对症下药。准确是快速的前提,只有找出原因,才能迅速地采取行动。

3）危机后的总结阶段

危机处理工作结束并不意味着危机管理过程结束。在危机处理结束后，企业管理者应该分析危机发生的原因，并对整个危机管理过程的工作进行全面的评估，详细地列出工作中存在的问题。在这个阶段，企业绝不可以去打压媒体，而要主动地和媒体沟通，让公众看到企业组织在处理危机中所做出的努力，看到企业组织是如何将对社会及公众的损失降到最低的。

本 章 小 结

管理的问题就是沟通的问题。沟通活动贯穿于管理者角色的每一项活动中。组织沟通包括内部沟通和外部沟通，一个运作良好的组织必须兼顾内部和外部。外部沟通需处理好和顾客、政府等利益相关者的关系。此外，组织处于越来越复杂的外部环境中，需要积极地进行危机管理。

复 习 思 考 题

1. 什么是沟通？沟通对于组织的重要性体现在哪些方面？
2. 组织沟通的基本要素有哪些？
3. 组织沟通的过程包括哪些部分？
4. 组织内部沟通的作用体现在哪些方面？
5. 举例说明企业内部沟通包含哪些类型。
6. 组织内部沟通的过程中存在哪些障碍？
7. 组织内部沟通的障碍应该怎么克服？
8. 组织外部沟通中如何处理与新闻媒体的关系？
9. 危机事件具备哪些特征？
10. 结合实际谈谈一些企业如何进行危机管理。

 案例分析

宇通客车公司的沟通

第 8 章

组织文化

学习目标

- 了解组织文化的含义、作用及类型
- 了解如何创建和管理组织文化
- 了解组织文化和组织绩效之间的关系

引例

ZARA:"时尚的潮流"

ZARA 是西班牙 Inditex 服装公司 9 个子品牌中最出名的旗舰品牌,堪称"时装行业中的戴尔电脑",在世界各地 56 个国家内,设立超过两千家服装连锁店。ZARA 深受全球时尚青年的喜爱,设计师品牌的优异设计,低廉价格,简单来说就是让平民拥抱高级时装。

ZARA 的设计师们不断地追踪顾客的偏好并向内部和外部供应商订货。他们每年大约设计 11 000 种独特的款式,数以千计颜色、质地和尺寸有别的产品种类,相比之下他们的主要竞争对手只有 2 000~4 000 种。其生产是以小批量进行的,对新潮最敏感的款式采用垂直统一生产。ZARA 公司采取"快速、少量、多款"的品牌管理模式,在保持与时尚同步的同时,通过组合开发新款式,快速地推出新产品,实现快速设计、快速生产、快速出售、快速更新。

ZARA 的高层管理部门强调设计部门并非由一些艺术大师来主导,而是很大众化并关注适合大众市场的日常生活中的潮流变化,ZARA 每年创造基本的产品系列,主要针对秋冬季和春夏季的旺销期。ZARA 的设计师们出席巴黎、纽约、伦敦和米兰的商品展览会和成衣时装发布会,参考高档品牌产品目录,在每季开始前 9 个月就与店长一起着手进行产品草图设计,之后设计师们选择布料和其他材料,同时确定产品系列的基本价格,作为下一步样品设计的基础。样本被加工后送至原料采购和产品推广人员手中,之后进入筛选过程。等系列产品汇集过来,原料采购人员判断生产需要,决定某个款式是自己生产还是外包生产,制订时间计划以保证最新的产品系列能在销售期开始就摆到店里。

ZARA 在西班牙拥有 22 家工厂,其产品的 50% 是通过自己的工厂来完成的,但是产品究竟是由自己生产还是外包出去,这个决定是由生产计划和采购人员共同作出的。选择的标准有：产品需求的速度和市场专家的意见，成本效益原则，工厂的生产能力。ZARA 自己裁剪原材料，缝制工作全部交给承包商。承包商通过与 Inditex 集团下属的公司合作，自己去收集、运输裁剪后的布料。承包商把衣服缝制好之后，再送回原来的裁剪工厂，在那里熨平并接受检查。产品最后用塑料袋包装好，贴上相应的标签，然后送到物流中心。

所有的产品都是通过拉科鲁尼亚的物流中心发送出去的，该中心有 5 层楼高，建筑面积超过 50 000 平方米，运用非常成熟的自动化管理软件系统，这个系统大部分是由 ZARA 和 Inditex 的员工开发出来的。中心的员工有 1 200 人，每周通常运作 4 天，运送的货物的数量依需求而定。通常在订单收到后，8 个小时以内就可以装船运走。

ZARA 的产品包括服装、鞋、箱包、围巾、珠宝和护肤品、化妆品，在重要地段的高端商店以相对较低的价格出售，吸引了大量关注时尚的重复消费者。大约 3/4 的陈列商品每 3~4 周更换一次，这期间的平均时间间隔也符合 ZARA 顾客平均每年光顾连锁店 17 次的估算值，而竞争对手的连锁店顾客光顾次数的平均值为每年 3~4 次。

ZARA 独特、创新、追求效率和高度动态的企业文化使公司成员形成了较为统一的价值观和行为方式，从而形成了良好的资源整合及核心能力，获得了持续的成功。

资料来源：ZARA 的时装快餐[EB/OL]. https://www.docin.com/p-540355995.html.

组织文化在组织管理中发挥着重要作用，是企业增强竞争优势的一种软实力。那么组织文化的含义是什么、组织文化有哪些类型、如何创建和管理组织文化以及怎样看待组织文化和组织绩效的关系等都是值得探讨的问题。

8.1 组织文化的内涵

随着信息时代高速发展和外部环境的不断变化，科学管理已经无法应对变化的环境，组织文化的作用越来越重要。本节主要探讨组织文化的含义、作用以及组织文化的类型等。

8.1.1 组织文化的含义与作用

文化是一个组织所有成员共享并且作为标准传承给新成员的一系列价值观、信念和思维方式的总和。每个人都会受到文化的影响，但这种影响往往不为人所知觉。只有当组织试图推行一些与组织基本行为规范和价值观相悖的战略或方案时，文化的力量才会被人们真切地感受到。[①]

世界组织文化权威专家埃德加·沙因(Edgar Schein)认为企业在解决外在适应性与内

---

① 达夫特. 组织理论与设计[M]. 王凤彬,张秀萍,刘松博,等译. 9 版. 北京：清华大学出版社,2008.

部整合的问题时,学到了一组共享的基本假定,由于它们运作得很好而被视为有效,因此传授给新成员,作为遇到这些问题时,去知觉、思考及感觉的正确方法。沙因强调的是"基本假设",它们共同构成了组织文化的基本内涵。

学者泰伦斯·狄尔(Terrence Deal)认为组织文化由价值观、神话、英雄和象征凝聚而成,这些价值观、神话、英雄和象征对公司的员工具有重大的意义。狄尔主要强调的是组织内部有代表性的典型事物,这些事物在组织内部长期存在且影响深远。

《组织文化与领导力》一书的作者沙因提出三个层次的荷花模型(Waterlily Model),水面上的花和叶是文化的外显形式,包括组织的架构和各种制度、程序;中间是荷花的枝和梗,是各种公开倡导的价值观,包括使命、目的、行为规范等;最下面是荷花的根,是各种视为当然的、下意识的信念、观念和知觉。

Z理论创始人大内认为一个公司的文化由其传统和风气所构成,这种公司文化包括一整套象征、仪式和神话。它们把公司的价值观和信念传输给员工们,这些仪式给那些原本就稀少而又抽象的概念添上血肉,赋予它们以生命力。他和狄尔对组织文化的看法基本相同。

本书将组织文化定义为一组通常被视为理所当然的共享的价值观,这些价值观可以通过故事和其他符号含义来传播,它们帮助组织成员理解哪些行为是可以接受的以及哪些是不能接受的。

组织文化可以发挥两种作用:第一种是实现组织内部的整合。组织文化引导组织成员发展出一种集体认同感并明确该如何有效地一起工作,决定组织成员相互沟通的方式和什么样的行为是可接受的,以及组织中的权力和地位的格局。第二种是提高组织的外部适应性,即组织如何达成目标及如何处理与外部人的关系。组织文化不仅能指导组织成员的日常活动以实现既定目标,还可以促进组织对顾客的需要或竞争对手的行为作出快速反应。通过组织文化长期的作用,逐渐促使公司内外部形成积极或消极的社会关系,并建立起组织的社会资本。

8.1.2 组织文化的类型

组织文化可以从多个维度进行评估。根据竞争环境要求的灵活性或稳定性程度,战略焦点集中在组织内部还是外部这两个维度,可以将组织文化分为四种类型,即适应型文化、使命型文化、团体型文化和行政机构型文化。环境、战略与组织文化的关系如图8-1所示。无论哪种类型的文化,只要与外部环境的要求及组织战略相匹配,都可能是成功的、有效的文化。

1. 适应型文化

适应型文化以战略焦点集中于外部环境为特征,这类文化中的组织是通过提高灵活性

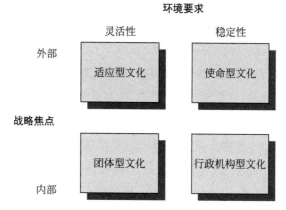

图 8-1　环境、战略与组织文化的关系

资料来源：达夫特.组织理论与设计[M].王凤彬,张秀萍,刘松博,等译.9版.北京：清华大学出版社,2008.

和变革自身来满足顾客的需要。适应型文化倡导能支持组织提高探察和解释环境的将环境中的信号转化成相应要采取的反应行动的这样一种行为规范和信念。这种文化类型的企业并不只是对环境变化作出快速的反应，而是积极地创造变化，它看重和奖励革新、创造与冒风险行为。采用适应型文化的一个例子是明尼苏达采矿设备制造公司（3M 公司）。该公司的价值观是促进个人的首创性和创新精神，公司所有的新员工都要参加关于如何敢冒风险课程的学习，该课程教育员工应该追求自己的想法，哪怕这意味着冒犯上司。大多数电子商务公司，如亿贝（eBay）、亚马逊（Amazon）和谷歌（Google）以及营销策划、电子和化妆品行业的许多企业也都采用适应型文化，以便作出快速反应，满足顾客的要求。

2．使命型文化

使命型文化对那些关注满足外部环境中特定顾客的需要但无须作出快速反应的组织更为合适。使命型文化的特征是，强调对组织宗旨和目标有清晰的认识，注重通过销售增长、盈利能力或市场份额目标的达成来促进组织宗旨和目标的实现。管理者通过设定和沟通组织预期的未来状态来引导员工的行为。采用使命型文化的一个例子是希柏软件公司（Siebel Systems）。希柏软件公司的文化价值观是专业性和进取性，鼓励员工专注于获得好的销售业绩和利润水平，达到目标的员工会受到奖励。

3．团体型文化

团体型文化主要关注组织成员的介入和参与及对外部环境迅速变化的要求作出反应。这种文化强调满足员工的需要是取得高绩效的关键。介入和参与会使人产生责任感和主人翁意识，因而会使员工对组织作出更大的承诺和贡献。团体型文化的一个重要价值观就是照顾好员工，满足员工的需求以提高其满意度和工作效率。时尚和零售产业的公司经常采用团体型文化，因为这种文化可以激发员工的创造力以适应顾客需求的快速变化。

4．行政机构型文化

行政机构型文化适应外部稳定的环境而强调组织内部行为的一致性。拥有这种文化的组织注重业务经营的方式方法,使用仪式、象征物、反映英雄人物事迹的典故等促进员工的合作,发扬组织的传统,促使人们遵守既定的政策、惯例。这种组织依靠高度的整合能力和效率,个人的参与是比较低的,强调的是组织成员行为一致性、循规蹈矩和合作。采用行政机构型文化的一个例子是太平洋边缘软件公司(Pacific Edge Software)。该公司在成立之初就引进了一种强调秩序和纪律控制的文化,这种对秩序的强调意味着员工可以在下午6点回家,而不是为了完成一项重要的项目而整晚工作。这种文化被很多人认为是刻板的,但该公司坚持这不是刻板而是周到。有时周到意味着缓慢,但太平洋边缘软件公司一直能够保证所有项目都及时完成。[1]

关于组织文化还有很多其他分类,如金·S.卡梅伦(Kim S. Cameron)将组织文化分为创新型文化、支持型文化、官僚型文化和效率型文化。大内将组织文化分为J型文化、A型文化和Z型文化。杰弗里·桑南菲尔德(Jeffrey Sonnenfeld)将组织文化分为学院型文化、俱乐部型文化、垒球队型文化和学习型文化等。

8.1.3 组织文化的模型

在组织文化的描述方面至今还没有一个统一的模型,管理者应当评估各种模型描述的各个部分,找到适合组织的战略价值观和文化价值观部分。

1. 大内模型

大内分析了三种企业群的组织文化:典型美国企业,典型日本企业,Z型美国企业。大内从七个方面对这三类企业进行了对比,见表8-1。典型日本企业和Z型美国企业的文化与典型美国企业显著不同,这些差异能够解释许多日本企业和Z型美国企业在绩效上优于典型美国企业。

表 8-1 大内模型

文化价值观	典型日本企业的表述	Z型美国企业的表述	典型美国企业的表述
对员工的承诺	终身雇用	长期雇用	短期雇用
评估方法	缓慢和定性的	缓慢和定性的	快速和定量的
职业路径	宽泛	中等宽泛	狭窄
控制	含蓄和非正式	含蓄和非正式	明确和正式
决策	群体和共识	群体和共识	个体
责任	群体	个体	个体
对人的关心	全面	全面	狭窄

资料来源:格里芬,摩海德,唐宁玉.组织行为学[M].刘伟,译.8版.北京:中国市场出版社,2010.

1)对员工的承诺

根据大内的分析,典型日本企业和Z型美国企业的共同点是试图保留员工,不会轻易

---

[1] 达夫特.组织理论与设计[M].王凤彬,张秀萍,刘松博,等译.9版.北京:清华大学出版社2008.

裁员。在日本,这通常表现为终身雇用。在 Z 型美国企业,这一文化价值观的表述则是长期雇用。典型美国企业对员工没有作出这样的组织文化承诺。

2) 评估方法

在典型日本企业和 Z 型美国企业中,对员工和管理者评估需要很长时间,甚至可能长达 10 年。在评估中不仅使用定量指标,同时也采用定性指标。在这些企业中晋升的速度比较慢。而在典型美国企业中,文化价值观则认为晋升决定应当快速作出并且主要以定量数据为依据。这一价值观倾向于鼓励短期行为。

3) 职业路径

在典型日本企业和 Z 型美国企业中,职业路径通常跨越几个不同的职能。在典型日本企业中,这一价值观导致了极为宽泛的职业路径,员工需要在 6～7 个不同的业务部门中获得经验。Z 型美国企业的职业路径相对狭窄一些。在典型美国企业中,职业路径更为狭窄,绝大多数美国管理者通常只有 1～2 个不同部门工作的经验。这一狭窄的职业路径反映了许多美国企业专业化的价值观。

4) 控制

典型日本企业和 Z 型美国企业认为控制应当通过非正式和含蓄的机制来实行。在这些机制中最有效的一种就是组织文化。相反,典型美国企业则借助明确的指导来实行控制,包括工作描述、权力说明、各种规则和程序。从功能的角度来看,组织文化可以被视为一种基于共享规范和价值观的社会控制手段。在组织中,控制可能来自正式的资源,如组织结构或上级主管,也可能来自社会资源,如组织文化。在典型美国企业中,控制基于正式的组织机制,而在典型日本企业和 Z 型美国企业中,控制的社会性色彩更强,来自组织文化中共同认可的规范和价值观。

5) 决策

典型日本企业和 Z 型美国企业对群体决策有一种强烈的文化期望,并且以充分的信息分享和共识为原则。而在典型美国企业中,个体决策被认为是适当的做法。

6) 责任

典型日本企业呈现强烈的集体责任的文化规范,由组织整体而不是个人承担决策的责任。在典型美国企业和 Z 型美国企业中,通常由个体承担决策的责任。

7) 对人的关心

典型日本企业和 Z 型美国企业的主导价值观是对员工和管理者的全面关心。全面关心是指不仅关心工作,而且关心家庭、爱好、信仰、希望、恐惧和野心。在典型美国企业中,对人的关心仅限于工作场所。对员工全面关心而不仅是任务或工作导向的关心可以减少员工离职。

2. 彼得斯和沃特曼的模型

汤姆·彼得斯(Tom Peters)和罗伯特·沃特曼(Robert Waterman)比大内更加明确地

主张组织文化与绩效间的关系。彼得斯和沃特曼挑选出一组高度成功的美国企业,试图描述为它们带来成功的管理实践,通过分析,很快地转向这些成功管理实践背后的文化价值观。表 8-2 列出了这些"卓越"的价值观。

表 8-2 彼得斯和沃特曼的模型

卓越公司的特性	
1. 偏爱行动	5. 深入基层的管理
2. 靠近顾客	6. 业务专注
3. 自治和创业精神	7. 结构简化
4. 依靠员工提高生产力	8. 严密与松散并存

资料来源:格里芬,摩海德,唐宁玉.组织行为学[M].刘伟,译.8 版.北京:中国市场出版社,2010.

1)偏爱行动

彼得斯和沃特曼认为,成功的企业偏爱行动。这些企业的管理者能够在信息不完备的情况下作出决策,比其他推迟决策的企业抢先获得商机。平均而言,偏爱行动的组织文化导致更高的绩效。

2)靠近顾客

彼得斯和沃特曼认为,重视顾客的组织文化可以取得更高的绩效。顾客是当前产品信息的来源,是未来产品设想的来源,也是企业当前和未来财务绩效的来源。专注于顾客、满足顾客的需要、在必要时激励顾客,这些都是卓越绩效的来源。

3)自治和创业精神

彼得斯和沃特曼认为,成功的企业打破了大型企业常见的缺乏创新和官僚主义的困境,将企业分割为更小、更便于管理的单位,在这些小的单位中鼓励独立、创新活动。

4)依靠员工提高生产力

像大内一样,彼得斯和沃特曼认为成功的企业将组织成员视为最重要的资产,组织的目的就是让自己的成员得到成功。组织文化的基本价值观相信待人以尊重和尊严不仅是正当的做法,而且对企业也是有利的。

5)深入基层的管理

彼得斯和沃特曼注意到这些成功企业坚持高层管理者与企业的基本业务单位保持接触。这是一种组织期望,反映了一种深刻的文化规范。管理者不应当在紧闭的办公室进行管理,而应当在工厂、设计室和研发部门中时常走动。

6)业务专注

卓越企业的另一项文化价值特性是不愿意涉入专长之外的领域。这些企业拒绝多元化,不在不相关的产业中进行收购和运营。这一观点被表述为企业应当依靠自己的"核心能力",或者说应当专注于最擅长的业务。

7)结构简化

彼得斯和沃特曼发现,成功的企业管理层级相对较少,人员也较少。管理者的重要性不仅取决于向他报告的员工人数,还取决于他对组织绩效的影响。

8)严密与松散并存

企业的组织非常严密,所有的成员都必须理解和相信企业的价值观。这一共同的文化将整个企业紧密团结起来。另外,企业的组织又是松散的,主管和员工的人数较少,规则和规定也较少,从而促进了创新和风险承担,能够做到快速反应。①

一些学者对中国企业的组织文化进行了深入研究,通过归纳方式,从内部整合和外部适应两个维度对中国国有企业、私有企业和外资企业的组织文化进行研究。在内部整合上,三类企业中存在着四个共同的维度,分别为员工发展、和谐、领导和员工贡献。在外部适应上,共同的维度包括客户导向、结果导向和创新。在内部整合上,国有企业更重视实干和公正奖励,私有企业和外资企业更重视共享愿景和沟通。在外部适应上,国有企业更注重未来导向,私有企业和外资企业注重结果和质量,私有企业还注重创业精神。相比国有企业,外资企业和私有企业对内部整合和外部适应两个维度都更为重视,更多的国有企业表现出科层式的文化,也相对更缺乏系统化的组织文化结构。

8.1.4　组织文化强度与亚文化

文化强度是指组织成员就持有某种价值观的重要性所达到的认识上的一致程度。如果某种价值观在组织中获得广泛的认识,则该组织文化就是有凝聚力的强文化;如果存在很低的共识,则该组织文化属于弱文化。强文化通常与各种仪式、象征物、典故、英雄人物及口号的频繁使用有关,这些可见的文化因素会增强员工对组织价值观和战略的承诺。为了营造和保持强文化,组织管理者会注重增强员工对强文化的认同感及其融合的社会化过程。

在一个组织内部,文化并不总是统一的,特别是在大型组织内部可能存在几种不同类型的亚文化。亚文化是指在一个团队、部门或其他类型单位内形成的,对其成员共同面对的问题、共享的目标及经验的反映。在地理上远离企业主体业务活动区域的下属单位、分支机构和办事处等很可能会拥有各种不同的亚文化。在一个大型企业的不同部门中,也需要不同的文化,例如,制造部门成功的关键可能是秩序、效率及对规则的服从,科研部门则强调授权于员工、灵活性及以顾客为中心。不同部门在考虑问题时的视角、人际关系和正规化程度等方面有不同的价值观,这种差异是各部门最有效地开展工作的需要。

一些亚文化通过支持并行的价值观和信念加强主文化,另一些亚文化则反对组织的核心价值观,被称为反主流价值观文化。亚文化,特别是反主流价值观文化,可能会引起员工间的冲突与纷争,但也有两种主要功能:第一,亚文化保持组织绩效与道德行为的标准。支持反主流价值观文化的员工是监督与批评主流秩序的一个重要来源。亚文化鼓励建设性

---

① 格里芬,摩海德,唐宁玉.组织行为学[M].刘伟,译.8版.北京:中国市场出版社,2010.

冲突以及更具创造性地思考企业应该如何与环境互动。通过阻止员工盲目遵守一些价值观，亚文化帮助组织遵守社会伦理价值观。第二，亚文化为新的价值观提供了空间，从而使企业与客户、供应商、社会团体和其他利益相关者的需求保持一致。企业最终需要用更适应外部环境变化的价值观来替代主流价值观。如果亚文化受到抑制，组织可能要花费更长的时间发现并采用与新兴环境相一致的价值观。

8.2 组织文化的创建与管理

组织文化是组织获得成功的因素之一。组织文化与战略价值的相关性适用于新企业，同样也适用于试图进行组织文化变革的企业。创建组织文化的过程就是将战略价值与文化价值联系起来的过程。对于已经形成的组织文化，管理者越来越关注如何对本组织的文化实施最佳管理。

8.2.1 创建组织文化

组织文化可以按以下五个步骤进行创建：一是形成战略价值，二是发展文化价值，三是创建愿景，四是启动战略实施，五是强化文化行为。

1. 建立价值观

形成战略价值和发展文化价值属于价值观的建立。管理者必须确定组织的战略价值观，即对塑造战略的组织环境的基本信念。战略价值观将组织与环境联系起来，组织所处的环境往往决定了组织需要采取某种特定的战略。文化价值观是为了实现组织的战略价值观，组织成员应当具备的价值观。文化价值观基于组织如何获得发展的信念，并且需要与战略价值观联系起来，否则将成为一系列空洞的口号。组织成员应当支持和组织战略价值观一致的工作行为。

2. 创建愿景

制定战略价值和文化价值后，组织需要建立方向性的愿景，描述战略价值和文化价值如何结合起来创造组织的未来。愿景在向组织成员传达工作目标的同时，将战略价值和文化价值协调起来。

3. 启动战略实施

启动战略实施是指根据组织的价值观采取行动，实现组织愿景。战略的实施包括组织设计、招聘和培养认同价值观的组织成员、组织成员付诸实施等步骤。战略价值观和文化价值观提供了战略实施的刺激因素。

4. 强化文化行为

在实施组织战略和遵守文化价值观的过程中强化组织成员的行为是创建组织文化的

最后一步。强化行为可以采取多种方式。组织中正式的奖励机制必须以能够触动组织成员的力度奖励期望的行为。组织内部要宣传和鼓励能够反映组织文化价值的行为。组织还需要建立典礼和仪式,强调对于实现组织愿景至关重要的行为。强化工作是战略价值观和文化价值观与组织文化创建之间最终的联系。

8.2.2 组织文化管理

组织文化管理有三个基本要素,即强化现有的组织文化、传授组织文化、变革组织文化。

1. 强化现有的组织文化

大多数组织已经形成了较为稳定的组织文化,此时管理文化的核心问题在于如何更好地利用现有的组织文化,从而更容易、更有效果地改变组织成员的行为。为了有效地利用现有的组织文化,管理者需要深入理解组织的价值观在组织内部是如何实现的,从而识别这些价值观所支持的行为,并用组织文化价值观来评估他人的工作。随着时间的推移,层级较低的组织成员逐渐开始理解和接受组织文化,并能够很自然地在组织文化的指导下作出决策,从而不再需要直接的监督。

强化组织文化常用的五种方法包括:创立者与领导者的行动,引进与文化相一致的奖励,保持工作队伍的稳定,管理文化网络,员工甄选与社会化。

1) 创立者与领导者的行动

创立者建立了组织文化,同时建立了体系与结构来支持他们的个人价值观,对组织文化的影响很大。领导者的行为是组织文化价值观的直观体现,无形中会起到一种示范作用。通常组织成员会模仿领导的工作方式,观察领导者的行为来订正自身的价值观。

2) 引进与文化相一致的奖励

奖励机制与文化价值观相一致时会加强组织文化。组织成员的某些行为或工作方式与组织文化价值观相一致并受到奖励,会使组织成员的行为受到强化,重复这种工作方式,形成自己价值观的一部分。

3) 保持工作队伍的稳定

组织文化根植于组织成员的思想之中。组织依靠一支稳定的工作队伍来传播和加强主要的信念与价值观。组织文化在高离职率和大裁员时很可能被瓦解,组织的记忆会随着成员的离开而淡化甚至消失。

4) 管理文化网络

组织文化的学习通过非正式交流来实现,因此一个有效的文化传播网络对于加强组织共享假设、价值观与信念是有必要的。文化网络可以通过频繁的互动机会得到支持,组织成员可以分享故事和重演仪式。高层管理者应当深入文化网络,分享自己的故事,创造新的典礼和其他机会来示范共享的意义。

5）员工甄选与社会化

通过雇用支持组织文化价值观的员工可以强化组织文化。个人与组织良好的匹配会强化文化，也能提高组织成员的工作满意度和忠诚度，因为持有与组织文化相一致价值观的新员工会更快地适应组织。

2. 传授组织文化

组织社会化是组织成员学习和吸收组织文化并传达给他人的过程，也可以叫作组织适应过程。组织文化从老一代传给新一代的成员，老一代向年青一代提供成功发挥组织作用和完成组织任务所必需的社会知识，这是一个学习与调整的过程。员工通过社会化成为组织成员，理解哪些行为在组织中是可以接受的、哪些是不可以接受的，如何表达他们的感受以及如何与他人相处。社会化是一个持续的过程，可以划分为三个阶段，包括就业前社会化、碰撞和角色管理。

1）就业前社会化

就业前社会化阶段包括踏上新工作岗位之前的了解与调整。此时的个体还未进入组织内部，属于外部人，需要借助间接信息来形成如何在组织中工作的期望。

2）碰撞

在这一阶段中，新成员根据察觉到的现实来检测之前所形成的期望。当新成员发现就业前的期望与工作现实之间的差距时，会遭受不同程度的现实打击，差距越大，现实打击程度越强。新成员体验到信息超载的压力，很难迅速作出调节来适应新角色。

3）角色管理

在这一阶段中，组织成员从新人转为内部人，从而安定下来。此时组织成员加强了与同事和上司的关系，实践新的角色行为，并采用与新职位和组织相一致的态度和价值观。通过处理各种工作与非工作的不同角色之间的冲突，组织成员形成更适合工作环境的新的社会认同。

3. 变革组织文化

如果组织文化与组织的发展不匹配甚至存在冲突，那么就需要对组织文化进行变革。原有的组织文化会在各个方面抵制变革，因为它们是组织基本的价值观，并且已经通过故事或其他符号得到了有效的传播。管理者试图改变组织文化就是在改变人们对哪些行为适当和哪些行为不适当的基本假定。在组织文化变革的过程中有以下几个重要因素。

1）符号管理

组织文化是通过故事和其他符号媒介得到理解和传播的。管理者应该尝试用支持新文化价值观的故事和符号代替过去的。

2）变革的困难

组织文化变革是一个长期和困难的过程。除了文化变革推行时的困难，一个重要问题是高层管理者在不经意间恢复过去的行为模式,损害了组织文化变革的信誉,使得组织成员对变革产生不确定感,增大了变革的难度。

3) 变革的稳定性

从长期来看,成功实施文化变革的组织会发现新的价值观和原有的一样稳定、具有影响力。价值系统倾向于自我强化,一旦建立就很难改变。因此,如果组织能够成功实现文化变革,新的价值观将会保持很长时间。

8.2.3 组织文化兼容

许多企业兼并与收购失败都是由于企业领导者过分关注合并企业的财务和市场状况,忽视了对各自的企业文化所应有的细致审查,导致企业的组织文化发生冲撞而挫败。组织的领导者可以通过实施二元文化审查来减少文化冲突。二元文化审查诊断企业间的文化关系,并测定文化冲突可能出现的程度。二元文化审查先识别两个企业之间的文化差别,通过分析二元文化审查的数据,决定两个企业之间的哪些差别将导致冲突,哪些文化价值观为合并企业奠定文化基础。根据分析结果,企业确定不同的文化兼容策略。企业文化的四种主要兼容策略是同化、文化破坏、整合与分离,如表 8-3 所示。

表 8-3 企业文化的四种主要兼容策略

合并策略	描述	何时最有效
同化	被收购企业支持收购企业的文化	被收购企业的文化较弱
文化破坏	收购企业将文化强加于不情愿接纳的被收购者	很少有效,只有当被收购企业文化无效而员工却仍没意识到时才有必要采用
整合	将两种或更多文化结合为一种新的合成文化	现有文化可以加以改进
分离	兼并企业用最小的文化或组织实践变动来保持实体独特性	在要求不同文化的不同行业运营

资料来源:麦克沙恩,格里诺.麦克沙恩组织行为学[M].汤超颖,译.北京:中国人民大学出版社,2008.

1. 同化

同化即被收购企业的员工自愿接受收购企业的文化价值观。当被收购企业拥有功能失常的弱文化,而收购企业的文化强并且与外部环境相适应时,这种策略最有效。同化过程中很少产生文化冲突,因为被收购企业的文化弱,而且员工正在寻找更好的文化。

2. 文化破坏

被收购企业的员工通常抵制组织变革,尤其是要求他们放弃个人价值观与组织价值观时。这种情况下,一些收购企业采用将本企业文化和商业实践强加于被收购企业的文化破坏策略。收购企业剥夺了支持旧文化的象征物与奖励机制,不能适应收购企业文化的员工常常被解雇。被收购企业的文化失常时,文化破坏可能是必要的。这种策略很难有效采用,因为被收购企业的员工抵制收购企业的文化入侵,从而会拖延或破坏兼并过程。

3. 整合

整合是将两种或更多文化整合为一种新的合成文化,这种新的合成文化保留了先前文化的最好特征。整合的过程十分缓慢,也可能存在风险。在企业文化较弱或企业文化包含几个重叠的价值观时,可以考虑使用这种策略。当员工意识到现存文化无效,有意采用新主流价值观时,整合策略最有效果。

4. 分离

当兼并企业同意对文化或组织实践做最小变动,并维持其实体独特性时,可采用分离策略。分离策略最适合用于两个合并企业在不相关行业或不同国家的情况,因为不同行业和民族文化下,最合适的文化价值观很可能存在较大差异。[①]

8.3 组织文化与组织绩效

组织文化能够影响组织成员的行为方式和工作效率。虽然不存在最好的组织文化,但组织文化对组织绩效有一定的影响。一些研究表明,组织文化和组织绩效之间有正向的相关关系。约翰·P.科特(John P. Kotter)和詹姆斯·L.赫斯克特(James L. Heskett)在《企业文化与绩效》一书中提出,那些强调文化价值观的企业比不强调的同类企业绩效高。管理者努力创建或改变组织文化的一个重要目的是创造更加有效的组织,提高组织绩效。

8.3.1 强文化对绩效的影响

研究指出,许多业绩突出的组织都有一个重要特点,即充分发展其强文化。当所有部门的员工都持有主流价值观时,强企业文化才存在。强文化常常很持久,有时会追溯到企业创立者的信念和价值观。具有强文化的企业更可能获得成功。在这类组织中,多数的组织成员有着一套一致的价值观和工作方式,如沃尔玛、宝洁等公司。

强文化能促使组织绩效较高的原因有三:第一,强文化通常在战略与文化之间提供了一致性。这对公司战略的成功实施非常重要。组织文化是影响员工决策与行为的、根植性很强的社会形式。文化是渗透的,无意识地发挥作用。第二,强文化能促进员工调整目标,使绝大多数组织参与者具有同样的目标并对如何实施这些目标有一些基本的共识。第三,强文化还能使员工更有积极性,提高工作效率。组织文化把员工联结在一起,并使他们感到自己是组织的一部分。这种被组织和社会认同的满足感正成为吸引新员工和保留高绩效员工的一种方式。文化对培养敬业精神十分关键,而优秀的业绩正是组织成功的标志。

---

① 麦克沙恩,格里诺.麦克沙恩组织行为学[M].汤超颖,译.北京:中国人民大学出版社,2008.

强文化对企业具有潜在的益处,但这并非一成不变。只有在文化内容与企业环境相适应时,强文化才能增强组织绩效。当企业强文化偏离环境时,它不可能有效地服务于顾客和其他重要的利益相关者。另外,强文化限制了决策制定者的心理模型,导致决策者忽视新机会和特有的问题。很强的文化往往压制不同的亚文化价值观,很可能会损害组织的利益,因为亚文化支持的建设性冲突能够促进创造性思维,提供一些道德警戒的标准。

8.3.2 适应型文化与组织绩效

不同的组织拥有差异很大的组织文化。一些组织可能拥有鼓励积极适应外部环境的文化,另一些组织则拥有倡导按部就班行为和稳定性的文化。没有哪一种文化类型是最好的,只对组织来说适不适合。具有适应型文化的组织更有可能获得较高的绩效。适应型文化是指员工关注客户和其他利益相关者的需要,并赞同与这些变化保持一致的主动行为。适应性高的文化关注外部,员工对组织绩效承担责任,主动寻找机会而不是等待机会到来。对学习型组织来说,需要拥有很强的能体现以下方面价值观的适应型文化。

1. 弱化部门间的边界

在学习型组织中,人们以整体系统为考虑的中心,了解各部门是怎样整合成整体的,各部门之间应该是一种什么样的关系。每个部门都会认真考虑其行动会给其他部门和整个组织带来什么影响。这种对整体的重视弱化了组织内部各部门之间的边界以及组织与其他外部组织的边界。尽管组织内会有亚文化,但每一部门的基本态度和行为会反映组织的主体文化。人员的自由流动,思想、信息的充分交流,促进了各部门行动的协调和持续的学习。

2. 平等的价值观

这种文化创造了一种团体的感觉,使人们相互关心。这种组织创造让人们冒风险和充分发挥潜能的场所,强调关心和尊重人,创造一种允许尝试和频繁出错以及学习的安全和信任的氛围。管理者强调诚实和开放的交流是建立信任的一种方法。

3. 冒险、变革和不断改进的组织文化

学习型组织的一个基本价值观就是大胆地对现状提出质疑。对现行的做法和假设不断质疑,就为发挥创造性和寻求改进敞开了大门。持这种文化的组织会对新创意、新产品和新业务流程的创造者给予高度的赞扬。另外,象征着对冒险行为的重视和鼓励,学习型组织还会特别奖励那些为了学习和发展而勇于探索但未能成功的员工。

适应型文化与非适应型文化有着截然不同的价值观和行为方式,如表 8-4 所示。在适应型文化的组织中,管理者既关注顾客和员工,也关注能带来有益变革的内部业务流程和工作方法。组织中员工的行为很灵活。管理者在察觉有必要实施变革时,即使会有较大的风险,也会全力推行变革。而在非适应型文化的组织中,管理者更关注他们自己和自身所负责的项目,主要的价值观是排斥冒险和变革。

表 8-4 适应型文化与非适应型文化的对比

项　　目	适应型文化	非适应型文化
核心价值观	管理者深切地关心着顾客、股东和员工,并高度重视能给组织带来有益变革的人员及流程(如重视各管理层的领导首创性)	管理者只考虑他们自己和他们所领导的本工作部门及其相关的产品和技术。他们对按部就班和躲避风险的管理行为的注重远超过对领导首创性的要求
常见的行为	管理者对所有利益相关者(特别是顾客)都给予密切的关注,并且为满足各方的合法权益,他们会在必要时发动变革,即使要冒相当的风险	管理者倾向于将自己与外界隔绝,组织中权术活动和文牍主义盛行。结果组织很难及时调整战略以适应环境的变化,更难以利用环境变化所带来的机会

资料来源:达夫特.组织理论与设计[M].王凤彬,张秀萍,刘松博,等译.9版.北京:清华大学出版社,2008.

8.4　全球化与组织文化

8.4.1　全球化对组织文化的影响

随着全球化的发展,很多企业在更广阔的地理范围内开展经营活动,这些企业必然会受到国外各方面的影响。而全球化的影响不仅表现在经济发展和人力资源问题上,而且表现在组织文化方面。管理者怎样建立和保持强有力的组织文化,以应对高度复杂和多变的全球环境是一个值得关注的问题。对于这些跨越地理区域和文化界限开展经营活动的企业而言,需要对其他文化有所认识并有一定的敏感性,同时能理解和包容不同民族文化对组织运营的影响。

组织文化和民族文化往往是交织在一起的,当今许多企业的经营都具有地理分布覆盖全球的空间多元化特点,这对试图建立一种强大的组织文化的管理者来说是一个巨大的挑战。来自不同国家的员工往往有不同的态度和信念,这使以公司文化为基础形成共同认识、增强凝聚力变得非常困难。事实上,民族文化对员工的影响大于公司文化。如果这些民族文化中的价值观没有被吸纳为组织文化,那么员工也不会努力工作。

在这样的多元文化环境中,有些公司发展出了一种渗透到整个组织文化之中的宽广的全球文化观念。但是,形成这种宽广的全球文化观念,并将之传播到整个组织中,需要经历多年的时间,并不是一蹴而就的。

尽管具体的组织文化可能在不同的全球企业中有不同的表现,但有某些共同的特性能够反映出一个企业是否建立了"全球文化"。这些特性包括:强调多元的文化而非母国文化,是基于各种文化的精华成分而不是民族性来建立全球的多元文化,以开放的态度吸收其他文化中蕴含的新思想、新观念,对进入新的文化环境感到兴奋而不是诚惶诚恐,既敏感认识到各种文化的差异又不受这种差异束缚。

企业应该继续发展它们在多元文化中的工作的能力,并将这些多元文化融合成一个整体,在世界范围内达到一个较高的组织文化价值观标准,合理地解决在多元文化的工作环境中可能遇到的问题。

8.4.2 多元化文化的管理

组织在性别、种族、民族等方面正在变得日益多元化。许多组织日益增长的员工多元化可以带来大量益处,如对各种不同种类的顾客采取较为成功的市场营销战略,也会带来更多的创新和创造力。但多元化同时带来的沟通困难、组织文化冲突等问题也受到了组织的关注,有效管理多元化文化对组织来说是一个巨大的挑战。组织必须努力进行文化适应,使主要文化与少数民族文化或亚文化之间的文化差异得到解决和管理。

管理一个多元化文化的员工队伍是一件困难的事,但是一些拥有有效多元化管理项目的组织,在员工价值观念、管理原则及组织文化等方面有一些共同特点可以作为多元化文化有效管理的参考原则。经理和员工必须懂得多元化文化的员工队伍将体现不同的视角和工作方法,而且必须重视各种不同的意见和洞悉力。组织的领导必须认识到对组织内不同文化视角的表达既是学习机会也是挑战。组织文化必须创造员工对高标准业绩的期望。组织文化要刺激个人发展和鼓励公开性。组织文化必须有表述清楚和被广泛了解的宗旨。组织要有一个相对平等、非官僚的结构。

本 章 小 结

本章主要对组织文化进行了系统的研究,由于美、日企业的对比研究和文化概念运用于组织管理,组织文化由此产生。进入21世纪,组织文化发展呈现新的特点:学习型组织异军突起,中小型企业组织文化发展方兴未艾以及多元化文化的发展等。组织文化和组织价值密切相关。一方面组织文化对组织绩效有积极的影响,另一方面组织文化中的主导文化和亚文化也可能对组织价值产生消极的影响。

复习思考题

1. 什么是组织文化?组织文化的作用体现在哪些方面?
2. 联系实际谈谈组织文化有哪些类型。
3. 组织文化强度是什么?
4. 结合实际谈谈组织的亚文化。
5. 组织亚文化有哪些作用?

6. 结合实例谈谈如何创建和管理组织文化。
7. 举例说明组织文化的兼容策略。
8. 如何理解组织文化对组织绩效的影响？
9. 全球化对组织文化有哪些影响？
10. 企业如何对多元化文化进行管理？

华为的企业文化

下 篇

第9章　组织流程再造
第10章　组织创新与发展
第11章　组织变革
第12章　组织学习
第13章　跨文化的组织管理
第14章　网络组织
第15章　组织冲突与政治行为
第16章　组织的社会责任与伦理价值观

第 9 章

组织流程再造

学习目标

✓ 了解组织流程的内涵
✓ 理解组织流程发展的瓶颈
✓ 掌握组织流程再造的基本方法
✓ 了解组织流程设计的基本步骤

引例

坐落于美国康涅狄格州老格林威治市的IBM信贷公司是蓝色巨人IBM公司的全资子公司,其主要业务是为IBM公司的计算机销售提供融资服务,这是一个很盈利的项目,而且融资的金融风险很小,但是,这种小额信贷的经济效益则主要取决于人均业务量。

早期,公司的经营情况并不好。其按传统的劳动分工理论设计了生产流程(图9-1)。

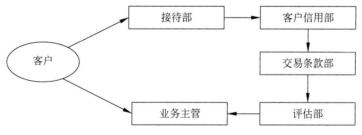

图 9-1　IBM信贷公司业务流程

第一个流程是设立了接待部。如果IBM公司的客户需要融资服务,负责对该客户进行产品销售的IBM公司业务人员将代表该客户向IBM信贷公司提出融资申请。信贷公司的接待人员则在一张申请表上记录下该项申请。

第二个流程是设立了客户信用部。申请表被送到客户信用部,专业人员通过计算机系统审查申请人的资金信用情况,并签署审查意见。

第三个流程是设立了交易条款部。根据申请人的具体情况对公司的标准贷款协议进行补充和修改,把一些特殊条款附加在申请表上。

第四个流程是设立了评估部。评估部根据以上信息,借助计算机系统初步确定向客户征收的贷款利率,确定建议利率后,呈交给业务主管审批。

第五个流程是业务主管把所有的信息综合起来,形成最终的报价单。

第六个流程是通过销售业务代表通知客户报价。

使用这个流程设计,每份贷款申请,无论业务的大小,贷款金额的多少,完成整个业务流程平均需要一周时间,甚至有时需要两周时间。而且,申请表进入流程后就完全与销售业务代表无关,销售业务代表也就无法清楚了解其进程。从市场销售的立场来看,这样的流程需要的时间实在太长了。客户可能去寻找其他融资渠道,致使 IBM 信贷公司失去一笔贷款业务。更为严重的后果是,客户可能因为对融资服务的不满而放弃与 IBM 公司的合作,转而与竞争对手公司进行交易,尤其是小订单的客户。

IBM 信贷公司在发现流程设计存在的问题后,取消按劳动分工设立的业务流程,设立"交易员"岗位,每笔业务从头到尾的全部工作都由一个交易员负责,如图 9-2 所示。同时,开发出适应新要求的计算机支持系统和专家小组支持交易员的工作。在绝大多数情况下,交易员在计算机系统的支持下完成工作,在遇到确实很棘手的问题时,则可以从专家小组那里得到帮助,或将这些特殊项目移交给专家解决。IBM 信贷公司为了支持交易员的工作,还开发了一套新的、内容复杂的计算机系统。在多数情况下,这套系统能向交易员提供所需要的工作上的指导。在遇到问题时,交易员还能得到审核信用、核定利率等方面专家的帮助。即使在这种情况下,也不需要公文旅行,因为交易员和专家是在一起工作的。

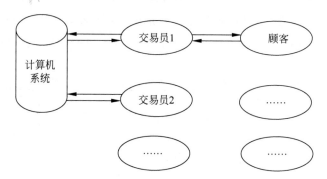

图 9-2　IBM 信贷公司设立"交易员"岗位的业务流程

在业务流程重组后,IBM 信贷公司为普通客户提供融资服务的平均周期缩短了 90%(由原来的一周压缩到 4 小时),它的业务量增加了几十倍。

从原有的业务流程中可以发现,公司每个工作人员处理分工业务范围内每一份申请所需的时间都不长,整个一份申请的累计实际处理时间,即使加上各个部门重复花费在计算机系统输入和查询上的时间,总共也只需要一两个小时,其他时间都消耗在部门之间的表格传递和等待上。可以清楚地看出:问题不在于单一的任务和执行这些任务的工作人员,而在于流程本身。

原先的流程设计是建立在传统的劳动分工理论之上,并假定每一次交易请求既独特又复杂,因而需要训练有素的专业人员分工进行处理。实际上,这种假设在现实应用中是错误的,因为大多数客户贷款申请是简单和明确的。当 IBM 信贷公司的高级管理人员仔细观察各专业人员所从事的工作时,他们发现其中大多数都是不同程度的例行手续,比如,在一个数据库中查找借方的信用等级,在一张标准表格中填上数字,从一份文件中抽出几条特殊的条款等。这些任务的绝大多数并不需要训练有素的专业人员分工进行处理,只要一台使用方便并能够提供全部所需数据与工具的计算机,在计算机系统的帮助下,只要一个经过一定程度系统训练的人就可以单独完成整个流程的工作。

重新设计业务流程,要求企业决策者和全体员工彻底摆脱原有的思维方式,要不受现有部门和工序分割的限制,把流程设计得简单和直接。新的流程设计从根本上缩短了贷款核实与发放的整个流程,大大提高了工作效率。

资料来源: IBM 信贷公司业务流程重组［EB/OL］. (2019-05-06). https://wenku.so.com/d/cc9a0f95e08b5e4232ecbfc28ed99df8.

9.1 组织流程瓶颈

流程构成了企业的管理网络,推动了企业按确定机制自如地运转。"莫做敲钟人,要做造钟人",也可以理解为从另一个角度对流程重要性的认可。

企业运营中的流程既有简单的也有复杂的,大到企业并购、资本运作,小到日常报销、办公领用,都有各自遵循的流程规范。企业在最初的发展阶段,面对激烈的市场竞争往往显得机动灵活,流程也体现出一种"船小好掉头"的灵活和敏捷。然而随着环境的变化、技术的革新、业务的增长,企业的规模大了,效率却下降了;提供服务的人多了,服务质量却下降了;网点分支多了,反应速度却迟缓了。这些表现都应该引起管理者的注意,以适应迅速变化的环境和持续的技术革新。

无论是订单交付超期,还是售后服务不到位,或者是恶劣的用户体验、迟缓的危机公关,深层次的症结都源于企业内部冗长和复杂的流程,这会影响组织的发展。

9.1.1 环境变化

无论是市场增长、顾客需求、产品生命周期、技术更新,还是竞争环境,都是在不断变化的,是很难预测的。我们将这种环境的变化归结为三种力量,称之为"3C",即顾客(customers)、竞争(competition)和变化(change)。

1. 买方市场的主导趋势

20 世纪 80 年代以来,无论是在发达国家还是在大部分发展中国家,买卖双方关系中的主导力量正在发生变化。卖方不再居于优势地位,而是转变为买方主导市场。这种新的转变形势使很多公司感到很难适应。

2. 竞争程度日益激烈

过去，一个企业生产或销售能为消费者所接受的产品和服务进入市场，价格合适，就卖得出去。随着竞争对象的增加，竞争程度加剧，如果不能在激烈的竞争环境中保持一定的速度，就会在市场上失去竞争优势。

3. 变化的速度加快

顾客的需求和竞争程度快速的变化会打乱公司的经营，这就是现在企业重视发展速度的根源。

顾客、竞争和变化要求企业具备灵活应变的能力，迅速作出反应，促使企业改变原有适应批量生产、稳定环境和供应链增长的组织流程。

9.1.2 企业成长

市场的发展、业务的增长促进了企业的发展，基于劳动分工理论设计的流程使得企业的规模日益庞大臃肿，其规模的不经济妨碍企业的发展。

为了执行购货订单，企业把它分解成许多简单的任务，分配给不同的职能部门的人员完成。于是，公司又不得不雇用和配备人员去督促上述任务的执行，使被分割的这些工作重新衔接起来。这些人员有查账员、监工、审计员、联络员、检查、经理、副总裁等。这些人像是黏合剂，把从事实际工作的人员——信用审核员、仓库提货员、发货员等的工作衔接起来。许多企业花在直接劳动力上的费用可能在下降，而花在间接费用上的支出却在上升。换言之，当前大多数企业用在"黏合剂"上的费用支出日益超过用在实际工作上的费用支出，这就是它们陷入困境的原因所在。然而源于分工理论的组织机构设置使得这种工作流程是自然而然的，从而所带来的这种困境也是在所难免的。

9.1.3 技术革新

技术革新促使现有的组织流程发生改变。以零售业为例，制造商宝洁公司和零售商沃尔玛公司根据互利的原则，合并了它们的分销系统和仓储系统。这直接对制造商的销售流程和零售商的库存流程提出了革新的要求。在售后服务方面，先进技术让革新者设计出崭新的售后服务设备。以奥的斯电梯公司为例，它研制出一种精巧的计算机系统，用于它已售出的在北美洲运作的 93 000 部电梯的复杂的售后服务工作，而且是一天 24 小时不间断地提供服务。当修理工赶到待修理电梯的现场时，他不但得知该电梯的问题的性质，而且了解它过去的维修保养记录。随着新技术的应用，企业必然要对原有流程作出改进。像奥的斯这样的公司通过技术进行革新，优化原有组织流程，使企业同其客户之间的关系更加合理化，提高了快速反应能力。

9.2 组织流程分析

9.2.1 组织流程的定义

我们认为流程是按先后排列或并行的一整套活动或任务,它们基于指令完成特定的工作。这些工作将输入的指令转变为一个或多个输出的结果,从而达到共同的目的。它关心谁做了什么事,产生了什么结果,传递了什么信息。

ISO 9000 标准中定义的业务流程是一组将输入转化为输出的相互关联或相互作用的活动。有代表性的定义如表 9-1 所示。

表 9-1　流程的定义

定 义 者	定 义 内 容
迈克·哈默,詹姆斯·钱皮[1]	流程是指把一个或多个输入转化为对顾客有用的输出的一系列活动的集合
托马斯·H.达文波特,詹姆斯·尚特[2]	流程是为达到某一个具体的输出而进行的一系列逻辑相关的任务的集合。它接收某一输入,对它进行处理并产生某一个输出,它应该对输入进行增值,产生的输出对接收者来说更加有用和有效
戴维·加文[3]	流程的本质就是做事情的方法
尤金·麦兰[4]	流程是一组密切联系、相互作用的活动,每一个流程有内容明确的输入和输出,都有定义明确的开始和结束
陈禹六,李清,张锋[5]	流程是为完成某一目标(或任务)而进行的一系列逻辑相关的活动的集合

表 9-1 中的定义强调了不同的要点,归纳起来,"流程"的定义包括六个要素:输入资源、活动、活动的相互作用(结构)、输出结果、顾客、价值。通过分析这些要素,我们可以发现流程具有以下特点。

(1) 目标性:有明确的输出(目标或任务)。这个目标可以是一次满意的客户服务,也可以是一次及时的产品送达等。

(2) 内在性:包含于任何事物或行为中。所有事物与行为,我们都可以用这样的语式

---

[1] HAMMER M, CHAMPY J. Reengineering the corporation: a manifesto for business revolution [M]. New York: Harper Business, 1993.
[2] DAVENPORT T, SHORT J. The new industrial engineering: information technology and business process redesign[J]. Sloan management review, 1994, 31(4): 11-27.
[3] GARVIN D A. Management quality [M]. New York: The Free Press, 1998.
[4] MELAN E H. Process management: methods for improving products and service[M]. New York: McGraw Hill, 1997.
[5] 陈禹六,李清,张锋.经营过程重构(BPR)与系统集成[M].北京:清华大学出版社,2001.

来描述,"输入的是什么资源,输出了什么结果,中间的一系列活动是怎样的,输出为谁创造了怎样的价值"。

(3) 整体性:至少由两个活动组成。流程,顾名思义,有一个"流转"的意思隐含在里面。至少两个活动,才能建立结构或者关系,才能进行流转。

(4) 动态性:由一个活动到另一个活动。流程不是一个静态的概念,它按照一定的时序关系徐徐展开。

(5) 层次性:组成流程的活动本身也可以是一个流程。流程是一个嵌套的概念,流程中的若干活动也可以看作"子流程",可以继续分解为若干活动。

(6) 结构性:流程的结构可以有多种表现形式,如串联、并联、反馈等。往往这些不同的表现形式,给流程的输出效果带来很大的影响。

9.2.2 组织流程的分类

图 9-3 为企业目标流程总图(示例),流程可以根据不同的分类标准进行分类。

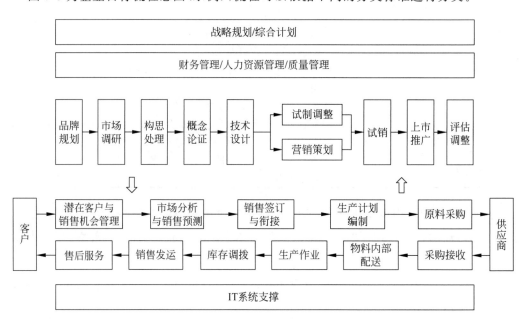

图 9-3　企业目标流程总图(示例)

1. 按活动性质分类

运营流程:重复性循环运行以完成企业经营目标的流程。
管理流程:完成包括计划、决策、目标制订、监控等流程。

2. 按组织范围分类

按组织范围,流程可分为组织间的流程、职能间的流程和个人间的流程。

3. 按流程的功能分类

维姆(Wim)等将组织流程分为四种类型,即顾客流程、研究与开发流程、计划与控制流程和人员与服务流程。每一个组织可以识别出 5~15 个流程,每一个流程都包括一系列的行为,如订单的实现流程可包括接受订单、订单数据输入计算机、检查顾客信用卡、从仓库取货、包装、装卸,最后是配送到顾客手中。

乔·佩帕德(Joe Peppard)等将组织流程分为三类:①战略流程。战略流程是规划和开拓组织未来的流程,包括战略规划、产品研发、新流程开发等。②经营流程。经营流程是实现组织日常运营的流程,如吸引顾客、满足顾客、顾客支持、收款等。③保障流程。保障流程是为战略流程和经营流程提供保障的流程,如人力资源管理、会计统计、财务管理、信息系统等。[1]

按流程的价值可将组织流程分为两类:一类是直接为组织外部顾客创造价值的流程,称为增值流程;另一类则是为组织内部产生价值的流程,称为辅助流程。后者不为顾客创造价值,但其可使增值流程运作更为高效。围绕增值流程可以建立组织的基本单元,这一观点得到了多数人的赞同。

史蒂文·麦林科和 R. T. 克里斯特森将组织流程分为八类,分别是:战略管理流程;创新流程;客户服务流程;资源管理流程;供应链管理(SCM)流程;后勤管理流程;绩效评价流程;其他流程(包括融资、会计和营销)。[2]

9.2.3 流程的分解

以往流程的辨识与分解的研究大多在企业信息系统规划领域,比较典型的有以下两种。

(1) IBM 公司于 20 世纪 70 年代初提出了企业系统规划法(business system planning,BSP)。BSP 提供了一种自上而下地识别企业流程的方法,其核心是定义企业流程,系统开发人员和企业人员一起根据企业目标从战略计划与控制、产品和服务以及支持资源这三个方面来识别企业流程,然后进一步地分析、合并、调整,最终得到一个企业流程分解系统。[3]

(2) 詹姆斯·马丁(James Martin)提出了自顶向下识别流程和活动的方法,该方法从企业的职能范围开始分解,产生业务过程,然后再分解到活动。[4]

---

[1] 佩帕德,罗兰. 业务流程再造[M]. 北京:中信出版社,1999.
[2] MELNYK S A,CHRISTENSEN R T. Value driven process management: using value to improve processes[J]. Hospital materiel management,2000,29(8):26-39.
[3] IBM Corporation. Business system planning: information system planning guide[Z]. 1981.
[4] 马丁. 战略数据规划方法学[M]. 耿继秀,译. 北京:清华大学出版社,1994.

9.3 组织流程设计

9.3.1 组织流程设计的原则

1．系统化

组织流程要站在企业战略发展目标的高度进行系统设计，全面考虑各类生产、服务和管理工作，强调相关部门、流程、资源的配置和协调，按各职能部门间的接口和关系建立起合理、有效和可执行的管理体系。

2．统一

统一是把同类事物两种以上的表现形式归并为一种，消除不必要的多样化造成的混乱。统一原则的应用体现在名词、术语、符号、代号、单位、编码等统一，程序和方法的统一等。

3．优化

优化是对组织流程要素及其相互关系进行优化选择。优化的目的是使组织流程体系的实施达到最佳效果。

4．实效

制度的设计过程要坚持实用性和效率化，在设计思路和定义时要明确。制度设计的目的是规范企业生产经营的各种行为，因此设计出的制度要能被广大干部、职工认同和遵守。

5．全面整合

组织流程体系是对原有的企业质量管理体系、计量管理体系、环境管理体系、职业健康管理体系和其他管理制度的整合。

9.3.2 组织流程设计过程

1．设计企业的经营战略流程

组织的核心竞争力与市场购买力的匹配决定组织的产品/服务经营战略，组织的产品/服务经营战略决定组织业务流程的方向。图 9-4 为经营战略流程设计基本框架。

2．设计顾客关系流程

顾客是企业生存发展的基础。企业流程设计与管理的根本目的是为客户创造价值。顾客关系管理提供了顾客需求和需求模式，使企业明确产品/服务功能特性、技术特性、服务特性、营销特性、产销特性以及生产模式，为企业业务流程设计提供了依据。图 9-5 为顾客关系管理流程基本框架。

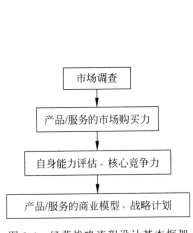

图 9-4　经营战略流程设计基本框架

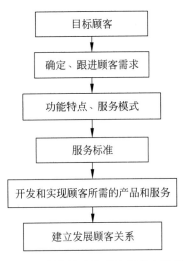

图 9-5　顾客关系管理流程基本框架

3．设计组织业务流程

组织要根据产品/服务功能特性、技术特性、服务特性、营销特性、产销特性以及生产模式确定核心流程、支持流程，并且要建立流程考核体系以验证业务流程的能力和效率。[①] 组织业务流程分析的基本框架如图 9-6 所示。

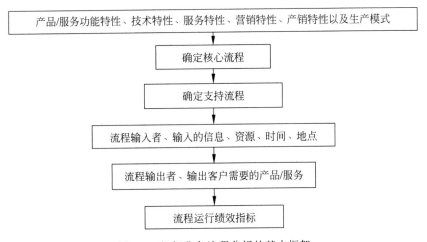

图 9-6　组织业务流程分析的基本框架

9.3.3　组织流程设计的影响因素

组织流程设计应从顾客需求出发，以满足顾客需求为目的。顾客的需求决定了主要业

---

① 刘松博,龙静.组织理论与设计[M].2 版.北京：中国人民大学出版社,2009.

务流程的内容和基本模式。流程设计的起点是明确顾客需求和需求模式,从而确定主要业务流程的内容和基本模式,实现用户利益最优化。顾客需求的内容主要为产品或服务的功能特性、技术特性、服务特性,顾客需求模式包括所提供产品或服务的生产方式、交货时间等。

1. **产品或服务的功能特性决定组织的业务流程**

服务功能不同,基本业务流程不同。例如,制造业企业主要为顾客制造所需要的产品,它的基本业务流程如图 9-7 所示。商业企业为顾客提供及时购买、集中购买、对比购买的服务,它的基本业务流程如图 9-8 所示。

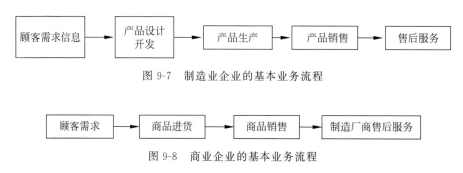

图 9-7 制造业企业的基本业务流程

图 9-8 商业企业的基本业务流程

2. **产品或服务的技术特性决定组织的业务流程**

产品技术特性不同,基本业务流程不同。例如,计算机硬件产品的基本业务流程与计算机软件产品的基本业务流程不同。计算机硬件产品只有计算机主机需要安装调试,其他外设不需要;而计算机软件产品除了游戏软件等小软件不需要调试外,大多数软件产品都需要安装测试并与硬件产品集成。软件产品基本业务流程如图 9-9 所示。

图 9-9 软件产品基本业务流程

3. **产品或服务的服务特性决定组织的业务流程**

(1)产品服务特性不同,基本业务流程不同。例如,电视机不需要安装,买回家就能使用。而对买空调的顾客则需要提供安装服务,所以销售空调的公司比销售电视机的公司的基本业务流程多了一个安装服务流程。

(2)产品使用难度不同,客户要求企业提供的培训服务不同,基本业务流程也不同。例如,系统软件产品的销售流程与电视机、空调等家用电器的销售流程是不同的。顾客易于掌握电视机、空调等家电产品的使用方法,不需要企业提供培训等服务,而系统软件产品不仅要提供售前服务,而且要提供售中服务,即培训、安装、调试、试运行。

4. 产品的生产方式决定组织的业务流程

产品的生产方式不同,流程模式不同,具体包括:①项目型生产方式——飞机、大型发电机组等单个产品的生产要采用项目管理流程。②离散型生产方式——汽车、家电等标准化、大批量产品应采用流水线转配流程。③连续生产方式——化工、石油等连续性产品生产、高流量产品或服务应采用由标准化活动构成的重复式流程。

5. 产品的交货时间决定组织的业务流程

产品交货时间要求不同,生产流程模式不同。要了解一家制造公司的管理特性,首先要做的是了解并掌握公司的产销特性,即其销售、采购、生产之间的关联性。根据其销售、采购、生产之间的关联性,再确定企业的业务流程。①

9.4 组织流程再造的过程

9.4.1 背景与概念

进入20世纪80年代后,经济全球化、市场竞争激烈、信息技术高速发展,这些变化使得金字塔式的组织层级结构无法适应市场瞬息万变的环境,严重阻碍了企业的发展。此时,一些新的组织结构被提出和应用,"组织流程再造"的提出,促使企业注重组织的横向整合,将组织内部的各种作业活动整合成一个顺畅的流程,从而缩短组织的业务周期,提高对市场的反应速度。

1993年,哈默与钱皮合著出版了《企业再造:企业革命的宣言书》一书,在书中第一次系统地提出了业务流程再造(BPR)这一概念,其定义为:"业务流程再造就是对企业的业务流程进行根本性的再思考和彻底性的再设计,从而获得可以用成本、质量、服务和速度等方面的业绩来衡量的成就与发展。"

雷蒙德•曼加内利(Raymond Manganelli)和马克•克莱因(Mark Klein)等对业务流程再造的概念进行了剖析,指出业务流程再造是为了优化组织的工作流程和生产能力,对组织的战略性、可以增值的工作过程及支持它的系统、制度和组织结构进行迅速和根本性的再设计。

业务流程再造重新检测、识别企业核心流程具有价值增值的活动,简化或合并非增值的部分,剔除或减少重复出现和不需要的流程,并将具有价值增值的活动优化组合,缩短业务周期,提高企业运营效率。从业务流程再造的概念中可以看出BPR的四个关键特征:根本、彻底、显著、流程。

---

① 刘松博,龙静. 组织理论与设计[M]. 2版. 北京:中国人民大学出版社,2009.

1. 根本

BPR需要从根本上重新考虑已形成的基本信念，包括分工思想、等级制度、规模经营、标准化生产和官僚体制等。

2. 彻底

业务流程再造是一次彻底的变革。它不是对组织进行表面的调整修补，而是要进行彻底改造，改变原有的业务流程和组织结构。

3. 显著

企业希望通过再造流程提高工作与管理效率。

4. 流程

企业再造是指重新设计业务流程，使原有的业务流程适应信息化的应用，所以BPR要从企业的流程开始革新。

9.4.2 流程再造的前提与原则

1. 流程再造的前提

流程再造是一项艰巨的工程，需要清晰合理的计划，并且能够承担变革失败的风险。在任何一个再造计划中，组织都需要识别增值的业务活动和非增值的业务活动，并尽可能地减小后者的比例，以达到为顾客传递更多价值的目的。

1) 流程再造理论的实质

流程再造并不是将原有按分工组建的作业流程进行简单的合并。哈默和钱皮提出的合并不是要企业回到分工以前的状态，而是根据新的思路对原有分工过细的状况进行修正，组建一个新的业务流程。新流程会在一定程度上打破原有的分工，但不是取消分工，而且分工也不可能被取消。新流程内也一样存在分工协作关系，流程再造是对分工论的发展。建立新的流程后，如何对管理者和员工进行岗位设置、建立新的管理秩序等是企业面临的重要问题。由于不同行业、不同企业的具体情况不同，需要根据外部环境和企业的具体情况选择。

2) 企业进行流程再造的评估

在进行流程再造前，企业应该确定是否需要实施流程再造的变革方式，在有些情况下，企业实施全面质量管理(TQM)、准时化生产(JIT)、并行工程(CE)或是精益生产(LP)等渐进式的变革方式可能会更加适合。

一般而言，在以下几种情况下，企业可以考虑进行流程再造。

(1) 企业陷入困境，营业额和市场占有率大幅度下降，发生严重的亏损现象，面临自下而上的危机，企业必须对现有业务流程进行彻底变革。

(2) 主要竞争对手正在进行流程再造，并且很可能在成本、速度、灵活性、质量以及服务等方面获得竞争优势。

（3）由于某项新科技的使用导致市场竞争规则改变时，企业可运用新规则进行流程再造。

3）做好流程再造前的准备

企业在进行流程再造前，必须具备一些条件。企业必须有较高素质的领导人，其要具有变革的意识，具备变革的能力。企业要有较规范的管理基础。流程再造是一种更高层次的管理活动，一个基础管理很薄弱的企业无法有效地运用更高层次的再造工程。企业要有完善的物质技术基础。进行流程再造后，监督和控制的难度增大，需要依赖信息技术和完善的通信手段给予支持和保障。

4）排除流程再造的阻力

流程再造会改变员工原来的工作方式，甚至会影响到员工的经济利益、荣誉地位、价值观念等。员工如果对再造的动机和前景缺乏充分的了解，会成为流程再造的阻力。企业管理层应该运用各种方式宣传再造理论，帮助员工接受再造方案，使其充分认识到流程再造对企业生存及发展的重大意义。

2．流程再造的原则

在流程再造过程中，可能会面对各种不同的流程，归纳起来有以下三项原则。

1）以流程为中心

坚持以流程为中心的原则，即再造的目的由过去始终以任务为中心转化为以流程为中心。核心的原则是通过组织再造把企业转变为以流程为中心的新型企业。以流程为中心的变革是一场持久的变革，组织必须持续集中关注流程。

2）充分利用信息技术

传统的并行工作在开发新产品时往往因为各部门间缺乏交流协作而使产品在最后的组合测试阶段出现问题，延误产品的上市。利用信息系统，可以让负责人了解产品的情况，这样便可以在实现并行工作的同时，实现内部信息高度共享，缩短信息获取和传递流程。

3）应用并行工程技术

再造设计的重点是时间问题。在重新设计流程的过程中，一个重要的方法是应用并行工程技术，尽可能地使多个流程活动同时进行，减少等待时间。通过数据库等信息技术的应用，可以使信息在没有延误或等待的情况下顺利到达下一个节点，实现从顺序工作方式变为并行处理方式。

9.4.3　组织流程再造的方法和步骤

组织流程再造的方法和步骤可以分为六个阶段，分别是战略决策阶段、再造计划阶段、流程问题诊断阶段、社会—技术的再造阶段、流程再造阶段、不断改进阶段。

1. 战略决策阶段

这一阶段是项目的策划阶段,需要考虑企业战略方向,是流程再造建立"宏观模型"的阶段。在这一阶段要找出需要变革的流程并指定变革的范围。

1) 企业愿景

愿景是企业发展的宏伟目标和远大理想,它告诉人们"企业是什么,企业为什么而存在"。愿景给员工带来归属感,给企业增加凝聚力,让每个员工都清楚企业的目标及其实现途径。在战略决策阶段,企业要树立起流程至上的观念,打破原有的职能分工观念,从流程的角度看待问题,把流程再造纳入企业的战略规划中。

2) 管理层的支持

流程再造是一场对企业影响很大的变革,因此,高层管理人员必须达成共识,并且支持流程再造。

3) 信息技术的使用

信息技术是实施流程再造的关键因素,如果使用得当,可以提高企业的竞争优势。支持流程再造的典型技术有局域网(LAN)、面向对象的系统(object-oriented systems)、成像技术(imaging)、电子数据交换(EDI)、电子信息系统(EIS)、专家系统(expert system)、客户-服务器体系结构(client-server architecture)、工作组技术(work group technique)、决策支持系统(decision support system)等。

2. 再造计划阶段

这一阶段标志着流程再造工程的正式开始,阶段任务包括成立再造小组、制订工作计划、制定评估标准等。

1) 成立再造小组

再造小组包括流程再造项目的实际策划、设计和实施人员,一般以5～10人为宜,由组织内部人员和少数外部人员(如专家、顾问等)组成。

2) 制订工作计划

再造小组应根据对核心流程的进一步分析,制定再造项目的日程表,确定再造计划,大致描述项目的资源需求、预算、历程以及要达到的目标。

3) 制定评估标准

流程再造的实施程度不宜人为把握,因此要制定适当的评估标准。通常应该将评估标准建立在世界标准企业的基础上,向世界一流标准看齐。

3. 流程问题诊断阶段

在这一阶段,流程再造的工作小组首先要对现有流程进行描述,然后对备选流程进行分析和研究。阶段任务为:记录现有流程,分析现有流程的弊端。

1) 记录现有流程

对现有流程进行文字性描述,绘制出流程图和各级子流程图,并通过与流程参与者的面谈了解信息流及其相互之间的联系,如工作中信息的收集、处理、传输、等待时间、费用等,同时详细记录现有流程的工作状况,如用户满意度、流通周期、等待处理情况、优先次序及其他相关标准。

2) 分析现有流程的弊端

分析的重点应该放在确认不需要的活动、活动中的瓶颈以及不必要的官僚步骤等方面。

(1) 对文件、提案及报告的必要性逐个进行审查,并确认所有不需要的文件或活动。

(2) 确认正式和非正式的导致不增值活动的政策和规则等。

找出流程中存在的问题并记录下来,根据其重要性和偏离程度排序,以便在新流程中消除这些问题。在诊断过程中,要深入挖掘阻碍流程整体效率的一些体制、原则、工作流程、手工任务等问题。

4. 社会—技术的再造阶段

这一阶段的任务是将企业再造从概念变为具体的设计,它包括两类活动:技术设计和社会设计。技术设计包括:整理所需的信息,对备选方案进行定义,在实施再造工程之前就布置好控制方法。社会设计则是与人员有关的,包括:定义新的业务流程中的工作岗位及团队,定义所需要的员工特征和这些员工所应掌握的技能,确定新的激励机制。

在这一阶段,可以运用头脑风暴法,让大家讨论创意,并大胆地提出方案。在再造方案中,应该注意将流程再造的原则包含进去,选择适合的信息技术平台,充分地利用信息技术和并行工程技术。

为了使高层领导和组织成员在全面开展再造工程前对新流程的特征、过程、工作分配、信息技术结构等方面有个清楚的认识,需要对新流程的过程进行宏观模拟。通过角色扮演、文件处理校验、客户参与等形式,对整个新流程进行预演:一方面可以让大家了解情况,另一方面也可以及时发现新流程中是否还存在疏漏。

5. 流程再造阶段

在完成流程的设计后,对现有流程进行重组。不论新的流程设计得多么完美,如果不能得到很好的执行,企业再造也必然会走向失败。要很好地执行新的业务流程就意味着必须对它进行有效的管理,使其不致偏离计划的方向,争取平滑过渡。

从旧的组织结构向新结构过渡,包括组织重建、人员裁减、组建团队、工作交替及员工培训等,要根据新的流程设计,向有关员工清楚部署他们日后的工作任务和评价标准。

6. 不断改进阶段

业务流程再造结束后,要根据项目开始时设定的目标和评估标准对当前流程进行评估,看新的流程是否达到了预期目标,如新流程能不能准确地满足顾客的需求、提高顾客满意度,能否提高实际生产效率,信息技术平台的使用是否顺畅等。一次 BPR 项目的实施并不代表公司改革的任务完成,整个企业的绩效需要持续改善才能实现。这种持续的改善实际上就是不断对流程进行分析和改进的过程。

9.4.4 影响企业流程再造的因素

1. 组织业务流程再造失败的原因

尽管企业花费了大量的资金、时间和精力进行再造,但 50%～70% 的企业并没达到预期的目的。其失败的原因有以下几个方面:一是再造的时机和条件选择错误;二是流程现行的核心环节选择错误;三是忽视自上而下的领导和自下而上的变革;四是错误地理解信息技术在业务流程再造中的角色,将业务流程再造等同于信息技术的运用;五是忽视了流程再造与其他管理方法的集成。

2. 业务流程再造成功的因素

获得业务流程再造成功的组织一般对以下几方面较为关注:一是信息技术,如专家系统的支持。二是有良好的流程管理经验。例如,采用过 JIT 的企业往往善于从流程角度改进工作,提高效率。三是拥有高素质的员工,企业必须对员工进行培训,使他们胜任流程再造后的工作。

本 章 小 结

流程是按先后排列或并行的一整套活动或任务,它们基于指令完成特定的工作。这些工作将输入的指令转变为一个或多个输出的结果,从而达到共同的目的。它关心谁做了什么事、产生了什么结果、传递了什么信息给谁。

组织流程设计应遵循一定的原则,主要包括系统化、统一、优化、实效、全面整合。

业务流程再造是对企业的业务流程做根本性的思考和彻底性的再设计,其目的是在成本、质量、服务和速度等方面取得显著的改善,使企业能最大限度地适应以顾客、竞争、变化为特征的现代企业经营环境。本章通过详细介绍业务流程再造的实施原则、前提、步骤以及影响因素,使读者明确业务流程再造的过程。

复习思考题

1. 组织流程发展的瓶颈主要源于哪些因素?
2. 什么是组织流程?其有哪些类型?
3. 如何对组织流程进行分解?
4. 组织流程设计应遵循哪些原则?
5. 结合实际谈谈如何进行组织流程设计。

6. 哪些因素会影响组织流程设计？
7. 流程再造的步骤是怎样的？应遵循哪些原则？
8. 影响企业流程再造的因素有哪些？
9. 谈谈流程再造对于今天的企业具有怎样的意义。
10. 举例描述国内企业组织流程再造有哪些成功的经验以及存在怎样的问题。

京东的业务流程重组

第 10 章

组织创新与发展

学习目标

- 掌握组织创新的过程及形式
- 掌握在组织中推动创新的具体方式
- 了解组织发展干预的类型

引例

海尔集团的技术创新

海尔集团为提高企业核心竞争力,在企业不断发展的基础上,及时地把企业技术创新作为企业核心创新,着手建立了企业技术创新网络系统,形成了海尔特色的企业创新网络系统,科研成果基本上与国际先进水平保持同步,而且紧紧与市场相衔接,为海尔的持续高速发展提供了源源不断的动力。

海尔技术创新系统由五部分构成:中央研究院、国际认证中心、工业设计中心、测试检验中心、产品开发中心。中央研究院承担超前技术和产品的研发,产品开发中心承担短期产品的设计,工业设计中心为集团产品提供独具特色的外观设计,而国际认证中心、测试检验中心是海尔产品的保证体系。其中,工业设计中心包括海高公司、东京设计分部、洛杉矶设计分部、阿姆斯特丹设计分部、里昂设计分部、蒙特利尔设计分部、悉尼设计分部。国际认证中心包括国际认证室、环境参数测试室、电磁兼容测试室、电器安全测试室、声学测试室等。

海尔集团技术创新系统的三个层次是:①海尔中央研究院——体系核心机构。海尔中央研究院是技术创新体系的核心机构,是为实现其科技力量的整合和优势资源的优化而设立的集科研、开发、中试为一体的综合性技术研发机构。在国内外科研机构、知名企业大举进攻国内市场的情况下,企业要在激烈的市场竞争中保持不败地位,就需要拥有自己的超前技术储备,需要研讨世界上各种先进的技术。海尔在成立中央研究院之后,不断研究相关领域的超前技术和超前项目,旨在针对行业及相关领域的最新发展动态进行跟踪和预测,并及时根据市场的最新发展调整集团科技开发整体战略部署,确保集团科技开发的超前性、国际性、整体性。②产品开发中心——中短期产品的设计基地。各事业部所属的产品开发中心以及电冰箱研究所、空调器研究所、洗衣机研究所等14个新产品研究所,从事相应产品的应用技术的研究,同时研究开发相关产品,为市场直接提供有竞争力的新产品。在这一层次上形成当前市场产品、未来2~3年的技术储备能力,同时承担降低成本的工作,各产品研究所同时还从事中短期相关产品的规划工作,即同销售、企划、制造、供应等部门协作编制中短期产品、技术规划。各产品开发中心均有自己下属的中试基地,使科研成果能够迅速地转化和完善。③具有海尔特色的生产一线技改小组。在海尔源头论思想的带动下,海尔生产一线还活跃着小发明、小改革的创新小组,小组成员没有年龄、学历的限制,凭借自己的心灵手巧和实际工作经验,发明出小工具、小方法,使自己和同事的生产效率成倍增长。有一些为员工和企业解决了许多生产难题,这些小发明被命名后,在集团内得到推广和肯定。比如,"孔涌刮板""强绪支架""杨明隔离器"等小发明都出自一线工人之手。海尔每年都对为企业在发明创造、革新改进等方面作出突出贡献的职工进行评比,倡导全员积极参与、自我经营,充分激发员工活力。

资料来源:企业技术创新成功案例分析5篇[EB/OL].(2021-07-25). https://mbd.baidu.com/ma/s/Q775RsR7.

10.1 组织创新

创新(innovation)是组织开发新产品或服务或为现有产品或服务寻找新用途的有计划的努力。创新的重要性不言而喻,如果没有新产品,组织将落后于竞争对手。

10.1.1 创新过程

组织创新过程包括创新理念的开发、应用、上市、成长,以及对创新理念的成熟与衰退的管理,可以用图10-1来表示。

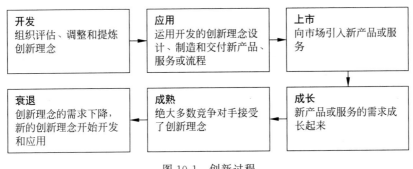

图10-1 创新过程

1. 开发

创新开发包括创新理念的评估、调整和提炼。创新开发可以为潜力不大的产品或服务开创出巨大的市场潜力。例如,游戏软件制作公司 Parker Brothers 在创新开发过程中决定不将室内排球游戏上市,而是推出为这款游戏所设计的吸引人的小泡沫球。

2．应用

创新应用是组织采用一个开发的创新理念,进行新产品、服务或流程设计、制造和交付的过程。在这一阶段,创新从实验室中走出来转变为有形的商品或服务。创新应用的例子之一是宝丽来的电波对焦即时成像系统。用电波发现移动物体的位置、速度和方向是第二次世界大战期间首先由盟国军队大规模使用的。随着雷达技术的发展,电子元件越来越小,结构越来越合理。宝丽来的研究人员将这一开发成熟的技术用于新的方向。

3．上市

应用上市是组织向市场引入新产品或服务的过程。重大的创新失败包括索尼的坐垫加热器、埃德塞尔(Edsel)轿车和宝丽来 SX-70 即时成像相机(开发花了 30 亿美元,一年的销售不足 10 万台)。也就是说,即使经过了开发和应用阶段,新产品和服务在上市阶段仍然会遇到失败。

4．成长

一旦创新进入成功上市的阶段,下一个阶段将是成长。这是组织实现高经济绩效的阶段,因为产品或服务的需求通常大于供应。没能预期到这一阶段到来的组织会在无意间限制自己的成长,苹果公司当初就未能预料到 iMac 计算机的巨大需求。同样,对新产品的估计过高是有风险的,销售不掉的产品会影响公司的发展。

5．成熟

经过一段时间的成长,创新的产品或服务往往会进入成熟的阶段。创新的成熟阶段是产业中绝大多数组织接受创新并且以几乎相同的方式进行应用。在这一阶段,创新的技术应用可能变得极为复杂。由于绝大多数企业已经应用了创新,要么它们自行开发了创新,要么模仿了其他组织的创新,相互之间几乎没有竞争优势可言。创新开发和创新成熟所需要的时间随着产品和服务的不同而千差万别。如果创新中包含了复杂的技术(例如,复杂的制造过程或高度复杂的团队协作),那么从成长阶段到成熟阶段将需要更长的时间。此外,如果实施这些创新所需要的技能是稀缺和难以模仿的,会使组织保持较长时间的竞争优势。

6．衰退

任何成熟的创新都包含衰退的因素。组织无法从进入成熟期的创新中获得竞争优势,它必须鼓励自己的创意科学家、工程师和经理开始寻找新的创新。对竞争优势的不断追求驱动新产品和服务从创新阶段进入成熟阶段,直至进入衰退阶段。衰退是创新需求下降和新一代创新开发与应用的阶段。

10.1.2 创新形式

组织所开发的每一种创新理念都对创新过程提出了不同的挑战。创新可能是突破的,也可能是渐进的;可能是技术的,也可能是管理的;可能是产品的,也可能是流程的。

1. 突破创新和渐进创新

突破创新是组织所开发的能够完全替代产业内现有产品、服务或技术的创新。渐进创新是调整现有产品、服务和技术的创新。实施突破创新的企业从根本上改变了竞争的本质和产业中企业间的关系。实施渐进创新的企业改变了产业内的竞争关系,但并未导致根本性的变革。

在过去的几年里,市场上出现过许多突破创新。例如,高密度磁盘技术事实上已经取代了录音产业中长期以来所使用的乙烯基录音材料,高清电视已经取代常规电视。尽管突破创新更加引人注目,但渐进创新的数目要大得多。福特公司的运动型皮卡 Explorer 就是一个渐进创新的例子。尽管其他公司也生产类似的产品,但福特在车型和机械方面的综合能力更高一筹,结果带动了所有这类车型的销售。

2. 技术创新和管理创新

技术创新是产品的物理外观或服务质量的变革,或者是产品以及服务生产的物理过程的变革。过去50多年来出现了许多重要的创新。例如,在半导体取代真空管、集成电路取代半导体、芯片取代集成电路的技术过程中,许多电子产品的功能、易用性和运算速度得到了巨大的提高。管理创新是对产品和服务设计、制造以及传送过程的变革。管理创新不一定直接改变产品或服务的物理外观和绩效。事实上,企业业务流程改变或再造就属于管理创新。

3. 产品创新和流程创新

产品创新和流程创新是两类最重要的技术创新。产品创新是对现有产品或服务物理特征的变革或新的产品和服务品牌的创立。流程创新是产品和服务的制造或分销方式的变革。如果说产品创新通常影响开发,那么流程创新则直接影响其制造。

机器人技术就属于流程创新。由图10-2可以看出,产品和流程的创新对经济回报的影响取决于新产品或服务位于创新过程的哪个阶段。首先,在开发、应用和上市阶段,物理特征和创新的效用对组织绩效影响最大。因此,在这些初始阶段,产品创新具有特别重要的作用。此后,当创新进入成长、成熟和衰退阶段,组织进行流程创新的能力对于保持经济回报具有重要影响,这包括制造技术的提高、产品品质的改善和分销能力的提高。

日本的组织通常在流程创新上表现出色。在20世纪60年代初期佳能公司和尼康公司开始生产相机的时候,35毫米相机的市场由德国企业和其他几家欧洲制造商占领。早期的日本产品不算成功,但是这些企业不断地投资于流程技术,最终提高了品质并实现了低成

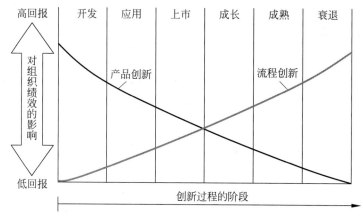

图 10-2　产品创新和流程创新对经济回报的影响

本。现在,35 毫米相机市场上的占领者是日本企业,而德国企业则由于未能保持同样的流程创新,造成市场份额和盈利能力的下降。

10.1.3　创新失败的原因

为了保持竞争力,组织必须具有创新性。许多急需创新的组织却未能成功地开发新产品或服务,或者总是跟在别人的后面。组织创新失败主要有以下三种原因。

1. 缺乏资源

创新需要大量的资金、时间和精力。如果企业没有足够的资金来支持创新项目或找不到合适的人员,它就会在创新中落后。

2. 错过机会

由于企业不可能尝试所有的创新,它必须具备评估创新的能力并选择其中最具潜力的。为了获得竞争优势,组织往往不得不在创新成熟之前作出投资的决定。然而,投资越早,风险越大。如果组织不能有效地发现和评估机会,它可能会因为过于谨慎而错过成功的创新。

3. 抗拒变革

许多组织试图抗拒变革。变革意味着放弃过去的产品和过去的做事方式。管理者和组织内的其他成员可能觉得难以接受这样的变革,抗拒变革可能延缓创新过程。

10.1.4　在组织中推动创新

在组织中推动创新的三种具体方式是奖励机制、组织文化和内部创业。

1. 奖励机制

组织通过奖励机制激励员工的某些行为。奖励机制主要包括工资、奖金和补贴。通过奖励机制推动变革是一种相当机械但却有效的管理技术,它是指对提出创新理念的个人和小组进行财务或非财务的奖励。当组织内成员理解这种行为将获得奖励之后,他们可能会在工作中表现出更多的创造性。正是出于这样的考虑,孟山都公司每年向作出最重大的商业突破的科学家或科学家小组提供50万美元的奖励。

创造性和创新的本质决定了许多新产品的理念将在市场上遭遇失败。每一个创新过程都充满了不确定性,难以保证每次都产生正面的结果。有些组织甚至认为,如果其所有的创新都获得了成功,那么这表明它们在研发方面还不够大胆。在3M公司,将近60%的创造性理念在市场上并不成功。

管理者要对创新失败进行总结和分析。如果创新失败的原因是能力不够、系统性失误,组织应当作出适当的反应,如推迟晋升或减少提升的机会。惩罚性的奖励机制会使员工失去对创新风险的承担意愿,降低组织的创新能力。

2. 组织文化

组织文化是组织价值观对员工行为的影响。良好的组织文化能够支持组织的创新活动,向员工传递一种感受,即创新是有价值的并且能够获得回报。在试验新创意的过程中,失败会经常发生,对失败的纠正也是创新的一部分。像3M公司、康宁公司、孟山都公司、宝洁公司、德州仪器、强生公司和默克公司都以创新文化而知名,它们高度评价个人的创造性、风险承受力和独创性。

3. 内部创业

近年来,越来越多的企业认识到,随着自己从小型的成长型企业转化为大型企业,推动它们成长的企业家精神却变得迟钝了。为了重振企业家精神,企业鼓励内部创业。内部创业类似于创业,只不过是在大型组织内部进行。大型组织内部创业的实施主要依靠三种力量:发明者、发明的产品化管理者和赞助者。

发明者是发挥创造性、实际负责构思和开发新理念、新产品或新服务的人。由于发明者缺乏将产品和服务从理念转化为可上市成品所需要的动力或专业技能,需要能把发明进行产品化的管理者,产品化管理者需要具有了解发明并能够将发明进行产品化的能力。产品化管理者对发明的技术方面未必精通,但是知道组织的运营方式,知道应当向谁寻求支持来推进项目以及如何获得项目进展所需要的各种资源。赞助者是批准和支持某一项目的高层经理。他努力争取开发创意所需要的预算,平息围绕项目的争论,利用组织保证项目的进行。拥有赞助者意味着发明者有更大的成功机会。

不少组织用内部创业的方法鼓励创新和创造。高露洁成立了一个独立的分公司——高露洁风险公司,其员工都是开发新产品的内部创业人员。通用食品公司成立了Culinoa公司,员工可以在里面尝试创新开发。强生公司设立了25万美元的基金以支持新的创意。

10.2 组织发展

组织发展是管理变革通常使用的方法。组织发展是变革中持续计划的过程,是通过干预使组织发展的手段。人力资源管理部门通常负责整个组织的发展。变革推动者是被人力资源部门选来帮助进行组织发展的个人。变革推动者可以是组织的某个成员,也可以从外面雇用。

10.2.1 变革模式

20 世纪 50 年代初,库尔特·卢因(Kurt Lewin)开发了一种测量变革中人员行为、技能和态度的技术,这种技术到现在仍然被使用。卢因的变革模式由三步组成,如表 10-1 所示。

表 10-1　卢因的变革模式

卢因的变革模式	卢因变革模式实施步骤
1. 解冻	1. 明确变革的需要
2. 变革	2. 确定最可能的变革阻力并制订相应计划
3. 再冻结	3. 计划变革干预
	4. 实施变革
	5. 控制变革

1. 解冻

这一步骤通常涉及组织要打破和改变当前的习惯、信念和行为模式。组织通常通过传递表明主观愿望与实际情况之间的矛盾的信息来完成解冻。

2. 变革

这个步骤使行为达到一个新的水平,是一个变化的过程。在这个过程中,员工学习新的行为方式、新的价值观和态度。

3. 再冻结

组织达到期望的目标,新的模式成为一种长久的工作方式或建立了新的地位。再冻结支持和强化新的工作方式并维持新地位的稳定。

实施卢因的变革模式需要以下五个步骤。

(1) 明确变革的需要。明确变革的必要性并设立目标,确定变革将对组织的其他方面产生的影响。

(2) 确定最可能的变革阻力并制订相应计划。按照变革目标推动计划的实施。

(3) 计划变革干预。根据已经确定的组织问题,选择合适的变革方式。

(4) 实施变革。变革的推动者指导变革并达到预期目标。

(5) 控制变革。控制变革就是要确保变革的执行,要保证目标的实现。如果偏离目标,就要及时纠正偏差。

10.2.2 组织发展干预

组织发展干预是完成特定的变革所采取的特别行动。

1. 培训和教育

培训和教育是提高员工技能、行为和态度的手段。培训是价值观多元化的一个重要部分,使员工变得更易于接受不同的价值观。

2. 动力和阻力分析

动力和阻力分析适用于人不多(4~18人)的分析。动力和阻力分析以图表显示当前的业绩水平、变革的阻力以及变革动力的组织发展干预(图10-3)。整个过程以评估当前的业绩水平开始,目前的业绩水平出现在图中央。阻力被放在图的上面或左面,维持业绩的驱动力被置于图的底部或右边。看图后,决定是采取维持还是增大动力的同时减少阻力的战略。例如,图10-4为惠普公司计算机事业部的动力和阻力分析法。由于计算机事业部已经很难占有市场,当事业部内所有成员都一致同意动力和阻力分析后,解决问题的方案就变得很清晰了;同时,他们可以制订相应的计划来改变目前的状况。

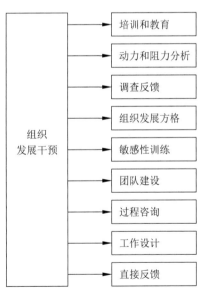

图 10-3 组织发展干预

3. 调查反馈

调查反馈是一种常用的组织发展技术。调查反馈是运用问卷调查的方式收集信息作为变革基础的组织发展干预。通常,在变革模式的第一步中运用调查反馈。虽然不同的变

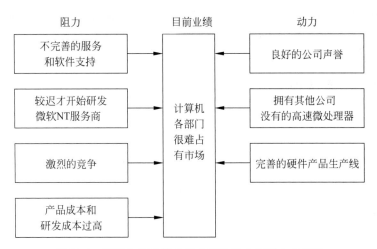

图 10-4　惠普公司计算机事业部的动力和阻力分析法

革推动者在运用时稍有不同,但通常调查反馈包括以下六个步骤。

(1) 管理者和变革推动者作出一个初步计划,以便设计出一个适宜的调查问卷。

(2) 对组织中所有成员进行问卷调查。

(3) 对调查数据的分析被用来解决发展中未涉及的问题。

(4) 变革推动者为管理者提供反馈结果。

(5) 管理者评估反馈结果并与部下进行讨论。

(6) 制订正式的干预计划并实施计划。

4．组织发展方格

罗伯特·布莱克(Robert Blake)等开发了一种"包装"的组织发展方式,开发出了标准的形式、程序和固定目标。"包装"的组织发展方式可用来提高管理和组织效率,分为六个阶段。

1) 训练

将 5～9 名来自不同部门的管理者组成一个团队。经过一周的讨论之后,团队中的每个人根据他或她在方格中的位置评价他或她的领导风格。通过团队建设、团队成员沟通和共同解决困难来构建团队成员的技能,使他们在工作中成为(9,9)型的管理者。

2) 团队构建

管理者分别回到工作岗位,并试用新技能成为(9,9)型管理者。(9,9)型管理者具有既关心产品又关心员工的管理风格。

3) 交叉构建

工作小组提高合作与协作的能力,这将激发大家来共同解决问题。

4) 组织目标设定

管理者给大家设定一个经过努力才能完成的目标。

5) 实现目标

设定和执行要成为组织模式所需的变革。

6）稳定

对前面的五个步骤进行评估，来决定并使好的变革固定下来，同时确定进一步履行或改变的方面。

5. 敏感性训练

敏感性训练由 10～15 人组成一个训练小组（或 T 组），训练课程没有议程。人们将去了解其行为如何影响别人同时别人又是如何影响他们的。T 组在 20 世纪 70 年代被广泛使用，通过训练成员，他们形成一致的价值观。虽然现在还在运用 T 组，但已经几乎被团队建设和过程咨询取代。

6. 团队建设

团队建设是当今组织发展运用得最广泛的一种技术，它的流行让许多公司持续地运用工作团队。高效率的团队组合起来工作将影响到整个组织的运营结果。团队建设是组织发展干预的一种，为帮助加强团队协作和团队活力而设计。团队建设已经被广泛用来帮助新建立或原有的小组提高效率。

团队建设的目的各不相同，具体目标要看各小组的变革推动者的技能。典型团队建设的目标包括以下几点。

（1）阐明团队的目标和团队中各个成员的责任。

（2）找到阻碍团队完成目标的障碍。

（3）构建团队解决问题、决策问题、目标设置和制订计划的技能。

（4）在相互信任和理解的基础上，在团队成员间建立开放、诚实的工作关系。

团队创建方案，包括整个方案的议程和时间长短，要根据团队的需要和变革推动者的技能的不同而有所差异。典型的方案包括以下六项内容。

（1）团队建设的氛围和目标。创建团队的最初，变革推动者应该在组织中建立起一个相互信任、合作和开放的氛围。变革推动者基于预先对方案数据的收集来讨论团队建设的作用和目标。在团队创建的整个过程中，团队成员彼此有了更多的了解，并且共同分享他们要完成的目标。

（2）团队结构和活力的评估。团队建设是一种干预方式，它用来改进两个方面：一是工作怎样做（结构），二是团队成员在工作时怎样在一起干好工作（团队活力）。团队要评价到它在这两方面的优点和缺点。团队活力将在过程咨询中解释，过程咨询是下面要介绍的组织发展干预方式。

（3）问题识别。团队要识别它的强势和弱势或者确定能在哪一方面取得进步。问题识别与变革推动者的远见或民意反馈的信息有关。团队首先列出它可能取得进一步成功的几个领域，然后按照它们如何改善组织活动进行排序。

（4）解决问题。团队首先对排在前面的问题进行解决，然后是第二个、第三个等。力量分析法可以用来解决问题。

（5）训练。团队建设经常会包括一些用以解决组织面临的问题的训练。

（6）结束。方案的最后要对已经取得的成绩进行总结。对团队成员在整个活动中的特别进步给予肯定。设定下一个目标和进行评估的下一次会议时间。

7. 过程咨询

过程咨询通常成为团队建设的第二个阶段，但过程咨询也经常单独使用，是比较集中化的干预内容。过程咨询是用来提高团队活力的一种组织发展方式。团队建设的重点是完成工作的过程，而过程咨询的重点则在于成员在完成工作的时候如何相互影响。团队的活力涉及团队的沟通方式、工作分派、冲突解决、相互关系以及如何解决困难和进行决策。当团队的成员工作时，变革推动者要负责观察，以便给予团队及时的指导。当团队协商的过程结束后，团队要讨论协商的整个过程并讨论如何进一步改善。训练也可以用于改善小组合作的技能，最终目标是训练整个团队，以使协商过程成为团队的自然的活动内容。

8. 工作设计

工作设计是一种组织发展干预。工作丰富化是常用的干预方式。

9. 直接反馈

情况发生了，特别是发生技术变革时，变革推动者作为一个外部顾问参与其中，并推荐一个直接的解决方案。例如，IBM公司的顾问与组织协作设计一个信息系统，此系统一旦建立，则 IBM 公司可培训员工来运作这个新系统。

本 章 小 结

组织创新是组织生存和获得发展必须具备的一种能力，它是保证组织不会落后甚至被淘汰的一个重要因素。组织创新能力对现代企业组织的重要性是不言而喻的。本章详细介绍了组织创新与组织发展的相关知识，从创新过程、创新的形式、导致创新失败的原因及在组织中推动创新几个方面讲述组织如何在日常运转中不断准备与进行创新。组织创新可以通过奖励系统、组织文化和内部创业等方式进行推动。

关于组织发展，主要从组织的变革模式和组织发展干预两方面来介绍。其中介绍了九种组织发展干预的类型，分别是培训和发展，动力和阻力分析，调查反馈，组织发展方格，敏感性训练，团队建设，过程咨询，工作设计，直接反馈。

复习思考题

1. 组织创新是什么？其重要性体现在哪些方面？
2. 结合实际谈谈组织创新的过程包括哪些阶段。

3. 组织基本的创新形式有哪些？
4. 结合企业的实际谈谈管理创新和技术创新的应用。
5. 举例描述企业创新失败的原因。
6. 在组织中推动创新的具体方式有哪些？
7. 组织发展与组织变革是什么关系？
8. 卢因的变革模式是什么？
9. 如何具体实施卢因的变革模式？
10. 组织发展干预的类型主要有哪些？

 案例分析

比亚迪的创新与发展

 即测即练

第 11 章

组织变革

学习目标

- 掌握组织变革的内涵、类型及内容
- 掌握组织变革的动力、阻力及克服阻力的策略
- 掌握组织变革理论
- 了解组织变革的过程
- 了解组织变革的发展趋势

引例

蒙牛的数智化变革

蒙牛在启动数智化转型之前,已经做了2年的前期准备,准备工作包括扩建IT(信息技术)团队,从100人扩充至240人,与此同时也将组织架构进行转型,划分为稳态IT与敏态DT(数据技术)组织两大类,其中DT部分下设产品设计部、数智应用部和智能算法部,初步形成了拥有应用开发和算法开发自研能力的团队,之后才正式开启数智化之路。

如果说IT团队的组织转型是基础,那么整个蒙牛集团的组织转型就是催化剂。2020年蒙牛启动数智化转型,成立集团数字化转型办公室,由集团CEO亲自牵头,信息部、销售部、市场部等各事业部一把手以及各职能部门负责人共同组成,CIO(首席信息官)担任数字化转型办公室主任。

蒙牛数字化转型办公室成立后,通过组建尖刀连、聘请外部专家加大外脑干预、自身头脑风暴等各种形式,将数字化的文化不断自上而下渗透,通过一轮又一轮的封闭式共创培训会议,数字化的参与者越来越多,他们不停地提出问题、吵架,最终解决问题,不断拉齐参与者对数字化的认知能力。

与此同时,CIO的角色也在转型,2021年实现了从CIO到CDO(首席数字官)的转变,并且对原来的信息技术部重新进行调整和定位,改为"数字科创部",一方面要实现"数字化",另一方面要助力"科技创新"。蒙牛发布的2021年中期财报显示:蒙牛收入上半年达到459亿元,同比增长22.3%,利润达29.5亿元,创造了5年以来的最好成绩。

资料来源:从五大案例分析看组织变革对数字化转型的重要性[EB/OL].(2021-09-29).https://www.cioage.com/article/684189.html.

11.1 组织变革概述

11.1.1 组织变革的含义

现代组织理论认为,组织除了追求稳定性与持续性之外,还要提升自身的适应性与革新性,时刻保持组织的活力。因此,组织作为开放的有机体,组织变革就成为保持组织活力一种重要手段。组织要想生存、发展、成长,必须根据内外部环境变化适时调整目标和结构。

关于组织变革的定义很多,本书认为,组织变革是组织运用行为科学和相关管理方法,对组织的目标、权力结构、组织规模、沟通渠道、角色设定、组成要素以及对组织成员的观念、态度和行为、成员之间的合作精神等适时地进行有目的的、系统的调整和修正,以适应组织所处的内外环境、技术特征和组织任务等方面的变化,提高组织的有效性。

从上述定义可以看出,组织通过调整以适应环境变化的过程就是组织变革。组织的调整目标包括对内和对外两方面。对内的调整目标主要是指改善内部成员的行为、态度,以进一步提升组织文化。对外的调整目标则是指使组织更多地把内部优势作用于外部环境机会,实现组织的稳定成长,从而提高组织的管理效率。

11.1.2 组织变革的原因及征兆

1. 组织变革的原因

组织变革是组织必须经历的过程,导致组织变革的主要原因有三个:第一是组织外部环境的变化;第二是组织内部环境的变化;第三是组织特征及自身成长的要求,如图 11-1 所示。

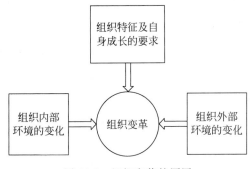

图 11-1 组织变革的原因

1)组织外部环境的变化

组织作为一个开放的系统从属于社会大环境,组织必须适应外部环境的变化,才能更好地发展。当组织外部环境发生变化时,组织必须作出新的调整,以便抓住环境中的新机遇。组织外部环境可以分为宏观环境和微观环境两种,其中宏观环境包括政治、经济、社会和技术等,微观环境包括组织所在行业或市场环境等。

在宏观环境中,促使组织变革的因素包括国际形势及本国外交政策的变化、政府经济政策的调整和国民经济增长速度、人口结构的变化、科学技术的发展引起产品和工艺的变革等。在微观环境中,促使组织变革的因素包括国家产业政策的调整与产业结构的变化、国际和国内市场需求的变化及市场竞争程度的加剧等。

2) 组织内部环境的变化

除了外部环境,组织要想生存发展还必须关注内部环境的变化,因为组织内部条件的变化也会影响组织结构及目标,从而引发组织的变革。导致组织变革的内部环境变化主要包括以下几点。

(1) 组织业务水平的变化。当组织的业务水平变得复杂时,对专业化以及协作的要求就更高,管理工作也变得更复杂。相应地,组织的结构也变得复杂起来,此时组织要重视职能部门的管理,对人员的素质也提出了新的要求。

(2) 技术条件的变化。当组织现有的技术水平已经无法适应市场需求时,组织必须进行技术改进或开发新技术,加强对技术研发部门的支持,对组织部门进行调整。

(3) 管理条件的变化。当组织的管理水平提高时,组织会精简管理人员、减少组织管理层级,重新设置组织部门、分配组织权力与资源。

(4) 人员条件的变化。当组织人员素质提高时,原有的组织结构已不能满足新的要求。此时,组织必须作出适当的人员调整,以做到人尽其才,充分发挥每个员工的积极性。

3) 组织特征及自身成长的要求

随着组织的成长,任何组织都不可避免地要进行变革。由于每个组织具有独有的特征,对组织变革的要求也不同。通常当组织具有某种特定特征时,组织才开始关注变革的可能性。组织特征包括组织的发展阶段、组织的规模等,这些特征对组织变革的影响如下。

(1) 组织所处的生命周期的变化。组织生命周期是指组织整个生命过程中所需要经历的阶段,包括创业、成长、成熟、衰退四个阶段。处于不同阶段的组织特征及成长要求不同,一般在成熟阶段和衰退阶段需要进行组织变革。例如,当组织处于成熟阶段时,会面临市场饱和、停滞不前等问题,此时组织需要进行变革以寻找新的利润空间。当组织处于衰退阶段时,会面临机构庞杂、决策缓慢、沟通环节增多等"大企业病",此时组织必须进行变革才能持续发展。

(2) 组织的规模变化。随着组织的发展,组织的规模会越来越大。当组织规模扩大到一定程度,组织将出现如衰退阶段所面临的"大企业病",从而迫使组织进行变革。

2. 组织变革的征兆

组织变革是一种"软任务",即使组织结构不改变,组织也能运转下去,但不能等到出现组织无法运转时再进行变革。因此,企业管理者必须把握组织变革的时机,及时进行变革。当组织出现以下征兆时,组织就应该实施变革。

(1) 经营绩效下降。经营绩效下降表现为市场份额持续下降、销售部门无法达到预期指标导致产品积压、组织中的资源浪费严重、资金周转速度变慢等。

(2) 创新能力下降。创新能力下降表现为缺乏新的战略目标和适应性措施、缺乏新的产品和技术更新、管理办法不适应新情况或新的管理办法推行起来困难等。

(3) 组织的主要职能效率下降。其表现为生产部门不能及时完成生产任务、产品质量下降、财务状况恶化、组织部门协调起来非常困难、人际关系紧张等。

(4) 组织患上"大企业病"。其表现为组织机构臃肿、行政部门权力过大、人事纠纷增多、管理效率下降导致组织决策迟缓、信息交流不畅等。

(5) 企业内部沟通渠道堵塞。其表现为组织的信息传递失灵或不实、沟通不良导致冲突事件增多等。

(6) 员工士气低落,满意度低。其主要表现为管理人员离职率增加、员工工作热情降低、员工旷工率和病假率增加、顾客投诉信件增多、生产效率显著下降等。

11.2 组织变革的类型、模式及内容

11.2.1 组织变革的类型

虽然大部分组织都在进行某种程度的变革,然而各组织变革的过程却不相同,因此有必要了解组织变革的类型,对组织变革有更深层的认识。组织变革分成以下四类。

1. 战略性变革

战略性变革是指针对组织长远发展目标或组织使命所做的变革。这种变革属于全面性、彻底性的变革,会对组织产生极大的影响,因此难度较大。例如,组织决定进行跨国经营管理时,必须对其战略进行调整以适应国际化市场需求。

2. 结构性变革

结构性变革是指对组织结构进行适当的调整,并对组织资源、权力和责任进行重新分配,从而增强组织的灵活性和柔性,使组织易于合作。例如,组织开发一项全新业务时,必须对其结构进行适当的调整,从现有业务中分出一部分资源来支持新业务的发展。

3. 以流程为主导的变革

以流程为主导的变革是指运用现代信息技术对组织业务流程所做的变革,这种变革通常围绕组织的关键人物和核心能力展开。

4．以人为中心的变革

以人为中心的变革是指组织通过对员工培训、教育、引导,使他们能够在观念、态度和行为方面与组织保持一致。组织如若不能转变人的观念和态度,组织的变革就无从谈起。例如,组织引入准时化生产管理方式时,必须让员工意识到节约成本的重要性,使他们从认识上接受这一目标。

11.2.2　组织变革的模式

组织变革的模式包括激进式组织变革和渐进式组织变革,两种组织模式在时间、范围、过程上表现不同。

1．激进式组织变革

激进式组织变革力求在短时间内,对组织进行大规模的全面调整,以彻底打破组织现状并迅速制订新的组织目标。这种变革模式是对组织进行大规模、全面的调整,以较快的速度达到目标状态。激进式变革会降低组织的稳定性,严重时甚至导致组织混乱,使组织受到较大的影响。

2．渐进式组织变革

渐进式组织变革是对组织进行小规模的局部调整,以实现组织目标的渐进式转变。这种变革模式依靠持续、小规模的变革来达到目标状态,具有调整规模小、波动次数多、变革持续时间长等特点,因此有利于维持组织的稳定性。

组织变革的两种模式各有利弊,组织应当根据自身的实际情况和承受能力来选择适合自身的模式。在实践中,大多数组织倾向于选择渐进式组织变革模式,先对个别部门进行调整,再逐步推进,直至达到目标状态。但是这种变革模式也存在不利之处,容易产生路径依赖使组织难以迅速摆脱旧机制的束缚。

11.2.3　组织变革的内容

根据组织变革的内容,管理者可以在四个方面进行变革,包括:产品与服务变革,技术变革,战略与结构变革,文化变革。每个企业都有其独特的产品与服务、战略与结构、文化、技术,它们能够帮助企业在特定市场中获得最大的影响力。

1．产品与服务变革

产品与服务变革是指组织针对现有产品和服务所做的变革,包括产品的升级换代、增加产品线、研发新的产品、引入新的服务理念、服务外包等。组织进行产品和服务变革的动因可以是市场份额的下降、销售业绩的下滑、顾客的投诉率提高等,最终目标是要提高企业的市场份额、开发新的市场、为顾客提供更优质的服务,从而扩展产品和服务的市场与消费者。

2. 技术变革

技术变革是指产品或服务进行的技术性的改进,包括对工作方法、设备、生产流程等的变革,其目的是提高生产效率、增加产量。一个典型的案例是硬盘驱动器的技术变革。在 30 多年中,计算机驱动器变得越来越小,从最初的 14 英寸(1 英寸＝2.54 厘米)发展到 0.85 英寸。每一次技术变革都会出现新的领导者,而先前的领导企业通常满足之前的成功而错过了变革的最佳时机,从而在新技术浪潮中被后来者替代。

3. 战略与结构变革

战略与结构变革是指对组织竞争方式、资源配置和经营领域等进行的变革。战略与结构变革涉及范围广,包括组织的监控和管理、组织结构、战略管理、政策、薪酬体系、劳资关系、管理信息与控制系统、会计与预算系统等方面的变革。和产品与服务变革不同,战略与结构变革通常是自上而下地进行,即由高层管理者领导和推动变革。例如,美国通用电气公司在经济全球化和信息化的最初发展阶段,就确定对主要业务结构进行调整。经过多年的调整,美国通用电气公司已经从过去的制造型企业转变为"多元化的服务型企业"。

4. 文化变革

文化变革是指对组织的经营理念、管理体制和员工价值观进行的变革,涉及员工思维方式的改变,它是一种观念的变革。文化变革的影响更长久,能够从根本上改变组织,对组织具有长期的指导作用。任何组织变革都只有融入组织文化中,才能获得成功。

11.3 组织变革的动力与阻力

组织变革总是会造成利益、资源和权力的重新分配,因此变革难免会遇到一些阻碍力量。阻碍力量包括企业内外部反对、阻挠甚至对抗变革的制约力。图 11-2 表示了两者的关系。

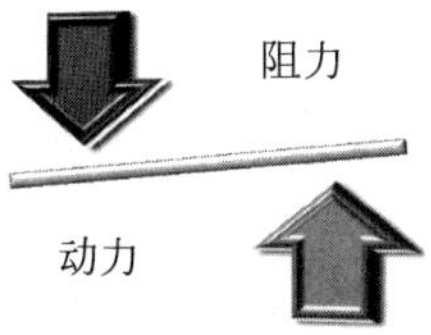

11.3.1 组织变革的动力

图 11-2 推动力量与阻碍力量

进行组织变革,要有推动实施变革的动力,即变革动力。以空间尺度作为划分标准,组织变革的动力可分为外部动力和内部动力两大类。

1. 外部动力

外部动力是指企业外部环境中存在的促进组织发展与变革的有利因素,主要来自社会政治因素、技术发展因素和市场竞争因素三个方面。

1) 社会政治因素

国家的经济政策、企业改革、发展战略和创新思路等社会政治因素对组织变革有很大的推动力。例如,国有企业转制、外资企业进入、各种宏观管理体制改革等都成为组织变革的推动力。

2)技术发展因素

信息技术对组织管理会产生重要的影响,成为组织变革的动力。计算机数控、计算机辅助设计、计算机集成制造以及网络技术的广泛应用,对组织结构、管理体制和控制系统等提出了变革的要求。

3)市场竞争因素

经济全球化导致竞争格局发生改变,使企业需要进行经营方式的改变。同时,国内市场竞争日趋激烈,也促使企业不断进行变革。

2. 内部动力

内部动力是指在组织内部实现组织变革的推动力。推动力包括组织结构、人力资源管理和团队模式等因素。

1)组织结构

组织结构是组织变革重要的内部推动力。外部动力促进组织的兼并与重组,或者因为战略的调整对组织结构加以改造,影响到整个组织程序和工作流程,促使组织进行变革。

2)人力资源管理

随着员工知识和技能构成的多样化,组织需要进行有效的人力资源战略管理。为了保证组织战略的实现,需要对组织任务作出有效的预测、计划和协调,对组织成员进行多层次的培训。这些管理活动是组织变革的必要基础和条件,因此,人力资源管理便成为组织变革的推动因素之一。

3)团队模式

组织应该注重团队建设和目标价值观的培养,这是组织变革的推动力之一。组织成员的态度、士气、行为等的改变,对整个组织有着重要的影响。随着电子商务的发展,虚拟团队的管理对组织变革提出了新的要求。

11.3.2 组织变革的阻力

变革阻力是指反对、阻碍组织变革,妨碍组织变革进程的制约力。阻力因素从不同角度可以将组织变革分为个体阻力、群体阻力、组织阻力、文化阻力、社会阻力,如图 11-3 所示。

1. 个体阻力

个体阻力主要包括以下几方面。

1)职业心向阻力

员工长期从事某项工作时,会形成心理上的准备状态,这种现象称为"职业心向"。对于常规性工作而言，职业心向会起到积极作用，可以提高工作效率。当组织进行变革时，职业心向会起消极作用，降低生产和工作效率。

2）保守心理阻力

大部分员工存在保守心理，即努力维持现状，害怕变革。这种心理表现出保持传统、维持现状、按照原有秩序制度和方式进行工作的倾向，不利于变革的进行。

3）习惯阻力

员工通常按照自己的习惯对外部环境的刺激作

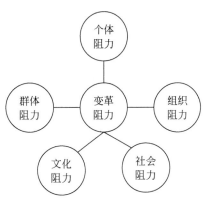

图 11-3 组织变革的阻力

出反应以获得心理上的平衡。习惯一旦形成，员工会对相同的刺激产生相同的反应。当组织发生变革时，员工已有的习惯导致无法应对新的刺激，从而成为变革的阻力。

4）利益分配阻力

组织变革伴随着组织利益的重新分配，会影响到某些员工的既得利益。对利益的重新分配产生的担心使这部分员工成为组织变革的阻力。

5）选择性信息加工阻力

管理心理学指出，个体通过知觉来认识世界，认知一旦形成，就很难改变。为了保持知觉的整体性，个体会有意地对信息进行选择性加工，选择对自己有利的信息，而过滤对自己已经形成的认识世界构成挑战的信息。也就是说，员工倾向于选择熟悉和稳定的信息，而排斥来自变革的新的、陌生的信息，从而产生变革阻力。

2. 群体阻力

组织中除了正式组织之外，还存在一些自发形成的非正式群体组织。在群体内部，员工表现出某种相似性，而不同群体之间往往存在某些排他因素，这些因素有可能对组织变革产生阻碍力。群体阻力主要包括以下几方面。

1）群体惯性

组织中的既定利益群体有时也称为"利害关系群体"，群体在工作中形成的行为规范和组织中的非正式组织关系也会成为约束组织成员的重要惯性。当变革影响到他们在长期工作中形成的习惯化或模式化的行为方式时，他们就会抵制变革。

2）信息沟通障碍

除了正式的信息沟通渠道，在非正式的群体中也存在沟通渠道，而且不同群体之间的沟通经常存在障碍。当组织变革发生时，不同群体之间的信息沟通障碍会发挥作用，从而不利于组织变革信息的传递，影响变革的效果。

3. 组织阻力

组织阻力，即来自正式组织结构的阻碍力量，主要包括以下两方面。

1）组织惯性

组织惯性是组织在运行过程中形成的固定的、僵化的体系和程序,会阻碍组织的进一步发展。组织惯性有维持原有习惯的倾向,在面临变革时会出现不易调整的情况。

2）对已有权力和地位的威胁

组织变革会引起组织权力的重新分配,威胁到组织原来的权力关系,已获得权力的个人或团队会从思想和行动上以各种形式抵制组织变革。例如,当组织引入参与决策或自我管理的工作团队时,通常会遭到基层主管和中层主管的抵制。

4．文化阻力

组织经过长期的发展会形成一定的文化积淀,当组织变革需要建立一种新文化时,原有组织文化必将通过各种途径进行自我保护,抵制新文化的入侵。

5．社会阻力

组织处于复杂的社会环境中,当组织发生变革时,会受到社会环境的制约。例如,社会中的其他组织、社区、机构或个人等都会从自身利益出发抵制组织的变革。

11.3.3 推行组织变革的策略

对于组织所面临的各种阻力,组织必须采用恰当的策略给予解决,这样组织变革才能顺利实施,达到预期目标。

1．引入变革代言人

组织变革之所以经常会受到组织成员的抵制,部分原因是组织成员怀疑管理者变革的动机。为了克服成员的这种心理,在变革过程中可以引入变革代言人。由组织外部的第三方人士对企业现状作出客观的评价,解决变革所遇到的问题。

2．建立领导团队

领导团队需要完成的工作包括：深入研究变革方案,明确组织变革的意义,识别变革中的困难并设计具体解决思路等。

3．重视对组织成员的沟通和培训

向组织成员说明组织变革的目的,让成员了解变革的意义,获得成员的支持。鼓励员工参与变革的制定环节,提出自己的意见,提高员工变革的主动性和积极性。实施变革之前,要进行组织成员的培训,学习变革所需的知识、技能,减少组织成员的不安全感。

11.4 组织变革模型

组织变革是一个复杂、动态的过程,需要有系统的理论指导。对于组织变革如何实施,科特等管理学家提出了科特八步模型等理论模型,适用于不同类型的变革任务。

11.4.1 系统变革模型

系统理论学派代表人物卡斯特和罗森茨韦克等在1973年提出了系统变革模型,该模型在更大范围、更大程度上解释组织变革过程中各种变量之间的相互联系和相互影响。这个模型包括输入、变革元素和输出三个部分[①],如图11-4所示。

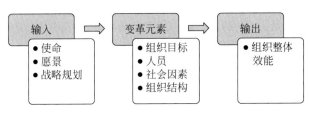

图 11-4 系统变革模型

1. 输入

输入包括内部的优势和劣势、外部的机会和威胁,其基本内容是组织的使命、愿景和战略规划。使命表明组织存在的理由,愿景描述组织追求的长远目标,战略规划是为实现长远目标而制订的有计划的变革行动方案。

2. 变革元素

变革元素包括组织目标、人员、社会因素和组织体制等。这些元素相互制约和影响,组织需要根据战略规划,组合相应的变革元素,实现变革的目标。

3. 输出

输出是变革的结果。根据组织战略规划,从组织、部门群体、个体三个层面,增强组织整体效能。

根据该模型,卡斯特提出了组织变革的六个步骤,具体如下。

(1) 对组织过去的经验和失误进行回顾和分析,并对组织的内、外部环境进行分析研究,为变革做准备。

(2) 发现问题,认识到组织变革的必要性。

(3) 辨明问题,发现现有状态与所希望达到的状态之间的差距。从新产品要求、新市场的开辟等方面分析存在的问题。

(4) 确定问题的解决方法。按照问题的性质提出多种可供选择的方案,并对这些方案进行评价,选出最好的方案。

(5) 实施变革。按照选定的方案采取具体的变革行动。

---

① 梦范祥,张文杰,杨春河.西方企业组织变革理论综述[J].北京交通大学学报(社会科学版),2008,7(2):89-92.

(6)评价变革成果并进行反馈,找出改进途径,循环进行以上步骤。每次循环都要求有所改进和提高,使组织不断地得到完善。

11.4.2 科特八步模型

1．八个错误

科特经过调查研究,在《领导变革》一书中总结了企业变革中常犯的八个错误,分别是:①容忍了过分的自满情绪。②缺乏变革团队。③低估了愿景的力量。④缺乏传播愿景的努力。⑤对阻挠实施愿景的种种障碍听之任之。⑥未能创造短期的收益。⑦过早宣布取得成功。⑧不重视培养变革意识的企业文化。

2．八个步骤

科特 6 年之后在《变革之心》一书中,根据上述八个错误总结出组织变革的八个步骤。

(1)增强紧迫感,认识到变革的重要性。

(2)组建一个有力的领导团队,具有领导力、公信力、沟通技巧、责任感和权威性的团队。

(3)确立合理、明确的变革愿景和变革策略。

(4)有效沟通,让多数员工理解并接受变革愿景和策略。

(5)有效授权,为实施变革创造条件。

(6)在短期内尽快取得一些看得见的成效。

(7)取得初步成效后要不断努力,直至愿景成为现实。

(8)巩固变革成果,培养新的文化,建立新的行为方式。

11.5 组织变革的实施

11.5.1 组织变革的过程

根据两种组织变革模型和组织变革的步骤,将组织变革的过程概括如下(图 11-5)。

1．识别需要进行组织变革的因素

组织变革的第一步应该是识别变革因素。变革的领导者需要对组织的现有状况进行全面的评估,包括:组织是否与当前的环境变化相适应,组织的现状以及存在的问题,组织的员工忠诚度与顾客的满意度等。在这个过程中,变革者利用信息技术,充分收集各方信息。

2．说明变革的必要性、紧迫性及可能性

组织成员对于变革存在不安全心理,领导者应该说明变革的必要性、紧迫性以及可能

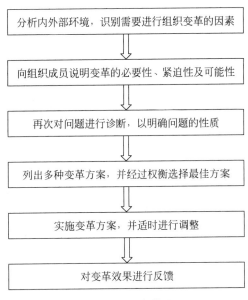

图 11-5　组织变革过程

性,说明为什么要变革,如果不变革会产生什么后果,变革如何进行。在说明这些问题的基础上,组织变革才能获得员工的支持,使变革顺利实施。

3. 对问题进行诊断

在这个过程中,变革人员需要思考以下问题:变革的目标是什么,问题出现的原因是什么,变革可能牵涉哪些部门和人员。只有明确问题的性质,才能开展变革指导工作。

4. 经过权衡选择最佳方案

方案的评估经常采用实验法,即选择具有代表性的部门进行实验,根据实验结果分析方案的可行性。同时在方案的制订与选择过程中必须保证大部分员工的参与,以保证方案的科学性和合理性。

5. 实施变革方案

选定最佳方案后,组织变革进入实施阶段。这一阶段需要组织内所有涉及变革的人员实施变革方案。同时,变革领导者要关注变革的实施情况,出现偏差及时进行纠正,防止变革偏离预先计划。

6. 对变革效果进行评估

在变革方案的实施过程中,要对变革的效果进行评估,包括问题是否得到解决、预期目标是否实现等。取得成效的方面,对变革结果进行巩固,形成一种新的稳定状态。

11.5.2　组织变革的发展趋势

组织变革的趋势可概括为扁平化组织、小型化组织、弹性化组织、虚拟化组织、网络化组织。

1. 扁平化组织

传统的企业组织结构多为金字塔形。这种组织结构分工明确、强调控制。近年来,组织开始对金字塔形的组织结构进行改革,采用扁平化组织,减少中间层级,增大管理幅度,加快信息的传递与沟通。这种组织形式解决了传统组织形式中存在的问题,成为组织变革的发展趋势。

2. 小型化组织

在竞争日益激烈的环境下,组织认识到"船小好掉头"的优势,开始重视小型化组织结构。

3. 弹性化组织

弹性化是指企业为了实现某一目标而把在不同领域工作的具有不同知识和技能的人集中在一个团队中,共同完成某个项目,项目完成后团队解散,团体成员回到原来所在的部门。这种动态团队组织结构的灵活和集合优势的特点,可以降低成本,促进企业人力资源的开发,推动企业组织结构的扁平化。

4. 虚拟化组织

虚拟化组织的特点是以现代通信技术、信息存储技术、机器智能产品为依托,通过高度自律和一致的价值取向共同实现团队目标。这种组织类型适合知识经济的发展,成为组织结构的另一发展趋势。

5. 网络化组织

企业组织结构的网络化主要体现在四个方面:一是企业形式集团化,使得众多企业紧密联系在一起,构成了企业组织形式的网络化;二是经营方式连锁化,便于形成庞大的销售网络体系,使得企业的营销组织网络化;三是企业内部组织网状化,加强了组织内部的横向联系和纵向联系,提高了决策的可靠性;四是信息传递网络化,企业的信息传递和人际沟通也趋向网络化。

本 章 小 结

组织变革是组织适应内外部环境变化所作出的调整,是提高组织有效性的手段。本章介绍了组织变革的含义、组织变革的征兆、组织变革模式等内容。组织通过产品和服务变革、技术变革、战略与结构变革和文化变革实现组织的战略目标。组织可以采用激进和渐进两种模式进行变革,并且这两种模式可以同时进行。

对于"组织变革怎么做"的问题,本章介绍了组织变革的实施过程,包括可能遇到的动力和阻力、变革模型以及变革的实施步骤。变革的领导者要采取合理的策略降低员工的阻碍心理,对变革进行合理的规划,按照一定的步骤进行。本章在总结变革模型的基础上,提出了组织变革的六个步骤。

复习思考题

1. 企业进行组织变革时应该遵循哪些原则?
2. 简要说明组织文化与组织变革的关系。
3. 如何平衡组织变革的动力和阻力?
4. 如何理解组织变革?
5. 影响组织变革的因素有哪些?
6. 在环境不确定的条件下,组织应该选择激进式组织变革还是渐进式组织变革?
7. 当组织发展的内外环境发生变化时,组织如何进行变革?
8. 如何判断组织在何时需要进行组织变革?
9. 组织在变革过程中会遇到哪些阻力和动力?
10. 不同的组织有不同的变革方式,组织变革内容有哪些?

苹果公司的组织变革

第 12 章

组织学习

学习目标

- ✓ 了解组织学习的内涵
- ✓ 理解组织学习模型
- ✓ 掌握组织学习的基本方法
- ✓ 了解学习型组织的基本模式

引例

华为的组织学习

创立于1987年的华为,历经30多年的成长,从籍籍无名成为领头羊。目前,华为公司掌握的技术专利数量已在行业内处于领先位置,这显然是组织学习与创新学习的结果。有人说,正是学习型组织的构建,使华为公司成长为有竞争实力的世界级公司。

学习的主体是人。"人力资本增值的目标优先于财务资本增值的目标"一条被明确写进了《华为基本法》。这也成为华为培训人才的宗旨和目标。华为强调,人力资本不断增值的目标优先于财务资本增值的目标,但人力资本的增值靠的不是炒作,而是有组织的学习。

而让人力资本增值的一条途径就是培训,华为的培训体系经过多年的积累已经自成一派。

华为旨在把自己打造成一个学习型组织,为此建立了一套完善的以华为大学为主体的华为培训体系,集一流教师队伍、一流教学设备和优美培训环境于一体,拥有千余名专、兼职教师和能同时容纳3 000名学员的培训基地。

华为的培训对象很广,不仅包括本公司的员工,还包括客户方的技术维护、安装等人员;不仅在国内进行,也在海外基地开展。其同时还建立了网络培训学院,培养后备军。

资料来源:学习型组织案例[EB/OL]. https://wk.baidu.com/view/b8d0f0476aeae009581b6bd97f1922791688be8c.

12.1 组织学习的内涵

比竞争对手学得更快的能力也许是唯一持久的竞争优势。

——阿瑞斯·德格 壳牌石油企划总监

随着知识经济时代的到来,知识正在取代传统生产要素——资本、劳动和土地的地位,成为企业的重要资源,企业的核心能力也从原来的拥有一种产品或技术转变成为多种知识和技能的综合体现。这种知识的开发和管理与组织学习密切相关。组织学习作为组织创造价值的重要手段,是企业保持持续竞争优势的关键因素,对企业发展起着不可替代的促进作用。

12.1.1　组织学习的概念

美国组织管理学家克里斯·阿吉里斯(Chris Argyris)在1978年发表的《组织学习:观察理论的视角》(*Learning: Observation Toward Theory*)一文中正式提出组织学习的概念,认为"组织学习是为了促进长期效能和生存发展而在回应环境变化的实践过程中对其根本信念、态度行为、结构安排所做的调整活动,这些调整活动借由正式和非正式的人际互动来实现"。在他之后,管理学界出现了很多关于组织学习的研究。组织学习的相关定义见表12-1。

表12-1　组织学习的相关定义

年　份	学　者	相　关　定　义
1985	菲奥尔(Fiol)、莱尔斯(Lyles)	在更好的知识与理解能力的基础上来改善组织行为的过程
1988	莱维特(Levitt)	对过去的组织行为进行反思,进而形成新的指导行为的组织规范
1993	库克(Cook)、杨努(Yanow)	组织文化中人与人之间正式或者非正式的集体探索和实践过程,属于一种文化现象
1994	彼得·圣吉(Peter Senge)	管理者寻求能够提高组织成员理解并管理组织及组织环境的能力和动机水平,从而使其能够决策怎样不断提高组织效率的过程
1998	埃德蒙森(Edmondson)	组织成员积极主动地利用相关资料与信息来规划自身行为,用于提高组织适应外部环境能力的过程

组织学习的研究基本分为四个方面,包括工具论观点、系统理论观点、结构理论观点、自我管理观点。综合四个方面的研究成果可以概括为,组织学习是组织通过知识和信息的综合处理来改变组织及其成员认知与行为的综合学习过程,是使组织能力得到循环提升,最终实现组织愿景的过程。在组织学习中,个体成员对学习过程和结果都产生一定的影响。组织学习不是个体学习效果的简单累加,组织成员和组织之间的交互行为、组织与外部环境相互作用、组织文化的构建是组织学习的重要特征。

组织学习的内涵随着在不同领域的应用而发生变化。例如,战略学者将组织学习看作形成未来公司核心竞争力的重要因素。这种学习机制表现为组织通过学习,提高了产品、技术和管理的创新能力,形成新的专有资源,这种专有资源的有效利用将形成公司的核心竞争力。

12.1.2 组织学习的理论基础

1. 行为主义理论

行为主义理论认为,组织成员知识的积累并不是学习目标,其目标应是指在外界环境的刺激下组织和个体的适应与反应之间的综合积累,这种综合的积累也正是提高组织环境适应能力的重要方式。行为主义理论强调组织学习是组织及组织成员对环境的适应能力。

2. 认知理论

认知理论认为,组织学习使组织成员的心理和认知结构发生改变,提高了对外部环境信息的加工能力。认知学习理论与行为理论的区别在于,认知学习理论强调的是个体处理环境刺激的内部过程,行为理论关注的是对外部环境刺激的反应。

3. 系统动力学理论

系统动力学理论认为,组织学习的基本假设是,组织学习是一个系统有机结合体,并由各个功能不同的子系统构成,各个子系统之间能够通过复杂的方式相互作用,进行输入与输出之间的转化,由此形成一种系统整合的动力。也就是说,组织学习是组织内各个要素相互联系、整体发展的过程,其目的是适应环境的变化与提高组织的应变能力。圣吉在《第五项修炼:学习型组织的艺术与实践》中也提出,组织学习本质上是一种系统动力,组织内部各种组织学习的要素只有经过系统整合,才能发挥组织学习的综合效用,从而实现组织的共同愿景。[①] 他还认为,企业和人类的其他活动一样,也是一种系统,都受到细微且息息相关的行动的牵连,并彼此影响。因此,在组织学习中,必须进行系统性的思考。缺少了系统性的思考,组织学习中的各个成员及各个部分就会出现混乱。

4. 社会学理论

社会学理论认为,组织学习是一个复杂的社会过程,建立在组织成员的知识与经验基础之上,通过社会成员彼此的信息共享、交换、传递和学习来形成新的知识或经验模式。社会学理论提出,交换知识的组织成员双方遵循的是一种潜意识的社会交换观点,即通过双方知识和信息的交流建立一种相互的社会信任和社会责任,有利于相互的发展与提高。这种基于社会交换意识的组织学习可以提高个体的知识水平和技能,进一步可以提高组织的学习能力。

以上四种理论涵盖了组织学习主要观点,组织文化理论、激励理论等理论也对组织学习的发展起到了一定的作用。

---

① PAWLOWSKY P. The treatment of organizational learning in management science [M]//DIERKES M. Handbook of organizational learning & knowledge. Oxford: Oxford University Press, 2001: 61-88.

12.2 组织学习模型

组织学习主要有三阶段直线模型、四阶段直线模型、四阶段螺旋模型。本节主要介绍这三种不同的组织学习阶段。

12.2.1 三阶段直线模型

三阶段模型将组织学习的过程分为三个部分：设定（enactment）、选择（selection）和保持（retention），如图12-1所示。

图12-1 认知结构三段直线模型

第一阶段设定是指组织及其成员在组织中建立新理念的过程，在这个阶段中，组织成员首先通过定义形式来设定环境，消除环境中的一些不清晰的东西，进入第二阶段选择。选择是指组织选择或执行新的理念的过程，目的是发现有利于组织学习的因素。第三阶段保持是指组织确定和接受新理念的过程。同时，一些研究者也提出了不同的观点，例如，辛库拉（Sinkula，1994）从信息传递的角度出发，将组织学习分为信息获取、信息扩散和分享解释三个阶段。尽管每位研究者的具体划分有所不同，但他们所界定的本质含义都基本相同，都是从认知分析的角度，以知识的获取、选择及应用进程来划分的。

12.2.2 四阶段直线模型

组织学习四阶段模型是由阿吉里斯和唐纳德·舍恩（Donald Schön）于1978年提出的。两位研究者提出组织作为一个整体进行学习，必须完成以下四个阶段（图12-2）。①

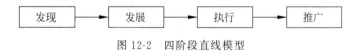

图12-2 四阶段直线模型

第一阶段是发现。组织通过具体措施分析组织存在的问题、优势以及面临的机遇和挑战，目的在于发现组织在预期学习效果与组织现状的差异。

第二阶段是发展。组织在第一阶段的基础上，探索解决问题的方法及程序过程。

---

① ARGYRIS C，SCHÖN D. Organizational learning：a theory of action perspective[M]. Reading，Mass：Addison-Wesley，1978.

第三阶段是执行,是指组织运用新的或经过改善的操作程序、管理机制等去执行解决方案的过程。

第四阶段是推广,是指组织通过对过去经验的评估与总结,将实施成功的新程序与方法传播到组织内部的过程。

通过这四个阶段,学习的层次就完成了从个人学习、团队学习到组织水平的转变。

这样的四阶段模型相比三阶段模型包含了组织学习的更多内容和步骤,也比三阶段模型更直观清晰地展示了组织学习包含的具体阶段。

12.2.3　四阶段螺旋模型

从根本上来讲,前面的三阶段模型和四阶段模型反映的都是一种单纯的直线模型,所揭示的不是一个完整的组织学习的过程,没有反映出学习过程的动态特征,更没有体现出学习的反馈环节和螺旋过程,因此不能描述学习的真正过程与本质。基于此,野中郁次郎(Ikujiro Nonaka)和竹内(Takeuchi)于 1995 年提出了组织学习的知识螺旋化模型,这是目前为止得到应用和认可最为广泛的一种观点,如图 12-3 所示。

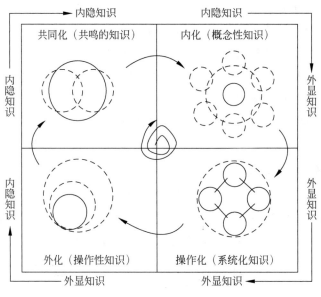

图 12-3　知识螺旋模型的演化

野中认为组织学习是组织内获取、创造和传播知识的过程。他首先将知识分为显性知识和隐性知识两种。隐性知识是指存在于组织个体、有特殊背景的知识,即组织中每个人所拥有的特殊知识,由形象、概念、信念和知觉组成,依赖于个人的不同体验、直觉和洞察力,通常难以规范化和编码化,具有高度专有性。显性知识是指能够在个体之间进行系统传达的知识,具有规范化、系统化等特点,通常能被概念化和文字化,也比较容易沟通和共享。

野中进一步指出，组织学习包括共同化、外化、结合化与内化四个阶段的知识整合活动。其中，共同化是指组织成员之间内隐知识的转移，通过社交性的互动与经验分享可以达到创造内隐知识的过程。外化是指将内隐知识转化为新的外显知识的过程。在这个知识创造过程中，内隐知识可以透过暗喻、模拟、假设或模式将观念明确地表达出来。结合化是指通过合并、编录、归类以及重新组合等方法，将企业原有的信息改造成为新的显性知识的过程，也就是说把显性知识中的片段信息整合成一个新的整体知识。内化是指将外显知识转换为内隐知识的过程。当整个组织都能分享新的显性知识，其他员工也能够将新的知识加以扩大、延伸与应用时，显性知识就转变为内隐知识。换句话说，当经验透过共同化、外化和结合化，进一步内化到个人的内隐知识时，这个新的知识就会成为有价值的资产。总体来说，野中的四阶段螺旋模型体现出了学习过程的动态特征，并强调了学习的反馈环节，从一个更加全面和深入的角度对组织学习的本质进行分析。

目前还有相关学者将组织学习划分为更多的阶段，以解释其更细节的方面。但总之，无论是将组织学习划分成三阶段、四阶段，还是更多的阶段，都应了解到，组织学习是一个动态的过程，而且组织中的学习并不是单向的，而是存在反馈的。所以要想正确划分组织学习的阶段，应深入了解组织学习的本质和内涵。

12.3　组织学习的障碍

在组织学习的实际操作中，很多管理者会发现，组织学习并没有想象中或者是像理论介绍般的易于实现，主要原因在于在组织学习的各个阶段中都存在一些各式各样的障碍来阻碍组织学习的顺利实现。相关学者也对组织学习的障碍作出了不同层面的探讨。有些学者认为，组织学习的障碍主要存在于个人与组织两个方面。另外，有学者将组织学习的障碍划分成方法与文化，包括：组织的整体规范与制度，组织的结构与设计，管理的风格与方式，员工的特性与能力，这些因素都可能对组织学习造成不同程度的影响。本书将组织学习的障碍划分为以下几个方面。

12.3.1　组织结构障碍

组织结构对于组织学习能否有效实施的影响是显著的。一个完善的组织结构可以使组织成员的沟通和交流更加便利，使组织学习能够更有效地进行。相反，一旦组织结构存在很多问题，相应的组织学习也就无法有效地进行。

组织结构的影响主要有以下几点。

（1）组织机制缺陷：组织机制上的不完善会导致组织学习无法完成。

（2）辅助设施不足：仅有相应的组织机构还不够，还要有设计完整、合理、运行无误的管理信息系统等辅助设施以促进信息的交流。

（3）组织瘫痪：没有能力进行新的行动或贯彻新的程序。

（4）活动过度：组织经常增加新的活动却没有考虑综合后果。

（5）缺乏合作：当不同组织和部门之间没有协调而独立操作时，方案将不能顺利实施。

（6）机制缺陷：缺乏有效的反馈机制，使反馈无法到达决策部门。

（7）报酬与决策系统缺陷：组织可能缺乏鼓励性的报酬和决策系统，保守的报酬和决策系统会使决策者不愿意寻找新的方法。

以上问题制约着组织学习的有效实施，管理者若想全面地在企业内部进行组织学习，必须先审视企业的组织结构是否存在这样的问题。如若存在，管理者应优先解决该问题，以确保组织学习在一个良好的环境内进行。

12.3.2 组织学习方法障碍

在组织学习方法的运用上，可能会由于组织或个体理解或实施中的一些误区，而对组织学习效果产生负面影响，主要有以下七种情况。

1. 片段学习

片段学习是指组织进行的没有概念性的、不连续的学习。通常来讲，片段学习虽然也会对个体的认知模式产生影响，但是由于缺乏整体的引导性和规划性，难以形成组织共同的新的认知模式。因此在组织旧有的认知模式下，个体对组织没有任何的贡献，组织也不可能进行真正的学习。片段学习通常发生在管理者相对比较专制、组织文化气氛也比较传统且组织信息无法自由沟通的环境中。

2. 机会学习

机会学习是指当组织已有的管理模式或规范对于某一特定事件产生障碍的情况下，组织回避这种标准而给这一特定事件准予实施的情况。也就是说，当组织行为以个体行为（或某一群个体的行为）而不是以组织的认知模式为基础时，就产生了机会学习。组织内部或多或少都会存在一定程度的机会学习，特别是在外界环境急速变化或某种紧急情况下，机会学习发生的概率会更高。通常来讲，机会学习在一些成立初期或者管理相对还不是太成熟规范的组织中比较多，其所带来最大的危害是降低组织的权威性与标准性。

3. 表面学习

表面学习是指个体没有认识到改变认知模式必要性的学习，因此此类学习通常只是表面性的，不具备长期战略的思想，而且由于个体认知模式没有发生改变，组织也就无法吸收到原有的学习成果。表面学习产生的原因主要在于个体为了避免认知上的冲突，或者在学习实践上存在某种疑问，会首先强调自我认知模式的准确性与成功性，并设置种种障碍来阻止学习的顺利进行。此外,表面学习由于个体没有改变其认知模式,组织的共同认知模式也同样得不到改变,因此表面学习很容易导致片段学习。

4. 模糊学习

模糊学习是指当组织对于某一特定解决问题的认知模式缺乏有效评价与反馈方式的学习方式。一般来讲,如果这种解决问题的认知模式是正确的,没有评价与反馈会使个体失去对正确事物的判断。而当解决问题的模式本身是错误的,没有评价与反馈的后果则可能会给个体乃至组织造成不可挽回的损失。而且模糊学习会逐渐影响个体将来的适宜行为,并严重影响组织内部所建立的信任度。

5. 迷信学习

迷信学习是指在组织内部缺乏规范的行动制度、模式或理论的环境下,个体和组织在缺乏组织引导与相应标准时采取的比较主观的学习方式。产生迷信学习的主要原因是个体认知模式存在误差,或组织的共同认知模式不适当。迷信学习会给组织或个体造成比较严重的后果,包括容易造成个体学习能力和组织整体判断能力下降,以及组织的重复性错误习惯行为,这些后果通常由于缺乏理性思考而增加组织发展的风险性。

6. 限制性学习

限制性学习是指组织对于个体所采取的某种改变组织的行为或思想采取某种漠视或限制的情况。产生限制性学习的组织通常非常强调权威,不太关注来自普通员工的意见,甚至具有官僚主义倾向。限制性学习可能会造成个体之间缺乏互动与合作,以及员工与管理者之间的关系紧张,严重时还会对组织内部的整体沟通系统造成极大的负面影响。

7. 封闭性学习

封闭性学习是指组织环境没有为员工提供从概念型知识转化为实际性行为的学习。也就是说,虽然组织帮助个体学会了知识,但在组织环境中却没有采取与此相对应的机制,即个体概念性学习没有被转化为个体行动的机会,这种学习就被称为封闭性学习。之所以产生封闭性学习,可能与组织内部重视程度及个体的动机和水平有关。[1]

12.3.3 组织学习文化障碍

组织文化是植根于组织结构、规范与常规中的某种框架,组织文化对于组织中的个体认知以及组织整体认知有着非常重要的引导作用,它能够形成组织的精神模型,因此对于组织如何学习、怎样学习等思想问题也有着重要的影响。

美国学者巴里特(Barrette)在 2007 年的研究发现,有效的组织学习需要一个透明、开

---

[1] YANG Y L, POLYCARPOU M M, MINAI A A. Multi-UAV cooperative search Using an opportunistic learning method[J]. Journal of dynamic systems measurement & control,2007,129(5):716-728.

放、坦诚和信任的组织文化。[①] 透明是指要求组织及其成员能够尽可能对自己的行为或思想透明、公开,能够勇于诚实和清楚地揭示自己的动机、思想与行动。开放是指组织能够保持一种接受不一样事物的思想,敢于去尝试新的东西。坦诚是指组织能够具有建立一个尽可能真实反映现实的思想。信任是指要在组织内部努力建立一种相互信任的气氛与文化。也就是说,如果组织缺乏透明、开放、坦诚和信任的组织文化,将会对组织学习造成极大的负面影响。有研究学者进一步指出,组织文化对于组织学习之所以可能会存在某种障碍,其主要原因是在于组织文化塑造了组织成员对过去和现在事件的看法,而这些看法形成了组织的思想地图。因此,一旦这些思想地图对于组织需要学习什么、如何学习和为什么学习等重要的引导性概念上存在误差,则很可能会对组织学习的某一个环节,甚至组织未来的学习方向造成不可挽回的影响。

12.4 组织学习的方法

12.4.1 组织学习

　　针对组织学习中可能出现的种种障碍,研究者们也提出了各种不同的解决方法。例如,麦克尔(Michael,2004)认为完善组织机构、建立负责发现环境变化的部门、理顺组织的信息传送有助于解决学习过程中的问题。同时,加强对管理人员的培训,提高他们系统思考问题的能力,也有助于组织有效正确地寻找解决问题的方法。另外,组织学习开发过程中的各部门及团队间的合作也非常重要,通过团队间的交流与合作,可以增强组织凝聚力并促进知识传播。还有一些信息平台的搭建也有助于组织学习的推行,如企业内部的管理信息系统可以帮助企业保存并传递重要信息。罗伯特(Robert)通过对6个国家200多名CEO进行访谈调查,对组织常用的学习工具进行了分析,归纳出应用工具、交叉工具、预测工具以及维持工具四种组织学习工具。其中应用工具和交叉工具都属于综合解决组织现在与未来密切相关的一些重要问题。例如,应用工具中对客户的调查与分析,其主要目的就在于通过了解现在顾客的需求现状,来对组织未来的可能性产品调整进行准备。而交叉工具中的全员质量管理就是通过以质量为核心的全员参与式管理,来避免未来生产中可能出现的质量问题。与应用工具与交叉工具不同,维持工具主要用于解决组织中现在面临的问题,其主要采用的方法包括德尔菲法和标杆企业法等,来发现当前组织与先进理念或标杆企业之间存在的距离,并有针对性地制订改善的措施。预测工具则是主要专注组织未来发展的工具,其主要关注企业的战略规划、目标制订及未来定位等重要的发展性问题。

---

① BARRETTE J,LEMYRE L,CORNEI W,et al. Organizational learning among senior public-service executives: an empirical investigation of culture,decisional latitude and supportive communication[J]. Canadian public administration, 2007,50(3):333-354.

12.4.2 知识管理

知识管理的内容可以从广义和狭义两方面去认识,广义的知识管理包括对知识、知识设施、知识人员、知识活动等诸要素的管理;狭义的知识管理则指对知识本身的管理。对知识本身的管理包含三方面的含义:首先是对显性知识的管理,体现为对客观知识的组织管理活动;其次是对隐性知识的管理,主要体现为对人的管理;再者是对显性知识和隐性知识之间相互作用的管理,即对知识变换的管理,体现为对知识的应用或创新过程。

1. 宏观角度

知识的价值是隐性的,但如果把知识融入组织的主体(人)、过程、组织未来,知识的价值就能部分地被感知或测度了,如表现为人的技能水平的提高、产品产生新的创造价值、组织协作能力的提高等,这称为知识价值的显性化过程。在宏观层次中知识管理的实质是:促进知识与主体、过程、组织的融合。当具有新知识的主体、组织、过程在企业环境中再次结合时,又产生了一次飞跃,所形成的整体效能提高表现为组织价值的提高,具体表现有以下几种。

(1) 促进新产品(或服务)的设计和开发或已有产品(或服务)的改进。

(2) 更好地进行客户管理,缩短反应时间,提高服务质量,创造个性化的服务内容,拓宽业务覆盖面,增强客户满意度。

(3) 为组织各级决策提供更好的知识帮助。提高组织的快速响应能力,增强员工技能知识的广度和深度,鼓励创新精神,创立学习型组织文化。

2. 微观角度

知识作为一种生产要素,在使用中基本上不会发生损耗,而且产生知识的成本不因为使用人数而改变,复制成本较低(如果能复制的话),扩散越多,边际利润率越高。因此,很多人相信知识是知识经济时代发展的最大原动力。知识究竟需要经过哪些环节才能为组织创造价值(不一定是货币价值)是知识价值链研究的重点,在这一层面上分析的是作为个体、具有普遍意义的知识。

综上所述,宏观层是知识管理成果的外在表现层,也是对知识管理进行投资预算以及效益分析的入手点。中观层、微观层由于找出了知识的一些共性,因此是知识管理实务和知识管理系统设计的出发与参照点。

12.5 学习型组织

12.5.1 学习型组织概述

学习型组织最初的构想源于美国麻省理工学院佛瑞斯特(Forrester)教授。他是一位杰出的技术专家,是20世纪50年代早期世界第一部通用电脑"旋风"创制小组的领导者。他开创的系统动力学是提供研究人类动态性复杂的方法。所谓动态性复杂,就是将万事万物看成动态、处于不断变化的过程之中,仿佛是永不止息之流。1956年,佛瑞斯特以他在自动控制中学到的信息反馈原理研究通用电气公司的存货问题时有了惊人的发现,从此致力于研究企业内部各种信息与决策所形成的互动结构究竟是如何影响各项活动的,并反过来影响决策本身的起伏变化的形态。佛瑞斯特既不做预测,也不单看趋势,而是深入地思考复杂变化背后的本质——整体动态运作的基本机制。他提出的系统动力学与目前自然科学中最新发展的混沌理论和复杂理论所阐述的概念在某些方面具有相通之处。1965年,他发表了一篇题为《企业的新设计》的论文,运用系统动力学原理,非常具体地构想出未来企业组织的理想形态——层次扁平化、组织信息化、结构开放化,逐渐由从属关系转为工作伙伴关系,不断学习,不断重新调整结构关系。这是关于学习型企业的最初构想。

圣吉是学习型组织理论的奠基人。作为佛瑞斯特的学生,他一直致力于研究以系统动力学为基础的更理想的组织。1970年在斯坦福大学获航空及太空工程学士学位后,圣吉进入麻省理工学院斯隆管理学院攻读博士学位,师从佛瑞斯特,研究系统动力学与组织学习、创造理论、认识科学等,发展出一种全新的组织概念。他用了近10年的时间对数千家企业进行研究和案例分析,于1990年完成其代表作《第五项修炼:学习型组织的艺术与实践》。他指出现代企业所欠缺的就是系统思考的能力,这是一种整体动态的搭配能力,因为缺乏它而使得许多组织无法有效学习。之所以会如此,是因为现代组织分工、负责的方式将组织切割,而使人们的行动与其时空相距较远。当不需要为自己的行动结果负责时,人们就不会去修正其行为,也就无法有效地学习。

《第五项修炼:学习型组织的艺术与实践》提供了一套使传统企业转变成学习型企业的方法,使企业通过学习提升"群体智力"和持续的创新能力,成为不断创造未来的组织,从而避免了企业"夭折"和"短寿",应该说未来最成功的企业将是学习型企业。该书一出版即在西方引起极大反响,圣吉也被誉为"20世纪90年代的管理大师"。学习型组织的提出和一套完整的修炼的确立,实际上宣告整个管理学的范式在圣吉这里发生了转变。正是在这个意义上,不少学者认为,《第五项修炼:学习型组织的艺术与实践》以及随后的《第五项修炼:实践篇》《变革之舞》的问世,标志着学习型组织理论框架的基本形成。

12.5.2 组织学习与学习型组织的关系

从字面上来讲,组织学习侧重于组织学习的过程,而学习型组织更侧重于描述一种具有某种类型特征的组织,在这方面有过很多经典的阐述和总结。组织学习与学习型组织有密切的关系,但二者又有区别:学习型组织是指"组织学习应该是怎样的?";组织学习则是有关"组织学习是如何做的?"。二者的关系是,只要是学习型的组织,其组织学习势必做得很好。学习型组织与其说是一个现实和可以实现的事物,不如说是一个理想的状态,组织学习则可以同时在不同层次和通过不同的方式发生。圣吉指出,建立学习型组织的真正工作就是深度地学习循环的工作。换句话说,没有深度的组织学习,是无法建成学习型组织的。琼斯(Jones)和亨迪(Hendy)认为,组织学习强调人力资源管理、培训及知识和技能的获得,而学习型组织与组织能力相联系,这里的组织能力包括组织中经常不被注意的隐性和经验学习。芒福德(Mumford)则认为,学习型组织是一个方向,而组织学习是其最基本的要素。组织学习如同一个探索性的方法解释和量化学习活动,重点应该放在如何在个体和组织层面界定、获取和使用学习上。学习型组织通过主动地组织学习活动来反映和预见环境的变化,有意识和有目的地提升它的学习能力,以便在组织层次上使所有成员都能够学习,并努力创造支持学习的工作环境。而埃德蒙森和穆安容(Moingeon)的观点是,学习型组织用于组织基准的设计布置;组织学习是用于人和组织的学习过程。二者的关系是,学习型组织是学习的结果,组织学习是学习的过程。1999年,伊香原(Ikahara)提出,学习型组织的精神基于组织中个体的学习过程,但这并不意味着个体学习会自动导致组织学习。学习型组织在这种情况下出现,即组织中的个体学习不仅为有效地履行工作角色,更重要的是为在组织中对个体进行开发,并为追求组织未知的将来进行创造;为了生存是远远不够的,还应该增强成员的努力去创造未来。戈雷尔(Gorel)认为,一些组织在强调组织学习时,马上想到的是组织内部各种正式的培训项目,包括职业发展中心、归属感培训等。但真正的组织学习要回答的问题包括:组织解决问题的方式是什么?管理会议是什么?在哪里讲述组织的故事?组织的律令、传奇和口头历史是什么?管理者只负责管理业绩还是同时充当员工教练的角色?公司是否鼓励对话和反思?奖励是否只依据最终结果?组织如何看待错误和失败?当一个组织认真思考这些问题并突破学习等于正式学习项目的限制,还制定整合学习战略时,该组织就开始从项目式的组织学习向学习型组织转变。

本 章 小 结

组织学习是组织通过知识和信息的综合处理来改变组织及其成员认知与行为的综合学习过程,是使组织内的能力得到循环提升,最终实现组织愿景的过程。它分为三阶段、四阶段等方式。组织学习中存在很多的障碍,包括组织结构障碍、组织学习方法障碍、组织文化障碍等。知识管理是组织学习的一个重要方法。另外,学习型组织也是组织学习的一个被广泛应用的结构。组织学习与学习型组织有一定的区别与联系。

复习思考题

1. 联系实际谈谈组织学习在企业实践中的意义。
2. 组织学习的本质是什么?

3. 学习型组织和组织学习有什么样的联系和区别？

4. 如何理解组织学习？

5. 组织学习的不同阶段有什么样的特点？

6. 组织学习过程中会遇到什么困难？

7. 组织学习需要用到哪些方法？

8. 如何认识知识管理？

9. 如何理解学习型组织？

10. 组织学习对我们日常生活有什么启示？

石药集团：组织学习与创新驱动

第 13 章

跨文化的组织管理

学习目标

- ✓ 了解全球经营的组织结构
- ✓ 理解跨国企业跨文化沟通的重要性
- ✓ 了解跨国公司组织结构的变革与发展趋势

引例

亚马逊公司是美国最大的一家网络电子商务公司。该公司经过20多年的发展，已经由一家电子商务公司成为一家拥有13个国家国外直接投资站点，产品销售涉及185个国家和地区的大型跨国公司（transnational/multinational corporations）。公司业务也由初期的网络书籍销售逐渐扩展到音像、音乐、生活用品以及服饰等多个领域的销售。

亚马逊公司这一跨国公司的组织结构主要有以下三个特点：①组织边界虚拟化。在互联网上，尽可能使客户以最低的价格、最好的服务找到想要的商品。②管理结构扁平化。亚马逊公司的组织结构实行小组制，以便提高工作效率和便于员工的管理。③组织环境全球化。经历了两次业务结构时期，亚马逊公司快速发展壮大起来，通过并购以及全球化等方式迅速拓展国际市场，逐渐形成了复合式的组织结构，并沿用至今。

亚马逊公司跨国经营的主要方式是对外直接投资。亚马逊公司对外直接投资主要是通过一系列连续并购的商业活动来实现的，且并购行为带有极强的目的性和战略意图。如并购电子书公司，进入数字图书出版行业；并购屏幕显示技术公司，研发彩色Kindle；并购物流自动化公司，提高仓储效率。

亚马逊公司在我国的经营方式主要有：①股权经营，即独资经营。亚马逊公司独资经营方式是通过收购的形式实现的，如亚马逊中国的前身是卓越网，而卓越网就是中国国内做图书在线销售的电商企业。②战略联盟。2014年11月，亚马逊Kindle天猫官方旗舰店正式上线，这是亚马逊公司首次进入天猫。之所以选择与天猫联盟，是因为天猫具有亚马逊公司在中国境内所欠缺的庞大用户数据。若二者能有效利用彼此的优势，可实现双赢局面。

资料来源：跨国公司国际管理的案例分析报告［EB/OL］. https://www.docin.com/touch_new/preview_new.do?id=2896350930.

13.1 全球经营的组织结构

13.1.1 跨国经营组织结构的发展阶段

以高科技信息企业的发展为代表的跨国公司用全新的方式进行着全球性资源配置与转移。有些跨国公司已经改变了过去的经营方式,在市场与自身条件步入良性循环后,逐渐开始转变为全球化经营的方式。

参照联合国跨国中心的标准,跨国公司是指在一个实行全球战略的中央决策体系的统一领导下,在两个或两个以上国家(或地区)从事经营的实体。跨国公司的本质不在于机构的"跨国",而在于它突出了战略和组织的一体化,把整个世界看作一个统一的市场,将其价值链活动,如制造、研发、人力资源、市场营销等,分布或配置在世界上任何能使公司最好地进行这些活动的地方,即寻求"区位优势"。

图 13-1 按职能划分的企业组织结构

在企业走向国际化经营的过程中,随着跨国经营程度的不断深化,企业的组织结构也随之发生变化。跨国经营组织结构一般的变化规律是:经营规模越大,组织结构越复杂。最简单的企业组织结构通常按职能划分(图 13-1)。

企业实行跨国经营时,要将这种管理组织结构在业务的基础上进行调整,以满足公司战略的要求。

这里列举一般企业组织从初始接触海外业务到成长为全球性公司的四个阶段。

1. **出口部门阶段**

在全球化发展的第一阶段,企业通常立足于国内市场,只有简单的出口外销业务,在一般组织结构的基础上设立独立的外销部门来负责海外的销售业务,通常在海外的当地市场设立一些代理来完成与当地渠道的联系。

2. **独立子公司阶段**

随着简单外销业务的扩大,为了满足贸易摩擦与国外当地市场的需求,一些跨国公司开始在国外建立若干个独立经营的销售或生产子公司,至此企业进入跨国生产经营阶段。

3. **国际业务部阶段**

企业的国外业务由单一出口转向大量的跨国经营活动(包括直接投资、技术转让、海外促销等多种综合业务)时,跨国公司就需要设立国际业务部来统筹管理国外子公司、海外销售与生产、技术授权等业务。国际业务部通常与国内业务各部门处于同等地位,有的还独立核算、自负盈亏。国际业务部的功能主要是:为跨国公司整体制定国外经营策略和战略设计,管理和协调国外子公司的产品与生产、销售、资金调拨;为各子公司之间的协调和配合提供信息;通过转移价格达到避税目的以及合理划分国外市场、避免自相竞争等。

4. 全球性组织结构阶段

国外子公司的数目不断增加,当国际业务部的规模超过国内业务各部门时,企业的组织结构将会调整到全球性组织结构阶段。如英国石油公司、壳牌等公司的跨国经营程度已超过70%,对跨国子公司的管理难度也越来越大,全球性功能结构为全球性公司同时实施地方性战略和全球性战略提供了一种理想的组织结构模式。全球结构与国际部结构的最大不同之处,就在于前者取消了国内业务与国外业务之间的界限。企业把世界市场看成一个整体,它的立足点是全球市场,而不是国内市场,它的目标是全球性的利润最大化,因而它脱离了一般国内企业的性质。全球性组织结构反映了跨国公司经济国际化的特点。

13.1.2　跨国公司的组织结构

这里介绍六种常见的当代跨国公司的管理组织结构。

1. 国外子公司结构

国外子公司结构如图13-2所示。

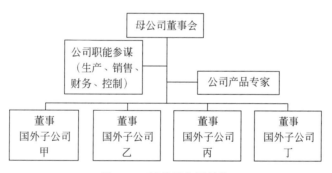

图13-2　国外子公司结构

在这种结构中,子公司直接向母公司董事会负责,不向中层管理机构汇报。子公司的经理常常由母公司的副总裁兼任。在法律方面,子公司有很大的自主权;在管理方面,子公司要遵守报告与协商制度。独立子公司结构在欧洲的跨国公司中十分普遍,而在美国,母公司只将其作为一个过渡阶段。

国外子公司结构的优点是子公司独立经营、自负盈亏。子公司有很大的决策权,能迅速进行经营调整,满足当地市场需要。子公司容易吸收当地股权和当地的人才。母公司高层决策人员可以对子公司的问题一目了然,便于直接参与子公司的管理。

国外子公司结构的缺点是管理的时间效率可能保持不变,但母公司陷于对各子公司的事务,容易忽视更重要的问题。每个子公司都必须在生产、销售、财务等方面与母公司各职能部门和产品专家打交道,从而容易使各部门的职责混淆。各子公司常常只考虑局部利益,而忽视整个公司体系的利益最大化。

2. 国际部结构

国际部结构如图 13-3 所示。

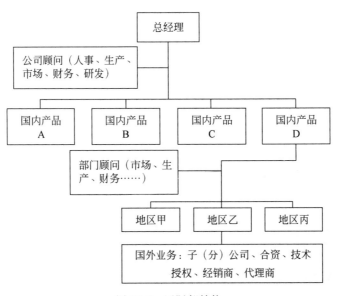

图 13-3　国际部结构

国际部的领导通常由母公司的副总裁兼任,并直接对总裁负责。在多数情况下,国际部负责国际经营中的政策和全球战略规划,负责母公司的所有出口业务、技术授权和海外投资业务,直接或间接管理海外生产与销售部门的经营业务,协调所有国际的业务活动,以便提高工作绩效。例如,统一筹措货款;降低利息成本;操纵转移定价,减少税收负担等。

国际部结构所适合的情况是:产品多样化程度有限,海外销售量比国内及出口销售量要小,地理上的分散程度有限,国外环境的影响力不大,不需要采取产品适应或不同的市场营销战略,产品生产的规模经济不大,管理人员缺乏国际经验。

国际部结构的优点是,集中管理国外业务,并与国内业务分开,可以培养出具有国际经验的管理人员。可以协调各产品部门或业务部门之间的争执,从竞争角度看,重要的好处在于使各个产品部门不局限于国内市场,接受全球化观念。

国际部结构的弱点是,需要依靠各产品部门,而生产部门并不优先考虑国外市场需要,因为海外销售的业绩和它们无关,因此,两者间的目标冲突难以消除。高层管理人员大多还是注重国内市场,对海外子公司缺乏信任,给予较少的自主权,特别是那些产品线有限、技术及市场较稳定的公司表现更为突出。

3. 全球性职能结构

全球性职能结构如图 13-4 所示。

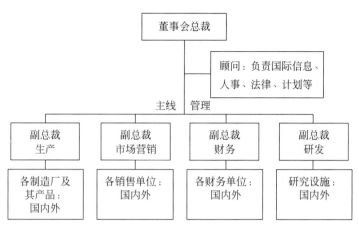

图 13-4　全球性职能结构

公司在总部领导下按职能设立分部,由各副总经理直接控制国内外各职能部门的活动,如生产、销售、财务、研发等部门。各职能部门的负责人要具备全球眼光,并对本部门的全球事务负责。例如,市场营销部门不仅负责国内外的营销业务,而且要直接管理设在世界各地的销售网点,并对各个制造子公司的产品销售和协调问题负责。一般来说,当公司产品的分散程度不高、市场比较稳定时,适宜采取这种结构。

全球性职能结构的优点是,有利于将注意力集中于职能,可以在全球竞争中形成竞争优势。能够以较少的人员对整个组织施以主线控制,减少重叠管理,避免各个利润中心之间的冲突。

全球性职能结构的缺点是,一旦产品众多,将无法应付。生产与销售目标可能有分离趋势。每个职能部门可能都需要各自的地区专家,对未来的业务发展趋势有各自的策略,容易重复或混乱。

4. 全球性地区结构

全球性地区结构如图 13-5 所示。

跨国公司按地区设立分部。公司总部进行全球性经营决策,地区副总经理负责该地区的经营、控制和协调该地区的所有职能。在此结构下,母国所在地区与其他地区的地位并无不同,各地区总部则负责本地区内的所有职能事宜,如协调市场营销、生产、财务等。一般来说,如果公司产品经营范围有限,但却伸展到很多国家和地区的市场,这些地区又有显著的市场特点,而且地区生产可以获得规模经济效益,那么公司就适宜采用全球性地区组织结构。

这种组织形式可以分为地区—职能式结构和地区—产品式结构。后者常常涉及各种层次的产品与地区协调,以及多向的呈报关系,因此采用者多为具有广泛的海外产品与地区利益的大公司。

全球性地区结构的优点是,公司能够从职能和产品两个方面对不同地区和国家的环境

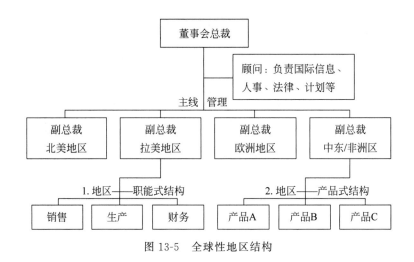

图 13-5 全球性地区结构

作出积极与合适的配合。侧重各国的子公司,使其成为重要的利润中心和当地产品需要的基本单位。

全球性地区结构的缺点是,当产品线众多且具有高度技术性时,无法使产品获得足够的重视,无法协调产品的变化,无法在各地区之间转移新的产品与新的技术(补救方法通常是:在公司总部设立全球性产品经理,负责特定产品或产品线的发展及其地区间的转移)。需要大量具有国际经验的管理人员来充实各地区总部,因而常常会感到人才缺乏。主线及顾问人员重叠,尤其是在地区总部。业务常常集中于少数重要地区或国家,易于过分重视地区业绩,忽略公司的全球性利益。

5. 全球性产品结构

全球性产品结构如图 13-6 所示。

在全球性产品结构下,每个产品部或产品组对其本身产品的全球性计划、管理和控制负有主要责任,其产品计划要经公司总部批准。总部负责制订公司的总体目标和战略,各产品分部根据总目标制订计划。每一产品分部一般设立生产制造、市场销售、财务、研发、质量和人力资源等部门。产品分部经理主要根据公司总目标制订本分部的工作目标,并负责该类产品全球范围内的各种职能活动。

全球性产品结构主要适合于:产品线十分分散、最终用户市场差异很大、需要提供良好的技术服务的公司;海外生产需要较高的技术,而且母国公司与其他各国公司之间距离很远,运费和关税很高等情况。

全球性产品结构的主要优点是能够取得全球效率。强调的重点是产品,因而利于全球性的产品规划,使公司能够将产品制造和市场营销方面的技术应用到全球。确保在产品信息和技术方面有单一的沟通渠道,避免了国内与国外经营之间的冲突。在这种结构下,管理人员会自然而然地产生全球性市场经营的观念。

全球性产品结构的主要缺点是全球经营的责任落在那些只具备产品专长和熟悉国内

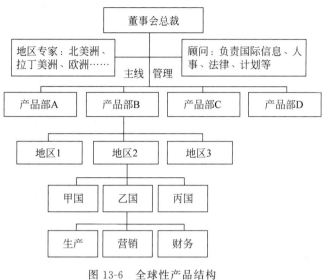

图 13-6　全球性产品结构

业务的管理人员身上。在任何一个地区,不同产品部门的活动都很难协调、沟通和控制。高层管理人员难以协调各个全球性产品部门的规划、长期投资及市场营销工作,因为缺乏中间层次的国际集中点。每个产品部门在某些国家中可能有设置重叠的现象。

6．混合式结构与矩阵式结构

混合式结构如图 13-7 所示。

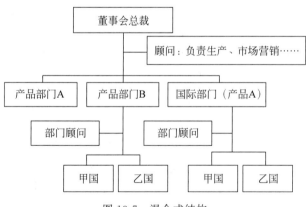

图 13-7　混合式结构

混合式结构是公司有若干个主线产品部门,负责全球业务经营(这与全球性产品结构相似)。公司还设有一个掌握若干产品的负责国际业务的部门或负责国际业务的公司,负责新产品的开发和国际业务的协调。这种结构主要适合于公司规模庞大、产品线众多、海外业务复杂的企业,不同的业务有其不同的全球性需要、供给及竞争形态,因而要求公司针对不同情况采取不同的国际结构。

与混合式结构同时发展起来的另一种跨国公司组织形态是矩阵式结构,如图 13-8

所示。

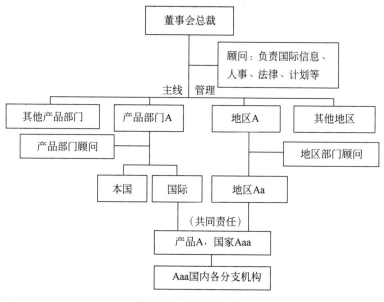

图 13-8 矩阵式结构

矩阵式结构与传统的管理模式不同,经理必须向两个不同的上级报告,矩阵中的经理共同指挥下级,由高层经理领导这种双重结构。矩阵式结构包括三个层次:产品、地区和职能,因而在某种程度上消除了主线管理与顾问的区别。它适合于产品高度分散,地区和国别市场众多等情况。

矩阵式结构的最大优点在于它具有高度的适应能力,能够适应多重"压力"和"变化"的情况。但是它的最大缺点也正是源于这种复杂性,各个层次的不同专业人员及其利益常常发生冲突,他们的关系和责任也难以划分清楚,一旦某些经理不按照矩阵秩序行事,他们便有可能支配矩阵组织,妨碍整个组织的最佳决策,甚至造成公司内部的无组织状态,使一些问题得不到解决。

企业的组织结构是由其复杂性、正规化和集权化程度决定的。管理者可以对这些结构要素的一个或多个加以变革。例如,可以将几个部门的职责组合在一起,或者精简某些纵向层次、拓宽管理跨度,以使组织扁平化和减少官僚机构特征。为提高组织的正规化程度,可以制定更多的规则和制度,而通过提高分权化程度,则可以加快决策制定的过程。

13.1.3 组织结构的选择与控制方法

1. 组织结构的选择

组织结构的选择必须以职能、产品和地区的有机结合为基础,同时考虑以下影响因素:第一是公司领导对未来国内外市场的相对重要性的认识;第二是公司的历史背景及其在国际经营中的发展阶段;第三是业务性质和产品战略;第四是管理特点和人员素质。

当公司的国内市场远远大于跨国经营时,公司最好仍然维持负责国际业务的部门而不需要所有高层管理人员都熟悉国际业务,当国外活动规模越来越大,公司就应根据业务性质和产品战略来选择适当的全球性组织结构。如果产品线复杂,需要高技术支持,目标市场差异很大,并且可以在全球范围内合理而统筹地安排生产和供应,那么产品式结构就能给公司带来巨大利益。如果产品范围有限,业务的发展不取决于不同地区市场的发展趋势,那么职能式结构就较为有效。如果产品范围不大,最终用户市场、营销技术和销售渠道没有多大差别,但却需要专门的地区指示,那么地区性的组织结构将更为适宜。

公司管理特点和管理哲学也会影响组织结构的选择。如果决策层态度保守,注重集权,会选择职能式组织结构。公司决策层在选择组织结构时,应考虑公司是否有足够的熟练管理人员,否则任何全球的组织结构都将难以运行。

2. 组织控制方法

常见的组织控制方法有以下两种。

1)集权与分权

从跨国公司组织发展角度看,影响其集权或分权程度的主要因素有下列几项。

(1)国外分支机构的发展阶段。在子公司进入当地市场的初级阶段,母公司常常对该市场的产销经营负完全的责任,在成长阶段,母公司与子公司的关系变化很大,为了配合当地业务的迅速发展,母公司会给予子公司较多的独立自主权,随着业务趋于稳定,母公司又须采取集中控制的管理方式,当子公司有足够的经营管理能力时,母公司再赋予其决策自主权,在稳定阶段,子公司通常享有相当程度的自主权。

(2)产品特点。如果公司的产品多极化程度不高,产品线包含复杂的技术,或者是新研究开发出的产品,那么母公司会采取集权式管理,反之则倾向于分权式管理。

(3)市场特点。如果市场差异性很大、竞争非常激烈,且具有较大的规模,那么为了适应当地市场的特点,公司常会采取分权式管理。

(4)管理人员的素质。分支机构的管理人员素质较高,则有利于实行分权式管理;反之,则只能采取集权式管理。

2)信息交流与内部沟通

在信息交流方面,跨国公司应建立起完善的信息系统,以便进行战略规划、管理决策和国际控制。公司为了达到控制目标,一般都规定国外子公司必须向总部按月、季或年呈报标准式的报告,其中最重要的报告是涉及财务、市场营销和技术信息内容的报告。

在内部沟通方面,由于语言障碍、文化价值不同、观点不同以及东道国政府管制等因素的影响,母公司与子公司常常难以沟通,从而影响母公司的有效控制。因此,除了书面报告外,母公司还必须进行经常性的实地访问和管理训练及发展计划,母国和外国同一职能领域的重要人员要定期开会,海外经理人员定期轮调到地区总部或公司总部工作,而地区及公司总部人员也定期前往子公司工作。这样,公司的决策可以充分地传达到各个海外单位,有利于母公司的控制。

3. 非财务性的业绩衡量

子公司经营业绩的衡量指标分为财务和非财务两大类。前者以财务上的净利润或投资报酬率作为衡量标准,但由于母公司对各子公司的财务支持不同、通货膨胀、转移定价等因素的影响,单一的财务标准常常不够公平和全面,还应采用非财务标准来衡量和控制子公司的业绩。

非财务性的业绩衡量标准主要包括:遵守公司决策的程度,市场份额或市场渗透程度,新产品开发情况,出口额,生产力的改进状况,分销商(零售、批发和代理商)的人数及其素质,有无培训与管理发展计划及其质量,产品品质,对当地市场的适合程度和当地社会与文化对产品的接受程度,厂房设备的利用率,员工流动及精神状况,与工会及当地社会的关系,与东道国政府及企业领袖的关系。

13.2 跨文化沟通管理

13.2.1 组织中的跨文化管理

全球化战略的实施需要理解不同的价值观念,协调不同的组织行为,克服人与人之间的文化差异和沟通障碍。通过跨文化管理处理好组织内外部的各种冲突。

1. 跨文化组织沟通

跨文化组织沟通,也可以称为跨文化沟通,是指在跨文化组织中,拥有不同文化背景人员之间的信息、知识和情感的互相传递、交流和理解的过程。影响跨文化组织中沟通的因素主要有感知、偏见与成见、种族中心主义、语言、价值观、思维方式等。跨文化组织沟通的目的是,设计出切实可行的组织结构和管理机制,使不同形态、不同氛围、不同文化背景的员工遵守共同的行为准则,以达到提高员工工作效率、生活质量,解决交往中的信任和理解障碍,从而发挥企业的潜力和价值。

2. 文化差异的来源

1) 个人的文化特征

荷兰管理学家吉尔特·霍夫斯泰德(Geert Hofstede)对不同国家人类群体的文化特征进行了分析,以权力距离、个人主义和集体主义、男性化和女性化以及对不确定性的回避这四项指标为依据,分析了不同民族的文化差异。

(1) 权力距离。权力距离是指在不同国家的不同组织机构中,权力较低的人接受不平等的权力分配的程度。权力距离不仅表现在下级对上级的服从程度上,也表现在社会地位、教育程度和职业定位等方面。霍夫斯泰德的结论表明,发展中国家上下级之间的权力距离比发达国家的大。他为所调查的53个国家和地区确定了不同的权力指数,指数越高,权力距离就越大,上级对下级就越独裁,而且下属也期望这种不平等,并因此产生一种依赖性。霍夫斯泰德同时分析了这种权力距离形成的原因,他认为这种距离的形成不仅与社会制度的差别、家庭和教育有关,甚至与不同的地域气候环境的差异也有关系。

(2) 个人主义和集体主义。霍夫斯泰德用工作中的14个目标作为问题对11万被调查者进行调查,通过对调查结果的分析,将员工分为两类:个人主义和集体主义。

具有个人主义文化的员工往往将以下三个方面列为工作的主要目标:第一,是否为自己和家庭留有足够的时间;第二,是否给自己足够的时间用自己的方式处理问题;第三,工作是否具有挑战性。

具有集体主义文化的员工具有以下三个工作目标:第一,工作中是否有培训机会让自己学到更新的知识;第二,是否有较好的工作环境;第三,能否在工作中充分发挥自己的专长。

一般来讲,在富裕的国家里,GDP(国内生产总值)值比较高,个人主义相对比较严重。而与权力距离相关联,在权力距离较大的国家,个人主义指数比较低,个人的独立性比较弱,冒险精神也比较弱,对组织和家庭的依赖性会很强。以这些理论为基础,组织会对不同文化背景的雇员了解更多,对其行为、思维方式和价值观更容易控制与调整,这一理论能够很好地运用在职位设计中,真正做到"把正确的人放在正确的位置上",在一定程度上有助于组织实现成功的人力资源管理,从而实现高绩效的跨文化管理。

(3) 男性化和女性化。霍夫斯泰德的调查还把员工文化分为另外两类:男性化和女性化。男性化作为人类文化的一个根源主要表现为在社会中占统治地位的价值是成功、金钱和事业。男性化指数越高的国家和地区,将收入、赏识、进步和挑战这四种因素看得越重要。女性化是男性化的反面,在社会占统治地位的价值观念是关心他人、讲究生活质量。

一般来说,男性化指数较高的国家和地区,其文化倾向于组建大型企业和集团,看重经济增长,轻视保护环境;与此相反,女性化指数较高的国家和地区往往倾向于发展中、小型企业,注重保护环境,以追求福利社会为目标。由此看来,组织文化趋于男性化还是趋于女性化,不仅决定了组织规模的大小,而且决定了组织用什么方法激励员工会更有效。

(4) 对不确定性的回避。根据霍夫斯泰德的解释,极端的不确定性会造成无法忍受的焦虑,从而影响人们在工作中的行为。对不确定性的回避,就是指人们感到不确定情形的威胁,从而形成信念和制度去回避可能遇到的风险。这种文化差异通常源于家庭生活,也会由学校的教育造成。

在拥有高度不确定性的国家的企业内部,常常有大量的组织活动,有比较多的书面规定,管理人员缺少冒险精神,劳动力流动较少,雄心勃勃的雇员也较少。而这种文化差异常常很明显地表现在工作场所,高度回避不确定性的员工习惯制定详细的规则,工作显得忙忙碌碌;低度回避不确定性的员工喜欢放松自己,用比较少的纪律束缚自己,完全依靠自己的自觉来保持工作的轻松。根据这一文化差异,组织可以选择更合适的工作方式,使自己的员工更大限度地发挥自己的能力,以实现最大的员工绩效。

2)跨文化组织的文化特征

(1)霍夫斯泰德的组织文化类型。

霍夫斯泰德认为,组织文化类型主要有以下几种:第一,过程导向文化与结果导向文化。这两种组织文化类型的主要区别在于:前者注重组织在完成任务时所用的方法和过程,而后者追求的是执行决策所取得的结果。第二,雇员向导文化和工作向导文化。在雇员向导文化的组织中,经理更注重采用人本主义的管理方式来经营企业,雇员可以感到自己的个人问题受到重视,组织更重视雇员的福利条件;而在工作向导文化的组织中,雇员则感到有种沉重的工作压力,组织更关心员工做出的工作而不是他们的家庭和个人福利。第三,地方性文化和职业性文化。地方性文化是指组织更多地通过他们主观上对员工的认可程度来确定员工的身份和作用;职业性文化是指组织通过员工所从事的职业类型来决定员工的身份和作用。第四,封闭系统文化和开放系统文化。封闭系统文化是指企业为了某种目的而采用比较保守的管理风格,比如,不太愿意接受新的管理方法、技术创新和新员工等;开放系统文化则是积极引进新的技术、管理方法和成员,形成一种善于吸收外来养分的管理风格。第五,松散控制文化和严格控制文化。以松散控制文化为背景的组织往往没有太多的官僚主义程序,员工之间不拘礼节,容易形成一种比较轻松的工作环境;以严格控制文化为背景的组织,往往通过制定严格的规章制度对员工的行为和工作方式进行管理。第六,规范性文化和实用性文化。在规范性文化氛围较重的组织中,管理层所关心的是员工如何遵循规章制度以及顺利地执行这些规定程序;实用性文化的特征则是高层管理人员更加关注实用性和实际结果。根据不同组织的文化特征类型,管理者可以更加具体和翔实地制定相应管理战略,并由此管理好组织中的员工,将组织中的冲突转化为绩效。

(2)弗恩斯·特罗姆皮纳斯(Fons Trompenaars)的组织文化类型。

跨文化管理学者特罗姆皮纳斯提出了另一种组织文化的划分方法。他在确定组织文化模式时,从两个维度以及由此产生的四个象限来区分不同的组织文化。一个维度是平等性和等级性构成两极,另一个维度是个人向导和任务向导构成两极。这两个维度相交形成了四个象限,将组织文化分为四类:第一,家庭式的组织文化。这是一种个人导向型的组织文化。这种文化背景的组织中,权力与地位的差别很明显。员工大多通过感知来判断事物的对与错,员工之间对个人情况的了解远多于对其技术能力的了解。这种组织中,问题与冲突的解决完全依赖于领导的个人技巧。第二,埃菲尔铁塔式的组织文化。这是一种以角色为向导的组织文化。在这种文化的组织中,权力不是来自个人的身份和地位,而是来自对组织中某一角色的占有,对于固定的角色,雇员有着各自固定的权力,像是一种固定的制度。第三,导向式的组织文化。这种文化强调以任务为导向,组织会将战略制订为很多详细的任务规划,每一个任务的背后都有各自的领导者和协调者,组织整体十分平等。如果将这种组织文化与埃菲尔铁塔式的组织文化相结合,组织管理会比较稳定。第四,孵化器式的组织文化。这种组织最大的目的就是为雇员提供最大化的发展空间和自由,鼓励创新,并且为实现创新成果创造良好的条件起到孵化器的作用。

13.2.2 跨文化沟通的挑战

国际型组织需要实施跨越国界的长期发展战略,要在不同文化的环境中开展工作。在这种形势下,跨文化管理将面临许多挑战。

1. 目标的不确定性增强

在不同文化的相互环境中,组织的内外部环境都发生了很大的变化。组织的内环境是指组织成员构成、内部结构设计、组织文化等。组织的成员多元化、结构复杂、组织文化不确定性等都会使组织的内部环境复杂化。组织的外环境是指组织主要包括自然的、物质的环境以及政府、宗教等组织组成的社会环境。这种外部环境会对组织管理产生各种压力、约束和限制。当组织进行跨越国界的管理活动时,内外部环境的变化使国际型组织处于动态变化中。对跨国企业来说,文化环境的影响更为突出。在全球经济一体化的情况下,组织既要追求利润,又要适应组织外部文化的变化,这对跨国企业的管理提出了更高的要求。

2. 群体应变能力降低

建立良好的信息联系是让组织成员了解信息联系渠道,每一个成员都有正确、便捷的联系渠道,整个组织有完整的信息联系反馈循环系统。国际型组织处于国际化的环境中,由于组织内部群体的文化差异或组织文化与外部文化的差异性,国际型组织对外部环境的反馈信息联系容易发生障碍或获得的反馈信息被曲解。由于跨国公司的组织成员文化的多样化特点,组织内部信息反馈可能会发生曲解。跨国公司的企业文化,也有可能与东道国的文化产生冲突,致使跨国公司的信息反馈受到挑战。

3. 组织文化难以整合

组织文化是由组织成员共同分享的信仰和期望的范式。文化包含:规范、共同的价值观,人们遵循和处理事情的方式。组织文化的确立是一个组织成功管理的关键。国际型组织的文化由于组织成员的文化差异而难以确立。不同的文化具有不同的价值观,员工对自己的民族文化具有一定的优越感,容易排斥其他民族的文化。

4. 人力资源管理困难

国际型组织的人力资源管理活动有其特殊性,具体表现在:国际型组织人力资源管理要面对复杂、多样化的管理环境,需要执行更多的管理职能,增加了管理职能的多样性与复杂性。管理受到更大的外部制约,管理过程中需要更多地介入员工个人生活。员工文化的多元性与地理的扩散性,影响到人力资源管理的每一个环节,如招聘、选拔、考核、晋升等,增加了跨国公司人力资源管理的难度。

13.3　跨国公司的组织变革

以跨国公司为代表的发达国家的大企业为了保持竞争优势,开始实施组织变革与组织发展,跨国公司的组织结构主要有以下变化。

13.3.1　组织结构网络化

组织网络结构是把母公司与子公司看成一个网络整体,在公司内外部通过相互联系将分散的资源整合起来,网络组织的最大特色是信息充分、流程短和流程不重合。随着国际市场竞争日益激烈、世界联系日益紧密,跨国公司组织结构网络化表现更加明显。

近年来,跨国公司采取了全球一体化的经营方式,将产品的研发、生产和销售等环节根据各自不同的区位优势分布于全球各地,把所有分支机构联结成统一的一体化进行经营和管理,形成联系日益紧密的全球网络。特别是在信息技术飞速发展、经济全球化的影响下,一些跨国公司对组织结构形式进行了调整,特征就是大幅度减少了管理层级,使跨国公司的组织结构形式从金字塔式的等级制不断向网络型的模式转变,网络化管理体制有利于企业在全球范围内充分利用各地的信息和资源优势快速发展,使分散于世界各地的研发、生产、销售等活动能够服务于企业的全球发展战略。

1. 信息流占支配地位

在跨国公司网络组织内部,信息流支配着物资流,跨国公司将组织的知识资源整合于传统的生产要素中,创造出新的附加值。信息技术在组织内部的应用不仅使组织内各单元交往成本降低,而且可快速整合全球组织单元以应对市场的变化。

2. 水平式管理

跨国公司网络组织内各单元的组织地位是平行的,各单元之间的关系由完成市场任务时的工作关系决定,解决了传统组织结构的低效率和反应迟缓的问题。跨国公司总部将经营决策权下放到网络中的节点,各节点在捕捉到市场机会后能够快速反应、迅速组织网络资源,形成相应的战略响应和运作能力。

3. 网络组织结构具有动态特征

网络组织结构往往不具有固定的结构与模式,是一种不稳定、非标准化的组织。为了有效地组织网络中的资源,总部或焦点单元可以针对特定市场需求建立起以团队为基本单位的临时跨国局部网络,这种跨国局部网络可以随市场的扩大而扩大,随需求的消失而解散。

4. 网络组织结构有利于全球学习

由于跨国公司各个子公司之间以及子公司和母公司之间存在地理距离与文化上的差

异,因而容易形成国别性专有知识。这种知识产生于不同的任务与制度环境,很难从要素市场上得到,而跨国公司遍布全球的网络组织结构则为整合这类国别专有知识提供了一个操作平台,使得这类知识成为推动跨国公司国际化的动力,是形成无形资产和竞争优势的一个重要源泉。在网络结构模式下,母国基地的研发中心不再是集中控制的主中心,而与其他研发机构互相依赖,通过各种协调机制和沟通渠道形成全球协同、灵活高效的系统化网络结构。

知识链接

网络结构的常见形式:

(1)以某跨国公司母国总部为核心建立的网络结构。例如,日本丰田汽车和日本其他汽车生产商在亚洲组织其生产网络,由核心企业(丰田)负责向网络内其他企业传递先进技术和革新方法,要求非核心企业生产的零部件必须符合核心公司的标准,核心企业协调所有活动,以保证高度的一致性。

(2)分散的网络结构下,每个合作公司享有某种程度的自治和独立,信息在这些公司之间相互流动。一项革新只要符合现有标准,就可以被迅速采纳。该系统有相当的灵活性,能吸收先进技术并推进管理人员的创新和进步。比如,日本电气公司正向这种结构迈进,宣布将以分散方式使公司在全球范围内一体化,而不是通过在日本的公司总部控制网络中的所有企业。

跨国公司不管采取哪种形式,其内部关系相对于矩阵型组织结构来说简单得多,它保持了单向的责任链:一个核心控制点只有一个经理,从而保证了整个系统运行的效率,特别是它着眼于确立丰富、有号召力的公司远景目标;着眼于有效的管理过程而不仅仅是结构上的设计,更关注于发展员工的能力。例如,美国思科公司(Cisco)充分应用互联网,使全球范围内每个竞争领域的成本和盈利等数据与信息变得透明,从而公司能够充分授权,员工可以快速作出决策,而这些决策在以前只有 CEO 或是财务总监才能作出。由前面分析可知,网络时代的到来和电子商务的广泛运用改变了人类经济活动的方式,因此,跨国公司必须通过组织结构创新促进全球经济的发展。

资料来源:周毓萍,韩金红.论电子商务与跨国公司的竞争优势[J].国际经贸探索,2003,19(2):29-32,52.

13.3.2 跨国公司组织结构扁平化

组织结构扁平化,是指通过减少管理层次和裁减冗员而建立起来的一种紧凑的扁平型组织结构,它使组织变得灵活、敏捷,从而提高组织效率和效能。企业组织结构扁平化是当今组织结构变革的一大趋势。现代信息技术的发展为跨国公司组织结构扁平化提供了物质技术基础和手段。信息技术的进步,通过计算机参与决策的管理,加快了信息的收集、传递和处理,缩短了组织结构的高层与基层之间的信息传递距离,加快了决策的速度,传统的组织结构正在变"扁"、变"平"。

扁平化是指减少冗杂的纵向结构,减少中间管理层级。英国已有90%的企业采用组织结构精简和扁平化组织结构,包括英国石油公司、英国电信电报公司等。这些都表明跨国公司正在努力减少管理层级,提高企业内部信息沟通效率。

扁平化还包括组织部门横向压缩,将原来企业单元中的服务辅助部门抽出来,组成单独的服务公司,使各企业能够从法律事务、文书等各种后勤服务工作中解脱出来。同时,扁平化企业通过对员工充分授权,激发员工工作动力,培养员工自主工作与协调能力,管理者及员工之间建立起一种新型的服务关系。

13.3.3 跨国公司的兼并收购

经济全球化趋势使跨国企业面临越来越大的经营压力,跨国企业为了降低企业运营成本,努力实现组织资源的优化配置,很多公司把跨国并购作为企业的发展战略。

兼并收购是企业规模扩张的主要方式,通过跨国并购可以优化组织结构,实现组织的静态协同效应和动态协同效应,进而提高跨国公司的组织效率,保持并提高跨国公司的竞争优势。因此,跨国并购是跨国公司在经济全球化背景下规模扩张的主要方式。

跨国并购起源于欧美地区以及亚洲地区的日本、韩国等发达经济体。与此同时,近年来随着印度、巴西等新兴市场经济实力的不断增强,其参与跨国并购的热情也在不断增加。总体来看,随着经济全球化进程的深入,全球跨国并购规模显著扩大。根据联合国贸易和发展会议的统计,上述经济体在2005年的跨国并购规模达到了4 117.47亿美元,这样良好的增长态势一直持续到2007年,跨国并购的规模达到了8 989.87亿美元。此后受到金融危机的影响,全球经济受到巨大打击,2008年跨国并购规模仅为4 092.71亿美元。直至2010年,跨国并购规模重新出现小幅度回升的态势,金额从2010年的2 386.57亿美元上升到2011年的4 039.30亿美元,但在2008年经济危机的"余威"下,仍旧未能恢复到经济危机之前的水平。2013年,样本经济体的跨国并购出现了空前低谷,其规模甚至低于2009年的水平,在这一段时间,由于严格的审查机制和各项限制,跨国并购撤销的规模大幅攀升,企业跨国并购的热情受到重创,金额仅为1 056.91亿美元。随后,尽管面临严格的审查和政策的限制,样本经济体跨国并购的规模仍旧出现了新一轮增长,至2018年已增长至6 557.90亿美元。

实施合理的并购行为,可以通过组织链的国际化来实现组织的静态协同效应和动态协同效应,进而提高跨国公司的整体竞争优势,并购战略的出发点主要有以下几个。

1. 兼并合适的目标企业

跨国公司全球一体化战略的实施,改变了其以往只根据自身资源优势划分职能部门和业务过程的做法,在全球范围内重新定义各种职能和业务过程,并根据不同的需要将不同的职能置于其最能发挥作用的地方。例如,把研究与开发部门、市场营销部门、财务部门等分别安排在不同、资源配置最优的国家和地区,所有部门构成一个完整的体系,这样就形成了跨国公司所谓的 R&D(科学研究与开发)中心、营销中心、资源中心、财务中心等。以传统的"绿地投资"方式建立这些中心:一方面耗时较长,另一方面费用较高,不符合跨国公司全球竞争原则。于是,许多跨国公司就采用并购的方式,并购符合自身全球化发展需要的已有的研发机构、销售公司、资源中心等,并将这些目标公司发展成为其全球化组织网络中的一个有机组成部分。

2. 形成组织综合优势

传统上,跨国公司在设立海外子公司时,大多采用多国地区部结构和全球产品部结构两种基本组织结构形式。多国地区部结构建立在地区而不是产品的基础上,以地区为导向。它适合那些生产专业化程度高、产品线较窄的跨国公司。全球产品部结构建立在产品的基础之上,以产品为导向。它适合那些内部分工比较发达及产品经营多样化的跨国公司。由于子公司对母公司过度依赖,产品部结构缺乏独立意识和首创精神,从而缺乏对国外市场的适应性和技术革命的敏感度,即缺乏柔性;而地区部结构的弱点是,子公司受母公司战略的影响小,独立性倾向比较大,很难取得专业化和规模经济的好处,因而往往成本高而缺乏全球竞争力,只能在东道国的保护下或靠单一的当地化产品特征取得生存。在全球化和当地化的双重压力下,传统的组织结构已经不能满足跨国公司开展全球竞争的需要了。

为了同时取得全球效率和当地适应性,跨国公司必须建立起全球化组织体系,将多国地区部结构和全球产品部结构有机结合起来。为了实现这种结合,传统上采用多国地区部结构的跨国公司在选取跨国并购对象时,倾向于采用全球产品部结构的公司;而传统上采用全球产品部结构的跨国公司在选取跨国并购对象时,则倾向于采用多国地区部结构的公司。

3. 形成超规模的全球性组织

在公司的组织规模上,根据产业组织理论,企业规模越大,垄断力越强,其对竞争对手的竞争力也就越强。于是,20 世纪末以来,全球发生了许多巨型跨国公司之间的并购案。2000 年全球十大并购案:沃达丰收购曼内斯曼、美国在线与时代华纳组成超级巨人、辉瑞争购沃纳—兰伯特公司、葛兰素威康联姻史克必成、美国大通银行收购 J. P. 摩根、瑞穗控股公司—世界最大的金融集团、联合利华收购贝斯特食品公司、百事可乐 134 亿美元兼并魁克、通用电气收购霍尼韦尔、谢夫隆购买德士古,其目的是形成超大型组织,垄断同业市场、增强竞争优势。以沃达丰收购曼内斯曼为例,全球最大的移动电话公司英国沃达丰公司收购德国老牌电信和工业集团曼内斯曼后,以当时收市价计,两集团市值共约 25 668.5 亿美元,由此组成了全球最大的移动电话商。[①] 当然,这些并购也是为了避免出现两败俱伤的竞

---

① 2000 年全球十大并购案[EB/OL]. (2018-09-26). https://max.book118.com/html/2018/0926/6034030001001221.shtm.

争局面。

13.3.4　跨国公司组织结构的虚拟化

最近几年以来，跨国公司组织结构模式呈现出虚拟化趋势。虚拟组织是指两个以上的独立实体，为迅速向市场提供产品和服务，在网络技术的支持下，在一定时间内结成的动态联盟。企业的虚拟组织是介于"市场"和"企业"间的一种交易形式，其组织结构不是以实体结构存在，也不一定是一个法人实体，多数是由一些独立的经济实体基于某种共同目标而临时组织起来的一种联盟。虚拟化组织依靠计算机网络、软件、虚拟现实技术等将彼此联系起来。企业在资源共享的情况下，促进企业组织发展。

虚拟化组织是根据市场机会组成虚拟的创新公司或创新联合体，共担创新风险，共享创新利益，当实现既定的创新目标时，创新联盟即随之解散。通过组织结构虚拟化，各个企业可以充分利用合作伙伴的已有资源加速自己的发展，并且虚拟化组织结构一旦形成，企业便可凭借其强大的规模优势加大对市场的影响力。

虚拟化组织结构的优点主要有以下三个方面：第一，充分利用外部资源以节约成本，降低可能的风险。第二，多个企业合作研发产品能加快企业对市场的反应速度，增强捕捉市场机会的能力，提升公司在市场上的竞争力。第三，通过组织结构虚拟化，各企业可以充分利用伙伴的智力资源，适应注重智力成本的知识经济时代的要求。虚拟化组织结构的弊端主要有以下两个方面：第一，增加了管理难度，分散了控制权。虚拟化组织可以采取平等的合作，也可以以某企业为中心组织。但一般情况下，很难有哪个公司能取得控制的主导地位，主导地位的缺失又加大了管理协调的难度。第二，在合作中可能出现道德风险，即合作者在学习了对方知识后很可能不守信，无法保护知识产权。

随着世界经济一体化以及信息经济新时代的到来，世界经济发展竞争日益激烈，中国企业在走向全球市场开展跨国经营活动的同时，应学习和借鉴现代跨国企业组织结构的成功经验，尽快调整组织结构以应对市场全球化的压力。当然，各种跨国公司组织结构都有其利弊，企业要在设计其组织结构时综合考虑自己的条件以及外部因素，制定出具体、适合自己的发展模式。同时，我国企业也要严格把握跨国公司组织结构变革与发展趋势，学习和借鉴现代跨国公司组织结构与经营机制及经验方案，顺应企业国际化的趋势，逐步制定与国际化相统一的法案条例，形成与国际化经营相关的一系列重要机制，这将有利于我国企业在跨国经营过程中逐步适应和有效应对全球复杂的环境，从而促进其更好地保持竞争优势。

本 章 小 结

企业组织结构的演变与跨国经营的程度密切相关，企业在走向国际化经营的过程中，它的组织结构也会随之发生变化。跨国经营组织结构的变化规律是,经营规模越大,组织结构越复杂。从跨国公司的发展历史来看,其海外经营组织结构的演变大致经历了外销部门阶段、独立子公司阶段、国际业务部阶段与全球性组织结构阶段四个阶段。组织结构的选择必须以职能、产品和地区这三者的有机结合为基础。常见的跨国公司组织结构有:国外子公司结构、国际部结构、全球性职能结构、全球性地区结构、全球性产品结构及混合式与矩阵式结构。组织结构的选择与市场背景及公司战略密切相关,同时要考虑到公司历史、业务性质、产品策略与人员素质等要素。

跨文化组织沟通,也称为跨文化沟通,是指在跨文化组织中,拥有不同文化背景的人们之间的信息、知识和情感的互相传递、交流和理解的过程。依据权力距离、个人主义和集体主义、男性化和女性化以及对不确定性的回避等指标项目的考察,组织文化存在巨大差异,对于国际型组织而言,应学会理解不同的价值观念,协调不同的组织行为,克服人与人之间的文化差异和沟通障碍,减少组织内外部的各种冲突。

复习思考题

1. 比较各种跨国公司组织结构的适用范围。
2. 不同组织文化的成因有哪些?组织文化可以分为哪些类型?
3. 21世纪以来,国内外跨国公司组织结构模式有哪些变化趋势?
4. 影响组织结构选择的因素有哪些?
5. 当组织结构出现问题时,如何对组织结构进行控制?
6. 组织中的跨文化沟通管理是什么?跨文化沟通会遇到什么挑战?
7. 跨国公司如何进行组织变革?
8. 常见的跨国公司的组织结构有哪些?
9. 跨国公司组织结构有什么特点?
10. 结合所学知识,比较跨国公司与普通公司的组织结构的异同。

案例分析

联想与 IBM PC 并购案

第 14 章

网 络 组 织

学习目标

- ✓ 了解网络组织产生的背景和原因
- ✓ 理解关于网络组织的经济学解释
- ✓ 了解网络组织的各种类型、内涵和特性
- ✓ 理解网络组织的运行机制、功能
- ✓ 理解网络组织风险产生的原因和控制办法
- ✓ 了解网络组织治理模式

引例

雀巢公司(Nestle)由亨利·内斯特莱(Henri Nestle)于1867年创建,现在的总部设在瑞士日内瓦湖畔的沃韦(Vevey),是世界最大的食品制造商。2005年,雀巢公司在全球拥有500多家工厂、25万名员工,年销售额高达910亿瑞士法郎。从一个生产婴儿食品的乡村作坊发展成今天领先世界的食品公司,雀巢走过了100多年的发展历程。

随着公司的不断发展和全球市场的变化,雀巢公司的决策层认识到,经济全球化已使企业营销活动和组织机制由过去的"大块"结构变成了"模块"结构的事实,从而将其工作重点转向组合模块,实施模块组合营销。在雀巢公司的模块组合战略中,各分公司就是作为一个模块,独立运作于所在的市场,有权采取独特的策略,但又接受公司总部的协调。模块组合营销不仅使雀巢公司能够准确地把握并满足市场的需求、反应灵活、具有较强抗风险能力,还使雀巢公司形成了一种网络型的组织结构。

长期以来,企业都是按照职能设置部门,按照管理幅度划分管理层,形成了金字塔形的管理组织结构。这种组织结构已越来越不适应信息社会的要求。模块组合把企业的营销部门和经营业务部门划分为多个规模较小的经营业务部门并受总部统一管理,其结果是管理组织结构正在变"扁"、变"瘦",综合性管理部门的地位和作用更加突出,网络性的组织结构形成。传统的层级制组织形式的基本单元是在一定指挥链条上的层级,而网络制组织形式的基本单元是独立的经营单位。雀巢公司的模块组合营销,造就了网络型组织结构,也使雀巢公司具有网络化的特点:一是用特殊的市场手段代替行政手段来联络各个经营单位

之间及其与公司总部之间的关系。网络制组织结构中的市场关系是一种以资本投放为基础的包含产权转移、人员流动和较为稳定的商品买卖关系在内的全方位的市场关系。二是在组织结构网络的基础上形成了强大的虚拟功能。处于网络制组织结构中的每一个独立的经营实体都能以各种方式借用外部的资源,对外部的资源优势进行重新组合,创造出巨大的竞争优势。

资料来源:雀巢公司[EB/OL]. https://m.baike.so.com/doc/378747-401124.html.

网络组织作为一种新的组织形式,让雀巢公司迅速形成了自己的核心竞争力。网络组织是为了共同的目标而紧密联系在一起的员工群和企业群,这种形式已经在管理中越来越多地出现。在经济全球化和知识经济的带动下,网络组织在经济发展中将会占据越来越重要的位置,同时网络组织已成为理论界研究的热点问题,国内外许多学者从不同角度对网络组织进行了理论研究与实证分析。

14.1 网络组织的产生

知识经济的兴起,改变了组织赢得竞争的资源基础,呼唤新的与环境相匹配的组织模式。以信息通信技术为代表的高技术的发展是网络组织出现和发展的推动力,是促进全球化及组织更新的推动力,改变着人们的思维方式与行为方式,网络组织的研究具有重要的意义。

14.1.1 网络组织产生的动因

网络组织不断发展,是整个外在环境因素和企业内在因素相互作用的结果。外界因素的社会、经济和技术起到了主导作用。网络组织的产生与社会背景、经济背景、技术背景等因素有密切关系。

1. 社会背景

在知识经济的冲击下,价值取向、市场观念和社会组织形式等方面都发生了很多变化,企业面临来自知识经济社会的机遇与挑战,迫切需要通过构建基于知识的企业能力,通过柔性、创新的组织模式适应复杂的环境。企业网络组织在一定程度上是企业实现相互学习的知识联盟,组织成员之间实现知识共享,企业能够获得其他成员的知识和技能。相互之间核心能力和知识的互补,使得企业网络组织更有竞争力。

企业网络组织是一种适应知识社会并以创新为灵魂的组织,通过相互学习、知识共享和专业技能的结合,网络组织成员之间更容易创造出新的交叉知识。企业网络组织存在的目的就是要发挥网络组织节点的创造性与潜力,达到协作创新目标,可以加速其创新进程,所以持续创新是对企业网络组织生存发展的要求。

2．经济背景

经济环境的变化对企业网络组织的发展起到了巨大的推动作用,企业的经营环境再也不是地区性的、单一性的,而是面向全球的。在这种环境下,单个企业在制定战略时变得力不从心,因此许多企业采用结盟的形式,形成企业网络组织,共同面对环境的挑战。例如,中石油、中石化在金融危机后不断加速海外并购,诺基亚和微软于 2011 年 2 月在伦敦正式宣布,将达成广泛的战略合作伙伴关系,将利用双方的优势和专长进行互补,建立起新的全球移动系统。

以互联网为基础的网络经济飞速发展。截至 2022 年 1 月,全球互联网用户数量达到 49.5 亿人。① 网络经济以信息产业为基础、以知识为核心、以网络技术为依托,采用最直接的方式拉近了服务提供者与服务目标的距离。网络经济是在信息网络化时代产生的一种新的经济现象,表现为经济活动中的生产、交换、分配、消费等活动,都和信息网络密切相关。在网络经济形态下,传统经济行为的网络化趋势日益明显,网络成为企业价值链上各环节的主要媒介和实现场所。

随着生产技术水平不断发展,生产效率不断提高,产品供应不断丰富,供大于求造成了买方市场。市场变化速度惊人,人们消费观念的变化和消费要求快速更新。传统的组织模式难以应对这些变化,企业在解决这些问题的时候需要网络组织这种新的组织形式。顾客地位的提高,使得企业开始和购买商、销售商乃至消费者结成新型的伙伴关系,以便满足消费者的需求。这在一定程度上也便于企业了解需求变化趋势,而这种趋势往往是单个企业难以独自满足的,因此企业要联合其他相关企业,形成企业网络组织,开发出多样化的产品或服务,满足多样化的需求。快速的市场变化,也要求企业必须以企业网络组织的形式来进行产品的研发、生产和供应。

3．技术背景

人类社会的科技、知识成为生产力的主要推动力。信息技术或信息通信技术、网络技术更是发展迅猛,在造就一个巨大的信息产业的同时,也使全球企业组织发生根本性的变革。随着信息通信技术对组织变革的影响,企业组织扁平化、网络化及业务流程再造、企业资源计划(ERP)、供应链管理、敏捷制造(AP)、准时化生产、精益生产、计算机集成制造、客户关系管理(CRM)等管理和组织技术极大地推动了组织网络的发展。企业之间可以通过信息通信技术进行知识、信息、资料、情报的处理,达到降低成本、提高效率的目的。

14.1.2　网络组织的形成条件

网络组织不是封闭的,而是一个动态、开放式的组织,它和外部环境进行物质与信息的

---

① 2022 年全球及各个国家、地区互联网用户数量,互联网用户占比、上网时长及上网原因分析[EB/OL].(2022-04-26). https://www.chyxx.com/industry/1106494.html.

交换,因此网络组织的构建必然受到内在因素和外在条件的制约与影响。

1. 健全的市场机制

市场经济体制是网络组织形成的首要条件之一,只有健全的市场经济体制,才能确保企业的法人主体地位,才能使企业在经济活动中发挥主导作用。企业可根据自身的经济目标和利益取向自主决定与哪些企业建立经济联系、建立什么样的联系,这是经济发展的必然规律。

2. 物质技术基础

网络组织的形成是建立在一定的物质技术基础之上的。从网络组织的历史演变来看,企业之间的经济联合迄今已有100多年的历史,但真正现代意义上的网络组织还是20世纪80年代以后的事情,这与新兴科学技术的飞速发展,尤其是信息产业的快速进步是密不可分的。随着企业的信息化程度不断提高,企业收集、处理、应用信息的能力日益增强,这为网络组织的形成创造了技术条件。

3. 企业的核心能力

核心能力是企业拥有的具有专用性的软件技术、别具特色的硬件产品、独具风格的管理理念和难以效仿的管理技巧。企业合作都是以核心优势进行弥补整合,培育核心能力是企业可持续发展的关键。因此网络组织要求合作方必须具备比较优势,通过比较优势的聚合形成综合实力,发挥后发优势。核心能力的形成需要企业长期不懈的努力,只有强化和突显核心能力,才能使企业保持有效活力和持久的发展能力,并以此参与国际竞争,与世界各国展开内容广泛的合作。

14.1.3 网络组织的形成方式

由于经济活动的复杂性和网络组织结构的多维性,我们很难用一种统一的标准将网络组织的形成方式进行分类,但根据价值链上前后经营环节之间的联系,大致可分为横向结网、纵向结网与混合结网三种方式。

1. 横向结网

横向结网即相同行业、生产阶段或贸易阶段的企业实行联合,形成新的组织形式,如美国在线与时代华纳通过换股的方式完成了迄今为止涉及金额最大的兼并案,实现了传媒巨头与网络新贵的强强联合。中国16家房地产开发商联合成立了被称为"中城房网"的策略联盟,旨在成员企业之间达到资讯共享、联合采购、融资互助、联合开发。形成这种网络组织的主要目的是基于避免恶性竞争,增强综合实力与同行其他企业展开竞争,制定行业标准和游戏规则,有利于消除重复建设、降低生产成本、规范市场、实现产品专业化。

2. 纵向结网

纵向结网即同一价值链上的不同企业由于相互之间的关联度与依存度较高而形成的

联合。这种组织有两种方式：一是向后结网，即最后经营环节的企业与其前面环节的企业联合。例如，世界著名运动鞋制造商耐克公司通过业务外包的方式将生产加工功能转移到生产成本较低的第三世界国家，而自己专注于产品开发、市场调研和发展战略的制定。二是向前结网，即按商品的形成与交易顺序进行联合。例如，天津某科技公司利用虚拟经营的方式与经销商建立了稳固的业务关系，在短短的 2 年时间内将其青少年矫姿产品的年销售额推向了近 3 亿元。纵向结网可加强企业对采购和销售的控制，通过把市场环节内化为组织内部行为来降低交易费用。

3. 混合结网

混合结网即跨行业、跨地区、跨所有制结构甚至跨国界的不同企业之间的联合。例如，美国最大的电讯业垄断组织国家电话电报公司兼并了 50 家与电讯电子无关的企业，其中涉及人造纤维、建筑、旅馆、保险等多种行业。摩托罗拉公司与索尼、三菱、加拿大的贝冻及俄罗斯和中国的企业集团建立了跨国战略联盟关系，以减小经营风险、缩短开发周期、扩大全球势力范围。这种合纵联横的网络组织形式在西方工业化国家越来越普遍。

14.2 网络组织的内涵和特征

尽管许多文献中都充斥了"网络"或"网络组织"等网络经济时代造就的新名词，但时至今日，对网络组织的界定还没有一致看法，对网络组织的认识也存在多种观点。从行为学的观点看，网络组织强调组织系统中各成员之间的相互交流与协作，它是通过许多人、团队或组织而结成的社会联系模式，这一定义是基于不同的结构和水平来进行分析的。从战略观点来看，网络组织模式是由有利益关系但又相互独立的营利性组织间的长期的战略安排，其目的是使网络成员获利并保持持续的竞争优势。

14.2.1 网络组织的定义

国内外许多学者都从不同的角度来界定网络组织，但仍没有一个明确的定义，本书列举其中具有代表性的观点供读者参考。

肯尼斯·普瑞斯(Kenneth Preiss)认为，网络组织是由原来孤立交易的公司共同贡献资源而形成的"企联"，即动态连接组织，从而使企业进入一个动态的互联世界，成为灵捷竞争者。

达夫特认为，网络组织分为人、群体部门、组织、跨组织集合或社区四个分析层次，由单个组织相互作用所形成的跨组织集合是组织本身集成的最高分析层次，它以自由市场模式组合替代传统的纵向层次组织。

迈尔斯则认为，网络组织是由半自治组织集合而成，具备扁平、分权的结构，具有非纵向交流，并以知识为运作基础等新特征。

布鲁诺(Bruno)从经济、历史、认知、规范等多维角度对网络组织进行了概括,认为网络组织是一种超越传统的市场与企业两分法的复杂的社会经济组织形态,而且这一复杂的组织形态是一个动态、按照一定路径依赖不断演进的历史过程。

14.2.2 网络组织的内涵

网络组织的内涵非常丰富,从经济学角度来看,网络组织的本质特征是一种合作竞争型准市场组织。具体说来,其特征如下。

1. 是介于市场和企业之间的一种制度安排

纯粹市场和企业的资源配置方式分别为价格机制和科层组织调节,而网络组织是以价格机制和科层组织混合调节来配置资源的,其成本也是交易成本和组织成本的混合。

2. 企业行为由相互之间的关系所决定

结成网络以后,企业的行为既不是由供求关系产生的价格机制所控制,也不是由企业内部的各种计划和权威来决定。它的运行是在定义成员角色和各自任务的基础上通过密集的多边联系、互利和交互式的合作来完成共同追求的目标。通过诸如设计、生产、销售、分配、财务管理以及人力资源管理一类的内部系统与诸如供应商、合作伙伴、竞争对手、政策制定者、业务客户和消费者一类的外部系统迅速有效地连接在一起,从而形成一条包括许多节点的对等知识网络,每个节点之间都以平等身份保持着动态联系。密集的多边联系和充分的合作是网络组织的重要特点,这正是与传统企业组织形式的最大区别所在,同时企业行为必然受到网络组织总体目标要求、企业之间合作方式等条件的限制。

3. 各企业之间实质上是一种价值互补关系

所有联合企业的产品和服务都要从市场需求出发,通过统一的网络渠道并以富有商誉的品牌进行销售,最后按各自产品、服务的价值构成或份额分享利润。

4. 经济虚拟性

网络组织与实体公司之间存在着显著的区别。实体公司有一定的组织结构形式,有严密的组织结构体系,是法律意义上的经济实体,具有法人资格。网络组织可能是由一些独立的经济实体组织起来的临时性公司。它没有固定的组织结构和层次,可以按照需要由几个经济实体任意形成;在组织结构的运行过程中,也可按照需要随时对组织结构进行调整,不需要履行任何法律手续,也不具有法人资格(表14-1)。

表14-1 网络组织与市场和企业组织的比较

特 征	企业组织	网络组织	市场组织
目的	中央执行者的利益优先	合作的利益优先	提供交易场所
资产和资源	资产专用程度最高,不易交易、固定、大型的有形资产	适度高资产专用性,柔性、较多的无形资产	低资产专用性,易于交易

续表

特 征	企业组织	网络组织	市场组织
垂直一体化	高,生产投入所有权集中	可变,所有权单元分散化	无,生产投入所有权分散
交易	长期时间模式,高概率反复	中等偏长期,可变的反复	短期模式,低概率反复
冲突解决	详尽的合约,行政命令	关系的/经常的合约,共同协商,互让互惠/政府或法律法规	市场规范/法律法规
边界	固定,刚性	柔性,可渗透	不明显
联系	不间断	当需要时	短期存在
决策轨迹	高层,远距离	共同参与和协商	即时/完全自主

资料来源:林润辉.网络组织与企业高成长[M].天津:南开大学出版社,2004.

14.2.3 网络组织的特征

网络组织具有合作性、创造性、复杂性、环境适应性等特征。

1. 合作性

企业要在合作的思想指导下,通过有效的竞争合作,实现整个商业生态系统或网络组织的目标,协作、合作是实现利益最大化的根本,是产生网络组织系统效能的源泉。

2. 创造性

网络组织是一种适应知识社会、信息经济,以活性节点的网络联结形成的一种以创新为灵魂的组织模式。对复杂、不确定的环境,组织如何营造持续创新的优势成为组织变革的一个重要课题。创新是网络组织的灵魂,是网络组织产生、发展、成长的基础。

3. 复杂性

网络组织是一个复杂的动态自适应系统,网络组织的复杂性首先表现在网络组织的环境复杂性,组织的社会价值、责任的要求,经济全球化、一体化的挑战,以及新兴技术的发展上。以往的优势组织像在风平浪静的海面上行驶的巨轮,今天取而代之的是由不同特长的弄潮者共同驾驶一组快艇在急流中搏击。网络组织复杂性的另一个体现是其结构复杂性,网络组织由具有决策能力的活性节点构成,节点具有信息加工和处理能力。网络组织节点的数量不一,节点的决策特征不同,决策模式多样,决策素质各异,网络组织节点间联结方式多种多样,联结效果也不尽相同。网络组织中节点及其数量、特征,节点间联系的数目、形式,是网络组织复杂性的静态构造基础。

4. 环境适应性

网络组织不只是一种新的组织模式,它面对新的社会、经济、技术环境的要求,肩负着满足21世纪人类社会渴望的使命,组织要从容应对复杂、不确定性的环境,就要建立使环境、社会与个人持续发展的网络组织。

14.2.4 网络组织的类型

网络组织现象纷繁复杂,试图对这一组织现象进行解释的理论也相当多,从不同的视角出发的各种理论都试图对网络组织进行分类。本章主要介绍当前经济环境下常见的现实网络组织形态。

1. 基于分包而形成的网络组织

分包是指核心企业的生产业务在企业间层层分包或转包的生产活动协调方式。在这种组织形式中,核心企业把生产活动中的非核心业务通过契约形式交由其他企业生产,而这部分直接承包核心企业业务的企业也可以把部分业务再发包给其他企业,由此形成围绕核心企业的层层分包网络。核心企业作为分包制的"协调中心",控制着从产品设计到营销的所有经营活动安排。它通过与其他企业的协调,形成与其产品生产紧密相关的配套协作网络。与大规模的垂直一体化企业相反,分包制充分利用网络组织来进行生产活动,以网络来应对市场需求的变化。核心企业与配套企业实行纵向集成,企业之间在生产中既相互合作又相互竞争,形成一种高效而灵活的弹性生产系统。

2. 企业集团

企业集团是一个多法人的企业联合体,它以一个或几个大企业为核心,通过企业之间的持股、控股和参股等手段形成一种比较严密的网络组织形态。企业集团协调生产活动是以集团公司为轴心分层次有序进行的。集团公司(核心层)通过控股、持股所赋予的控制权,在股权、人事、财务和发展战略等方面对集团成员企业施加不同程度的控制和影响,以协调和维护集团的正常运行。

3. 虚拟企业

计算机行业已经使诸如虚拟内存器、虚拟计算机、虚拟现实和虚拟空间这样的新词流行起来。在以上各个例子中,虚拟体现了信息技术的重要性,虚拟企业已经把由技术革新所激发的虚拟思想引入组织学的领域中。这意味着通过技术和各种联合,虚拟企业可以聚合起更大的力量来完成既定的目标。一般认为,虚拟企业是由一些独立公司组成的临时性网络,这些独立公司包括供应商、客户甚至竞争对手,它们通过信息技术组成一个整体,共享技术、共担成本并可以进入彼此的市场。虚拟企业没有办公中心,也没有组织章程。

4. 战略联盟

战略联盟是指由两个或两个以上有共同战略利益和对等经营实力的企业或特定事业和职能部门,为达到拥有市场、共同使用资源等战略目标,通过各种协议、契约而结成的优势互补或优势相长、风险共担、生产要素水平式双向或多向流动的一种松散的合作模式。战略联盟的优势体现在以下四个方面:①规模经济。小企业因为远未达到规模经济,与大企业相比,其生产成本就会高些。这些未达到规模经济的小企业通过构建联盟、扩大规模就能产生协同效应,提高企业的效率,降低成本,增加盈利,以追求企业的长远发展。②实现企业优势互补,形成综合优势。企业各有所长,这些企业如果构建联盟,可以把分散的优势组合起来,形成综合优势,也可以在各方面、各部分之间取长补短,实现互补效应。③可以有效占领新市场。企业进入新市场要越过新进入壁垒,通过联盟合作进入新市场,就可以有效地打破这种壁垒。④有利于处理专业化和多样化的生产关系。企业通过纵向联合的合作竞争,有利于组织专业化的协作和稳定供给。

5. 产业集群

波特在《国家竞争优势》一书中首先提出"产业集群"一词。波特认为,区域的竞争力对企业的竞争力有很大的影响,他通过对多个工业化国家的考察发现,产业集群是工业化过程中的普遍现象,在所有发达的经济体中,都可以明显看到各种产业集群。产业集群是指在特定区域中具有竞争与合作关系,且在地理上集中,有交互关联性的企业、专业化供应商、服务供应商、金融机构、相关产业的厂商及其他相关机构等组成的群体。不同产业集群的纵深程度和复杂性相异,代表着介于市场和等级制之间的一种新的空间经济组织形式。许多产业集群还包括由于延伸而涉及的销售渠道、顾客、辅助产品制造商、专业化基础设施供应商等,政府及其他提供专业化培训、信息、研究开发、标准制定等机构,以及同业公会和其他相关的民间团体。因此,产业集群超越了一般产业范围,形成特定地理范围内多个产业相互融合、众多类型机构相互联结的共生体,构成这一区域特色的竞争优势。产业集群发展状况已经成为考察一个经济体或其中某个区域和地域发展水平的重要指标。

知识链接

网络组织模式分类如表 14-2 所示。

表 14-2　网络组织模式分类

节点及其性质	联结方式	网络组织	类　型
同质、不同质的企业	契约	战略联盟	企业间
不同质、企业部门、子公司	指令、契约	网络化运行公司	企业内
同质、不同质的中小企业	契约、信用	小企业网络	企业间
不同质、企业+顾客	会员制章程	Web 公司	企业与顾客间
虚拟接点	契约、信用	虚拟组织	企业间、部门间
企业(家)	章程	企业家协会	个体间
"网络组织"人	网络组织协议	合作团队	个体间

14.3　网络组织结构与调节机制

网络组织是一个动态、开放的自组织系统,通过与外部环境不断地进行信息、物质、能量的交换以及各节点之间的相互交流(信息或物质),逐步提高自身的机能与价值。

网络组织既可以是经济实体组织,如思科、Amazon.com 等,各节点间的联结信息为指令、法律合同、商业信用、商机;也可以是虚拟的组织,如 Linux、MP3、亿贝、NASDAQ(纳斯达克)、易趣等,各节点间的联结信息为商业信用、商机、共同的价值取向或准则、兴趣、爱好。随着电子商务的蓬勃发展,许多传统的企业也正在进行组织变革,向网络组织转变。如全球知名的汽车制造企业通用汽车在保留其核心的汽车设计和销售部门的同时,将其生产制造部门剥离,通过资源外包等形式构建其价值链,转变为网络组织。

14.3.1 网络组织的结构

网络组织的结构形式可以分为有盟主的网络组织与无盟主的网络组织。

在有盟主的网络组织中,有一个节点在组织中具有管理协调功能,通过指令、契约等信息来管理协调整个网络组织的运行,如图 14-1 所示。有盟主的网络组织可以分为集合式网络组织和价值链式网络组织。在集合式网络组织中,盟主节点作为组织与外界进行信息、物质(商品服务)交流的枢纽,不能构造、指导、协调物质的创造过程,如沃尔玛、Amazon.com、8848 等;在价值链式网络组织中,盟主节点不仅作为组织与外界进行信息、物质(商品服务)交流的枢纽,而且构造、指导、协调整个物质的创造过程,如思科、戴尔、通用汽车等。

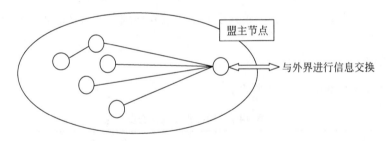

图 14-1 有盟主的网络组织

在无盟主的网络组织中,各个节点处于对等的地位,通过各节点之间(信息或物质)的相互交流,形成组织的自我调节以维持组织的运行,如图 14-2 所示。无盟主的网络组织可以分为集市式网络组织和联盟式网络组织。在集市式网络组织中,各节点之间自由地进行

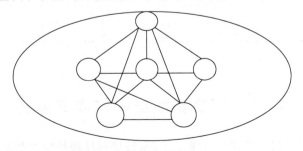

图 14-2 无盟主的网络组织

信息与物质的交换，如亿贝、NASDAQ、易趣等；在联盟式网络组织中，各节点通过参与组织知识或经验的创造而共享组织的知识或经验，如 Linux、MP3、Wintel、Java 联盟等。

14.3.2　网络组织的调节机制

网络组织是组织成员基于正式或非正式契约连接而成的，综合现有研究可以发现，网络组织中存在四类机制对网络的维系和运转起到协调作用：①强制调节机制：网络组织下的成员必须履行契约所规定的责任和义务。这类契约以显现或隐含的形式存在，强制协调成员的行为，维持着成员间事先约定的关系。②自动调节机制：网络组织的成员都是独立的市场行为主体，所以价格机制仍然是一个基本的协调机制。企业在遵守契约规定的同时，通过有效的市场竞争来配置资源。③社会调节机制：成员间的经济往来内嵌于一定的社会关系之中，在一定程度上受到这些社会关系的影响。相互信任的人际关系、相同的价值观念有助于成员间达成交易，也有助于成员间默契地遵守契约、相互协调交易行为。④路径依赖式的调节机制：组织网络是一种适应性的组织间关系形态，也是具有自增强或自催化的动态系统，即具有局部正反馈的系统。这使组织网络在利用上述几种调节机制时会受到这种正反馈的限制，从而使得网络的协调体现出路径依赖的特征。

网络组织的调节机制指的是如何协调组织各节点的行为以保持组织的有效运行。这涉及两个方面：①如何设计网络组织内部的调节机制；②调节机制的实施、管理。

根据网络组织的动态模型，即如何规范网络组织中各节点的行为，从而改善、提高网络组织的功能，增加网络组织的价值。

对于有盟主的网络组织，由于节点之间是通过产权、契约关系、法律合同、行政指令等方式联结的，并且在盟主节点的组织协调之下运作，所以可以通过盟主节点的管理协调功能来保持网络组织的有效运行。有关盟主节点可以通过设计有效的激励机制、规范节点的行为、诱发其他节点的积极性来降低组织运行的风险、提高组织的运行效率。

而对于无盟主的网络组织，由于节点之间的关系、联系方式、价值的实现过程皆不同于有盟主的网络组织，因此其机制也不同于有盟主的网络组织。对于无盟主的网络组织，其特有的组织结构决定了其特有的运行方式：由于各节点处于对等的地位，无盟主的网络组织是通过网络组织自身的自我调节功能——各节点间通过相互的交流（如信息流、物流的交换），参与网络组织的运行，形成网络组织的价值（表现为网络组织共有的知识或经验以及网络组织的声誉、品牌），并为网络组织各成员所共享。因而活性节点选择不同的行为参与网络组织的运行，对网络组织的价值具有重要的影响。在未来的电子商务环境下，组织成员的分散性与虚拟性，使得难以有效地观察各个成员节点的行为，从而加大了道德风险，如"偷懒"或"搭便车"以及悖逆选择（采取投机行为参与网络组织的运行）等行为。

无盟主的网络组织的协调需要解决两个问题：节点的贡献不足与投机行为。为消除节点的贡献不足，可以采用俱乐部的形式，设置不同的会员资格，使得具有共同需求、兴趣、爱好的节点(参与者)聚集到一个组织中,激发节点贡献的积极性,提高组织价值对各节点的效用。

14.4 网络组织的功能与风险

企业组织形式的演化不是偶然的,而是有其内在的必然性。网络型组织的应运而生,具备了许多传统的企业组织形式所没有的优势,对经济效率的提升有积极的作用。

14.4.1 网络组织的功能

网络组织的功能,主要表现在以下几个方面。

1. 规模经济

企业规模的扩大,有利于企业使用更先进的设备和技术,实行更精细的分工、协作和专业化生产,从而产生规模经济效应。然而企业规模扩大后,对外与市场的协调成本越来越高,对内运行机制的协调难度也越来越大,再加上管理与指挥系统的复杂化和信息的上传下达速度减缓,又会出现规模不经济,导致"大企业病"。网络组织突破了这一限制,因为企业扩张不再是扩大占地面积、增设组织机构、新建厂房、采购设备、招聘雇员的传统经营式扩张,而是通过协作最大限度地使用他人占有的经营资源,从而使企业的产品开发、生产、销售、管理等功能扩大。也就是说,网络组织是生产、销售、研发功能的扩张,而不是设施、组织和机构的扩张,从而有效地避免了"大企业病",实现了规模经济扩张。

2. 优化资源配置

在网络组织中可借助合作伙伴的力量,在不增加投入的情况下,企业间取长补短,盘活存量资产,实现跨地区、跨行业、跨所有制间的联合,促使企业间资金、设备、技术、人才等要素合理运作,避免重复建设,优化资源配置。

3. 分工和专业化

科学技术的发展和更新速度大大加快,同时其复杂程度也大大加强,这在客观上要求企业将有限的资源专注于特定的领域,以获取专业化带来的利益。网络组织将那些有共同目标的员工群和企业群联系起来,作为组织成员的个人和企业各有其特定的分工,网络利用其特有的价值整合功能,使得网络向最终用户提供的产品和服务的价值大于各个企业独立创造的价值之和,而其中的超额价值部分则由网络组织成员共享。这就使得网络成员专心在各自的专业领域不断改进技术水平和生产方式,提高经济效率。

4. 生产成本和交易成本

网络型组织使企业不必支付昂贵的成本组建一套完整的组织体系,同时又实现了企业运行的各项必要功能;既可以获得更高效率、更低成本的专业化服务,又可将自身的全部智能和资源专注于核心业务,有利于从总体上降低公司的运作成本、提高营运效率。像克莱斯勒、戴尔电脑、耐克等世界著名的大公司,都从外包中获得了巨大的收益,并使生产成本大大降低了。另外,利用网络型组织,可以将经常性交易对象组织起来,建立长期的信任和合作关系。在此基础上对网络成员之间的相互关系进行管理,有助于降低契约谈判费用、简化冲突的协调过程、降低总体交易成本。

5. **分散经营风险**

快速的研发能力、高质量柔性的生产能力和完善发达的营销能力均以雄厚的资金为后盾,而且需要相关的高新技术配备,单个企业仅靠自身的有限资本则显得力不从心,而且经营风险巨大。企业网络组织为之提供了这些能力和规模经济效应,既降低了内部成本、提高了经营弹性,同时分散了经营风险。

从单个企业看,网络组织通过资源优势的互补,大大地节约了企业经营成本、提高了经济效益。从社会角度看,避免了重复建设和资源浪费,提高了社会效益。因而,网络组织已在世界范围内得到广泛应用,成为企业追求组织机构精简、层级轻薄、运作弹性化的一种新模式。

总之,网络组织摆脱了传统企业组织依靠扩大自身规模实现规模扩张、独占经济利益、降低交易成本和经营风险的固有思维方式,通过彼此的有效合作、网络利益的共享,求得规模经济与范围经济,提升其运行的经济效率。

14.4.2 网络组织的风险

网络组织带来了单个企业无法实现的网络利益,通过利益分享使网络成员共同成长。然而网络组织又是一种极难管理的"中间组织"形式,因而并非所有的网络组织都能取得辉煌的业绩,为此必须掌握较高的网络组织管理水平,减少合作成本,降低合作风险,使这种共同成长得以持续。网络组织的风险形成有内部原因和外部原因。

1. **内部原因**

1) 路径依赖

网络组织成员之间存在频繁的经济行为,这种行为根植于网络与制度之中。因此,网络组织具有强烈的路径依赖性。在网络组织内部,制度的路径依赖可以解释网络组织内部有效习俗、规范的产生,同样当网络组织外部技术条件发生改变时,网络的路径依赖性也可能引发网络组织的各种锁定效应,导致网络组织衰退甚至灭亡。

2) 利益分配不公

如果一个节点企业感觉其他的企业从网络组织中获取了比自己多的利益(遭遇了不公平的利益分配),它可能减少对自己的约束,甚至不顾自己的利益表现出一系列不协调的行为,从而导致网络组织经营活动遭遇挫折甚至失败,给网络组织带来经济损失。

3)信任

网络组织成员企业之间缺乏信任和过度信任都会引发网络组织风险。当网络组织成员企业之间缺乏信任时,会容易产生机会主义动机即中途叛离现象,并且企业也不会全身心地投入合作。当网络组织成员企业之间相互过度信任时,信任就可能会成为保护传统方法的力量,从而抑制创新,使网络组织不能及时调整、创新,不利于网络组织发展。

4)信息不对称

网络组织成员之间的相互信任,减少了成员企业之间的相互了解,从而导致成员之间的信息不对称性。同时,网络组织的虚拟性也加剧了这种信息不对称性。信息不对称不仅是各种机会主义行为滋生的温床,而且能够产生"逆向选择"以及"败德行为"。

2. 外部原因

1)国家推行的政策

政府要制定一些旨在保护消费者、保护环境、调整产业结构与引导投资方向的政策(如产业政策、税收政策等)。这些国家所推行政策的连续性和稳定性会影响网络组织正常运行。

2)行业的生命周期

每个行业都会经历一个生命周期变化过程,即起步期、成长期、成熟期及衰退期。显然,行业的衰落期会对网络组织造成负面影响,可能会使网络组织走向衰落。

3)金融市场的变化

资金作为每个企业的"血液",对企业的生存、运作以及发展壮大有着举足轻重的作用,资本运营也成为每个企业的必修课。股票、债券是企业筹集资金的重要渠道,这就意味着,企业的发展要受金融市场的影响。因此,利率、汇率的变动以及股市的波动都会波及各个企业,网络组织也不例外。

4)激烈的市场竞争

当今市场竞争激烈、技术日新月异,这既给企业提供了参与市场竞争的机遇,同时也使企业增加了风险。市场竞争分两种形式:一种是同行的竞争,一种是产业链的上下游合作者之间的竞争。网络组织内部聚集大量同类企业,出于对市场份额的争夺,同行竞争在所难免。而同一产业链上的企业相互依赖性较强,很容易由合作者转为竞争者,从而对网络组织内现有节点企业产生影响。

案例

美国次贷危机的影响

2007年2月,汇丰控股为在美国发放的次级住房抵押贷款增加了18亿美元的坏账准备,并和新世纪金融公司先后发表声明,指出美国次级房贷市场存在着严重问题,同时披露出两家公司出现大量亏损。2007年3月13日,美国住房抵押贷款银行家协会发表报告,指出次贷市场存在着危机,由此拉开了美国次贷危机的帷幕。2007年4月,美国第二大次级抵押贷款机构——新世纪金融公司出现巨额财务亏损并申请破产保护,次贷危机正式爆发。危机迅速从信贷市场向货币市场和资本市场蔓延,最终演化成一场全球性的金融危机,直接导致了世界经济的整体衰退。

路径1:直接冲击房贷机构和次级债供应商

在利率上升和房价下跌的形势下,2006年次级房贷违约率大幅度上升。由于房贷机构不可能将所有贷款证券化,因此必须承受保留在自己资产负债表之上未实施证券化资产的违约损失。

路径2:冲击购买了MBS和CDO的基金公司、投资银行和商业银行

抵押贷款违约率上升导致中间级或股权级MBS(抵押支持债券)和CDO(担保债务凭证)的持有者不能按时获得本息偿付,造成这些产品的市场价值缩水,从而恶化了基金公司和投资银行的资产负债表。一旦投资基金的资产遭受严重损失,基金公司就会面临投资人的赎回压力、商业银行的提前回收贷款压力,以及中介机构的追加保证金要求,从而被迫抛售优质资产,甚至破产解散。次贷危机爆发后,在对冲交易中被质押的次级债券迅速失去了流动性并成为垃圾债券,证券清算银行必须强行平仓,这时基金公司就会产生巨额亏损乃至破产清算。

路径3:冲击购买了信用评级较高的MBS和CDO的机构投资者

次级抵押贷款的整体违约率上升,就会导致次级债的违约风险相应上升,这些证券的信用评级将被评级机构重新评定,如果调低,次债产品的市场价格必然大幅缩水。随着投资组合中相当一部分MBS和CDO的信用等级降低,它们不得不把那些低等级债券抛出变现。随着大批投资者资产组合的调整,市场抛盘压力加大,流动性从市场上不断被抽走。由于次级债券价格大幅下跌,持有此类证券的投资者出现资产损失。

路径4:冲击股票和期货等市场

由于投资基金必须公布资产净值,投资损失在资产净值中体现并公布出来,加剧了基金投资者的担心,投资者纷纷要求赎回基金。为了满足投资者的赎回,基金公司不得不通过变现股票、期货、期权等资产来满足自身的流动性需求,这又使全球各大股票、期货市场价格出现大幅波动。

路径5:全面冲击实体经济

当美、欧、日等经济体经济发展减速之后,企业开工率下降,居民收入减少,进口需求随之下降,这又对贸易伙伴国的出口构成冲击。对于出口导向型的经济体而言,这将严重拖累其宏观经济增长。进入2008年,美国、欧盟各国、日本等各大经济体全面陷入经济衰退。受次贷危机的影响,冰岛发生债务危机,继而匈牙利、乌克兰和罗马尼亚等国又陷入债务危机,陆续接受IMF(国际货币基金组织)援助贷款。

资料来源:尹继志.当前全球金融危机的生成、传导与警示[J].金融教学与研究,2009(5):24-30.

14.4.3　网络组织的风险控制

网络组织风险无疑会危及各合作企业的共同利益,必须采取有效措施实施风险控制。

1. 企业网络组织的基本条件

成功的企业网络组织一般具备以下两个条件:①成员企业有共同的利益驱动,各方的核心能力的互补性强。企业网络组织实际上就是取人之长、补己之短,发挥整合效应,获得强大的网络竞争力,使合作各方取得最佳效果。可见,共同利益和核心能力互补性强是维持网络组织关系的桥梁与纽带,否则企业网络组织就会失去其根本的价值和动力。②成员企业能结合自身情况确定理想的合作模式。企业网络组织的基本模式包括横向合作、纵向合作。企业必须根据自己在行业中的位置等因素来选择适宜的模式。横向合作有利于形成规模经济,纵向合作有利于提高专业化水平。

2. 评估甄选网络合作伙伴

合适的网络合作伙伴应具有必需的合作资源、可靠的合作能力与良好信誉度的企业。对横向合作伙伴的一般要求是:第一,对方在资源方面具有比较优势,并且这种优势与企业本身的资源优势形成匀补性结构;第二,双方资源的重叠最小化;第三,对方在行业中占有独特的经营优势,在某一方面处于行业竞争前沿;第四,资源禀赋对于企业来说有很好的运用性,并对企业的发展具有重要的意义;第五,生产经营与管理体系完善,拥有健全的组织,运作效率高;第六,企业发展目标一致。纵向合作涉及供、需两个方面。对供方合作伙伴的一般要求是:第一,生产技术装备、生产能力及其他生产方面的综合实力具有明显的优势;第二,具备有效的质量保证体系,能够长期、稳定地提供高品质的产品或服务;第三,供货周期短、仓储能力强;第四,提供产品的附加服务,具备良好的信誉。对需方合作伙伴的一般要求是:第一,有健全的销售网络和便捷的销售渠道,产品的市场占有率高;第二,资金来源稳定,回款速度快,资金运作进入良性循环轨道。

3. 竞争、合作与信任关系的网络文化

在既有竞争又有合作关系的网络组织中,各成员企业要想灵活地适应环境,就必须在相互依赖与独立之间找到平衡。彼此的依赖要求成员企业相互信任、彼此忠诚、信守承诺,从而为网络组织的长久生存和成员企业的共同发展打下坚实的基础。随着知识经济的崛起,企业经营与企业文化呈现出一体化的发展趋势,创造以"合作"为导向的网络文化显得尤为重要。在企业网络组织中,企业文化的兼容性对于合作的成败具有重要作用,因为网络组织中企业间组织文化的差异,会转化为经营管理上的差异,加大管理的难度,甚至会导致冲突。网络成员企业一方面应注重自身文化的开发,另一方面也要注意吸收各方面的文化精华,将其注入企业的管理实践中去。

4. 网络组织风险防范机制

首先,应建立并完善合作企业自身的监控机制。企业间的合作除了需要一个界定严格、目标明确、兼顾各方利益的机制外,还要制订一个明确的方案使合作各方能随时监测合作的进度与发展,使合作沿着既定的线路运行并发挥持久、稳定的功效。因此,合作企业应针对网络组织的运行设立监督机制,以便随时了解网络组织内部生产要素的运转和转移,保证其发展目标系统与经营目标系统的功能得以实现。其次,在合作规划中制订明确的阶段性目标。分期设定目标是一项有效的战略性措施,提供关键资源的一方只有当预先设定的阶段性目标得以实现时,才进一步提供资源。

5. 建立新型的组织关系

科学合理的组织关系是网络组织高效运作的必要保证。

(1) 建立完整的信息沟通网络。网络企业间必须通过积极有效的沟通,尽可能保持本企业发展目标与合作目标的高度一致,使企业网络组织能够对瞬息万变的市场环境作出迅速反应,充分把握市场机会,实施合作任务。

(2) 形成亲密的伙伴关系。在传统交易中,通常是通过单点接触营造出组织之间的交易。而网络组织伙伴关系则是另一种逻辑思维:组织间接触的广度成为合作的关键。因为伙伴关系并不能只停留在买卖交易上,更不是一种简单的金钱交换关系,还要牵涉组织内技术与能力的交流。成功的组织体系将大部分的努力都放在伙伴间非交易性、事业导向层面的关系上,这是一种亲密接触的表现。

通过上述努力,企业网络组织风险将会在很大程度上得到控制,基于网络组织的企业间合作产生的网络利益才能为全体成员企业所分享。

本 章 小 结

本章介绍了新制度经济学派、资源基础观等不同的理论派别,从不同的角度阐述了网络组织产生的合理性。网络组织是一种由相互利益联系但又相对独立的组织形式,是介于传统组织和市场运作模式之间的组织形态,具有动态性、复杂性、共享性等特点,内涵十分丰富。

网络组织依照不同的标准可以划分为不同的类别,通常情况下,网络组织划分为企业集群、企业联盟、战略联盟等基本形式。网络组织依靠组织间的契约关系、信任机制和学习机制进行协调,可以发挥扩大规模经济、优化资源配置、促进相互学习创新的组织优势;当然由于网络组织内部成员以及外部边界的弹性,网络组织同样可能遭受到政治、行业、市场、伙伴等各种因素带来的风险。

复习思考题

1. 新制度经济学是如何解释网络组织产生的？
2. 网络组织有哪些基本的类型？划分的依据是什么？
3. 以某个网络组织为例，说明网络组织的功效和风险。
4. 怎样预防和调节网络组织内部的成员利益冲突？
5. 网络组织的风险来源于哪些方面？
6. 网络组织如何控制可能产生的风险？
7. 网络组织是如何产生的？
8. 网络组织的本质是什么？
9. 网络组织的结构是如何分类的？网络组织是如何进行调节的？
10. 网络组织具有什么功能？

阿里巴巴的网络系统

第 15 章

组织冲突与政治行为

学习目标

- 了解组织冲突、权力与政治行为在管理中的影响
- 理解组织冲突、权力与政治行为的含义和基本内容
- 掌握组织冲突管理、权力与政治行为管理的原则和策略

引例

张勇是江南一家著名餐饮企业的信息部经理。他曾经在 IT 业干过 5 年,在摸爬滚打和不断自我总结中掌握了信息管理技能,学会了与人打交道,并锻炼成长为出色的项目经理。他三年前获得 MBA 学位后,在一家咨询公司工作了两年,后来,应朋友之邀加盟现在的公司,负责信息管理工作。刚来时,他发现同事们对自己都充满排斥心理甚至敌意,特别是老板的不信任让自己很不适应。虽然企业的待遇较好,但是工作任务和人际关系使他感到压力很大。他想与老板沟通,但老板总是说太忙,让他先安心工作,他感到和老板难以沟通。半年后,他被任命为项目经理,但是在与上司交接工作等方面出现了一些问题。他觉得上司没有什么文化,处处提防着他,还不时给他"小鞋"穿。有一次,他的上司召开公司财务软件项目会议,事先没有通知他,他到会后,上司却突然提出让他来主持会议并做主要发言。他顿时火冒三丈,觉得上司故意让他在大家面前出丑,就当场拒绝了,还顶了上司几句。现在他虽然对自己的能力和未来的职业前景充满信心,但公司内复杂的人际关系和自己的管理权限经常受到干扰,使他陷于困惑。

李刚是一家企业的高层管理者。最近,这家企业面临体制转型和竞争挑战,他对本企业所在行业面临的环境威胁和发展机会,特别是改革的必要性和紧迫性有着清醒的判断,对企业未来长期发展方向及五年内的主要目标和任务也有信心,但他面对众多难题,首先他必须说服一些重要领导、部门和客户相信变革的重要意义,同时要应对转型后的管理重组难题,更重要的是这些重组将导致一些部门和领导失去原有权力。李刚知道,所有这一切都将遭到阻力、反对和风险,弄不好可能会引发一场组织政治风暴。一想到这些,他就感到压力很大。

以上两位管理者遇到的困惑和问题在组织中很常见,这是组织冲突与政治行为的表现。

15.1 冲　　突

15.1.1 冲突概述

管理者要解决公司内部员工之间的冲突。据美国管理学会进行的一项对中层管理人员和高层管理人员的调查,管理者平均要花费20%时间处理冲突。正如管理学家德鲁克所说的:"解决组织冲突,尤其是组织中的人事冲突是最为费时的。"

1. 冲突的定义

从心理学的角度看,冲突是指个体由于不兼容的目标认识或情感而引起的一种紧张状态。管理学认为,冲突是"两个或两个以上的行为主体,由于在管理问题上的目标、看法、处理办法或意见的不同而产生的排斥、对抗的一种态势"。社会冲突论学者刘易斯·A.科塞(Lewis A. Coser)认为:"冲突是在对地位、权力、资源的争夺过程中使对方受损而采取的行为方式。"

冲突包括三个因素:①冲突主体间由于某种原因产生争执或分歧,即冲突主体存在某些方面的对立或不相容。②冲突主体感知到差异的存在,并由此出现负面或消极的情绪。冲突是一个感知的问题,冲突现象必须被两个以上的冲突主体所知觉,并产生认知或情感上的变化。③冲突主体会采取对立或敌对的行为,这些行为会影响当事双方愿望或目的的实现。

2. 冲突观念的发展

在相当长的时期内,片面的冲突观影响着人们对冲突的看法和认识。很多管理人员认为冲突是应该避免的,组织的和谐是最重要的。因此,管理者总是努力协调组织内部的人际关系,避免意见分歧的产生。然而,企业经营管理活动中,管理者追求和睦、避免冲突的善意之举常对组织发展产生消极作用。一定程度的冲突反而有利于企业的健康发展,提高经营决策效率,激发创造力,促进组织创新。

最早意识到冲突正面效应的是美国学者科塞。科塞在《社会冲突的功能》(*The Functions of Social Conflict*,1957)一书中讨论了冲突的积极作用。科塞认为,群体间的冲突可以促进群体成员的凝聚力和整合度,可以使社会保持一种动态的平衡,因此冲突既可以是社会稳定的破坏力,也可以是社会发展的推动力,社会就是在冲突—发展—再冲突—再发展的过程中不断变化的。科塞认为适度的冲突可以避免更为严重的冲突。德国学者格奥尔格·齐美尔(Georg Simmel)认为没有哪一个组织是完全和睦而没有矛盾的,社会组织既需要和谐,也需要不和谐;既需要合作,也需要对抗。冲突可能是消极的,也可能是积极的。很多组织失败恰恰是因为组织冲突太少,而非冲突太多。因此,企业组织冲突的影响具有两重性,既有破坏性的一面,也有建设性的一面。

3. 冲突、竞争、合作的关系

要了解冲突的内涵,就要了解冲突与竞争以及冲突与合作的关系。在以往的研究中,人们认为冲突和竞争都包含个体为了实现自己的目标而出现相互排斥的行为,因此常常将冲突和竞争等同起来,认为这两者可以互换使用。但事实上,冲突不仅会在竞争中出现,也会在合作关系中出现。在企业里,合作、竞争与冲突是普遍存在的。在合作过程中,个体的需求、目标、利益的差异会引发合作者之间的冲突。在竞争的过程中,如果双方都在既定的规则下,朝着自己的目标努力不妨碍他人,就不会出现冲突,但是当一方违反规则,采用不正当的竞争手段,双方就会产生冲突。在竞争的关系中有可能会出现冲突,在合作的关系中也可能会出现冲突。

15.1.2 冲突的分类及其产生原因

1. 冲突的分类

由于对冲突的研究视角和重点不同,冲突的分类也不同,最常见的分类如下。

(1) 根据冲突的影响可分为破坏性冲突和建设性冲突。破坏性冲突会造成组织成员时间与精力的浪费,阻碍组织目标的实现,对整个组织产生负面影响。建设性冲突有助于组织成员发现并解决问题,促进个人和组织的变革与创新,增加组织成员的心理认同感,建立真正的和谐关系。

(2) 根据冲突的内容可分为认知冲突(cognitive conflict)和情感冲突(affective conflict)。理查德·科西尔(Richard Cosier)和杰洛德·罗斯(Gerald Rose)首先提出了认知冲突,认为认知冲突是个体对基本事实在认识和诠释上的差异。在其研究基础上,理查德·普里姆(Richard Priem)、艾伦·埃马森(Allen Amason)等先后提出了认知冲突和情感冲突的冲突分类。认知冲突与任务相关,是当事双方就如何实现任务目标存在判断上的差异。而情感冲突是由于竞争或沟通不畅导致的人际关系等方面的问题。

(3) 根据冲突产生的范围可分为人际冲突、群体间冲突和组织冲突。人际冲突即人与人在相互作用的过程中产生的矛盾。群体间冲突是群体与群体之间的冲突。组织冲突是两个或两个以上的组织之间的冲突。

2. 冲突产生的原因

按照冲突产生的方向来划分冲突类型并重点分析其产生的原因。

1) 横向冲突的原因

横向冲突的发生主要有以下几个原因。

(1) 目标不一致。目标不一致是指不同部门有各自的目标,部门追求自身目标时常常会阻碍另一个部门目标的实现。例如,营销部门希望增加产品线的数量以适应多样化的市场需求，制造部门则希望减少产品线数量以实现降低成本的目的。

（2）资源的稀缺性。资源对于组织内各个部门的发展和目标的实现都是重要的。任何部门都希望获得更多的资源。由于资源是有限的，组织无法满足各个部门对资源的需求。因此资源的有限性和对资源需求的无限性导致各部门对有限资源的争夺。各部门、各成员之间难免会为争夺资源而发生冲突。

（3）组织成员的差异性。差异性是人们产生分歧与冲突的直接原因。组织由既相互依赖、又存在差异的个体组成。组织内由于成员与成员之间存在着各种各样的差异性，比如，知识、经验、受教育程度、个性、价值观等，这些差异会导致组织成员对同一问题有不同的认识、看法及解决方式，如果不能有效地协调这些差异，成员之间就可能产生分歧，当差异产生的矛盾激化到一定程度，就会导致组织冲突。研究表明，组织内成员差异性越大，组织内的分歧和冲突就越多。

（4）工作的相互依赖性。相互依赖性是指主体与主体之间的一种相互关系和作用，其中一方任务的完成依赖于另一方任务的顺利进行。随着社会分工、专业化程度不断提高，个体不可能独立完成组织的目标任务。任何一个组织的工作都需要其他部门的合作，当这种相互依存关系是一个部门必须依赖另一个部门的工作结果来实现其目标时，就可能导致冲突的产生。因为，各部门在相互作用的过程中，有太多的不确定性因素，或者由于沟通不畅，或者由于自己部门的利益，相互协作时不可避免地会产生误解、抱怨、指责和推诿等。部门之间相互依赖、相互协作的程度越高，引发冲突的可能性就越大。

（5）职责不清。组织是由具有不同职能和职责的部门组成的，各部门之间既相互联系、又各自独立。正是由于每个部门都有其特定的职能和职责，各部门才能有效地合作，共同努力实现组织的目标。如果组织各个部门之间没有将职责分清楚，部门管辖权限模糊，两个或两个以上的部门就会同时插手某项工作，或者完全相反，大家都对某项工作置之不理，出现"踢皮球"的现象。这样部门和部门之间合理的分工与协作得不到实现，争权夺利，有利益、能带来好处的工作争相去做，无利益而责任重大的工作就会互相推诿、扯皮，这是组织冲突产生的常见原因。

2）纵向冲突的原因

纵向冲突的发生主要有以下几个原因。

（1）组织结构不合理。组织结构是指组织内各构成要素以及要素之间的相互关系。组织结构扁平化能为企业带来成员间关系平等、自由沟通、彼此协调、相互控制等积极的方面。许多组织采用的是金字塔式的结构，组织各级部门从上到下实行垂直领导，权力至上，等级分明。而组织结构越复杂、层次越多、幅度越大，组织的沟通就越困难，产生组织冲突的可能性就越大。因为信息在传递过程中要经过较多层次，每个层次的成员都会对信息进行一定的过滤，难免会出现一定的偏差和遗漏现象。如果员工所拥有的信息互相矛盾或对于同样的信息有不同的理解，这种信息不对称使得他们在工作协作的过程中就会产生误会，导致冲突的出现。

（2）薪酬福利体系。对企业员工来说，薪酬福利是其维持生活、提高生活质量的关键要素。合理的薪酬福利水平可以使员工有安全感和归属感；反之，员工就会感到不满和不公平。我国组织薪酬福利体系还明显带有经济转型时期的过渡色彩，与市场经济的要求相比，仍存在较大的差距。企业内部工资水平还不能与劳动力市场价格接轨，因此，不能公平、合理地分配报酬，是产生冲突的重要原因。

（3）组织变革。如今企业面临的市场环境复杂、多变。外部环境的变化促使企业自身进行不断的革新，如企业重组、企业股权改革、企业组织流程再造等。对企业而言，在稳定的环境下产生组织冲突的可能性较小，但企业变革的过程会引发组织一系列的变化，原有的平衡被打破，组织结构将被重新设计，重叠的部门将被调整，组织权力和资源将会重新分配。组织在变革过程中，原有的利益关系被打破，将建立新的权力和利益关系，新旧权力和利益关系将在矛盾与竞争中达到新的平衡，在这个过程中，企业内部发生冲突是在所难免的。

15.1.3 冲突过程

罗宾斯把冲突过程分为五个阶段：潜在的对立或不一致，认知和个性化，行为意向，行为，结果。图 15-1 描述了这一过程。

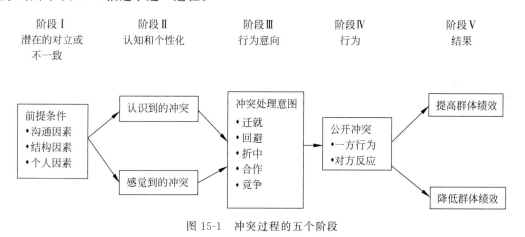

图 15-1 冲突过程的五个阶段

1. 阶段Ⅰ：潜在的对立或不一致

冲突过程的第一步存在可能产生冲突的条件。这些条件并不必定导致冲突，但它们是冲突产生的必要条件。罗宾斯在《管理组织的冲突》中把组织冲突产生的原因归结为以下三类。

1）沟通因素

一个团队不能有效地沟通，就不能很好地协作。而实际上，沟通是一件非常困难的事情。例如，有的员工出于对领导的不满等，不愿意把自己真实的想法说出来。管理中发生的很多冲突都是由于组织内部沟通渠道不通畅产生的。

2）结构因素

企业的规模越大,企业的管理层级越多,发生冲突的可能性就越大。企业中很多工作是相互依存的,如果分工与任务不明确,又没有及时沟通,就很容易发生冲突。

3）个人因素

人的性格有多样性和差异性,不同的人有不同的生活环境、教育背景、知识、经验、观点和态度,而有些人特别具有冲突倾向,所以个人因素也是企业组织冲突的一个重要原因。

2. 阶段Ⅱ：认知和个性化

在这一阶段,冲突问题开始变得明朗化。双方共同决定了冲突的性质。冲突的性质直接决定了冲突的解决方法。

同时情绪对知觉有着重要作用。研究发现,消极情绪会使人对对方的行为作出消极的解释；相反,积极的情绪则能让人更合理地夫看待问题。

3. 阶段Ⅲ：行为意向

行为意向介于一个人的认知、情感和外在行为之间,它指的是从事某种特定行为的决策。只有了解一个人的行为意向,才能知道他会做出什么样的行为。另外,行为意向与行为之间也存在很多不同,从一个人的行为不能准确判断出他的行为意向。图 15-2 表明了处理冲突的主要行为意向,通过两个维度——合作程度和肯定程度,规划出五种处理冲突的行为意向：迁就,回避,折中,合作,竞争。

图 15-2　处理冲突的主要行为意向

迁就是指当冲突发生时,以迁就的态度包容他人的错误,甚至会不计较个人的得失寻求化解矛盾和冲突的办法。

回避是指在冲突发生的情况下采取中立的倾向。管理者采取这一态度并不能解决问题,甚至可能给组织带来不利的影响。但在某些情况下采取回避的管理方式也可能有效：一是冲突的内容微不足道,或只是暂时性的,不值得耗费精力来处理这些冲突。二是当管理者的实际权力与处理冲突所需要的权力不对称时,回避的态度可能比较明智。三是分权情况下,下级或各单位有较大的自主权。

折中是指冲突双方互相让步以达成一种协议的局面。折中的特点就是双方都要放弃一些东西。冲突双方没有明显的赢输，他们愿意共同承担冲突问题，并接受一种双方都达不到彻底满足的解决办法。

合作是指冲突双方都愿意了解冲突的内在原因，分享对方的信息，共同寻求对双方都有利的方案。这一管理方式可以使双方都认识冲突、面对冲突，讨论冲突的原因并寻求有效的解决途径。

竞争是指当冲突发生的时候，当事人更关心个人利益，较少关心他人利益的冲突处理类型。例如，以牺牲他人利益来实现自己的目标，或是出现问题时试图让别人承担责任。

4. 阶段Ⅳ：行为

在这一阶段，冲突明显可见。行为阶段包括冲突双方的说明、活动和态度等，一方有行为，对方如何反应。冲突行为是双方试图实现各自的愿望而进行的实际行动。由于判断错误或缺乏经验，有时外显的行为会偏离原本的意图。

5. 阶段Ⅴ：结果

组织冲突首先会对组织成员产生影响，例如，会造成组织成员紧张、愤怒、焦虑、挫败感、满意度低等。冲突导致的不和谐的人际关系会增加员工的压力，降低工作积极性和责任感，导致消极怠工和离职率高，并最终导致工作效率不断下降。

组织冲突对团队同样也会产生不良影响。组织冲突会降低团队成员之间的信任感和认同感，使团队合作与协调出现困难。冲突使团队成员间的信任、交往和合作减少，团队缺乏凝聚力，从而给团队绩效带来不利的影响。

但冲突是组织人际交往过程中发生的自然现象，是不可避免的。一定程度的冲突可以加深组织成员对问题的思考，激发组织成员的创造力和生命力，增加相互了解和认识的机会，促进内部的团结。实证研究发现，建设性的冲突是有价值的，如果没有冲突的存在，组织成员就会按照习惯、不变的方式来思考和工作，就会缺乏活力、停滞不前。

15.1.4 冲突管理

据调查，大多数企业家认为管理者的必备素质与技能中，冲突管理排在决策、领导、沟通技能之前。由此可见，冲突管理已成为企业管理中的一项重要内容。冲突管理是一个系统的过程，包括冲突的诊断、干预、结果和反馈四个阶段。阿夫扎尔·拉希姆（Afzalur Rahim）指出，冲突管理就是设计有效的策略，尽量减少组织内的关系冲突（或称为人际冲突），同时保持一定的任务冲突，从而使冲突的建设性功能最大化。

具体来说，冲突管理包括以下三个方面。

（1）对个人或群体绩效有消极影响的冲突应该减少，例如，会破坏人际关系、导致群体氛围变差、影响信任与合作的关系冲突。

(2) 对个人或群体绩效有积极影响的冲突应该培养并保持适当的度和量,如对组织目标、任务等有不同意见而引起的任务冲突。

(3) 组织成员应采用积极、建设性的方式处理冲突。

冲突的管理方式是冲突双方在面对冲突时采取的行为倾向。总体来说,对冲突的管理方式可以分为两类:第一类是冲突主体间的冲突管理方式,即冲突双方可以自己解决冲突,不需要第三方的干预和调解;第二类是引入"第三方"的冲突管理模式,即冲突双方无法自行解决冲突,需要当事双方以外的第三方介入。

当冲突双方无法自行处理冲突问题时,可以引入第三方,通过调解和仲裁来解决冲突问题。调解是在冲突双方都不失面子的情况下,由第三方帮助冲突主体找到双方都能接受的冲突处理方案。仲裁是冲突当事人将矛盾与分歧交付给双方都能接受的第三方,并由其作出对双方都有法律效力的裁决。第三方的作用是营造一种坦诚的氛围,促进冲突双方的良好沟通。为了有效地解决冲突,第三方的目的不应仅仅立足于迅速地处理冲突,而是应该帮助双方充分沟通,让双方建立一种合作和解决问题的思想。由于第三方的参与,冲突双方的紧张和威胁程度得到缓解,可以有效地将注意力集中到需要解决的问题上,并充分发挥冲突双方的积极作用,使最后的结果能够令双方满意。第三方的干预是必要的,也是有效的。

虽然引入第三方可以有效地帮助冲突主体解决矛盾和分歧,但是这种方法也有不足,如冲突解决的持续时间过长,或在调解的过程中考虑自己的利益等。解决冲突并没有固定的模式或最好的办法,在选择冲突管理方式时,必须充分考虑冲突的起因、类型及影响,而且冲突在程度上也有强硬、柔弱等级的差别,不同的情况需要采用不同的冲突管理方式。这就要求企业管理者在管理实践过程中,根据不同的情况采用不同的冲突管理模式。

15.2 权　　力

权力存在于任何一个组织中。在组织中,为了提高组织的效率,消除组织中的混乱与无序,必须赋予组织成员各种不同的权力。但是权力的使用总是涉及道德问题,因此在组织中是一个敏感的话题。拥有权力的人避免谈权力,追求权力的人则隐藏、掩饰权力。如果能理解什么是权力并正确运用权力,那么权力就不会产生消极影响,而会有效提高管理效率。

15.2.1 权力的概念

权力是一个社会学词语。权力具有人们之间相互作用的特点,即权力是发生在两个人及两个人以上的,如某个人相对于其他人的权力、某个组织拥有对其他组织的权力。权力也是一种无形的潜能,它可以存在而不被使用,看不见它却能感觉到它的影响。权力最重要的一个特点是,权力是动态的,即权力是随着环境和个人变化的一种关系。美国管理学家罗宾斯指出:"权力一般而言是指一种能力。具体是指某人影响其他人做其原本或许不愿意做的行为的一种能力。"此定义有三种内涵:①权力是一种潜力,不需要具体实现;②权力间有依赖关系;③被动人对其自身有一定判断力。可见,权力是影响他人行为的能力。

权威是最容易与权力混淆的一个概念。权力的行使是以作用者为中心的单向发散;而权威的内涵比权力狭窄,指由于作用对象的自愿接受和普遍拥戴,作用者获得了无须借助强行力量而成功施加影响的能力。巴纳德指出,权威可以定义为"一个正式组织中一种信息交流(命令)的性质,这种性质被组织的'成员'或贡献者接受,即能够促进做出对组织目标有贡献的行动"。按照这个定义,权威具有被组织成员接受的特性。他认为权威不是建立在某种等级制度或组织地位的基础上的,而是由作为下级的个人,即权威的作用对象来决定的,给予权威一种自下而上的解释。因此成功地行使权力不仅取决于作用者的能力和素质,还会受到作用对象的个性、修养和愿望,以及普遍的社会价值观念的影响。

权力和权威的差别还体现在:权力的服从依赖于强制力量,是建立在恐惧的基础上,担心不服从会导致对自己不利的后果;而权威则是建立在作用对象的特定心态上,包括对作用者的认同、信赖和自愿服从组织规则。权力一旦获得权威的外衣,那么它的运转则无须借助强制和劝说的方式,从而提高组织活动的效率,降低权力的使用成本。

15.2.2 权力的核心:依赖性

组织中的权力是组织中的一个人(施动者)影响另一个人(受动者)的能力。这里的"影响"是一个宽泛的概念,它既是看得到的命令、指挥、控制等施动者对受动者权力的行使,也可以指看不见的受动者内心对施动者的认可、敬慕和遵从。权力存在的前提是作用双方相互依存关系的存在,不存在依存关系,就没有施动者和受动者之分,权力也就失去其存在的空间。但权力关系不是其他关系,其核心是一方对另一方的依赖关系,也正是由于依赖关系的存在才能使一方对另一方拥有权力。依赖关系的体现就是受动者在其他情况下他不可能做的事,这既包括他被动地、不情愿地去做他不愿意做的事,也包括他乐意主动地去做他在未受施动者影响下不可能做的事。

组织中之所以一方对另一方有依赖关系,就在于双方拥有的资源不同,这种不同不仅可以体现双方拥有资源的量的不同,还可以体现双方拥有资源的质的不同。因此依赖关系必须从组织中的资源及其稀缺程度方面去寻找。但现实中不同的要素拥有者权力大小是不同的,衡量每一方权力的大小必须看要素拥有者拥有资源的品质。一般来说,资源的品质有以下三个方面。

一是资源的稀缺程度,拥有的资源越稀缺,资源拥有者拥有的权力就越大。今天我们社会中不同职业类别的需求状况及所体现的依赖关系可见一斑,下岗职工的就业困境(难以进入组织中)与少数知识精英(拥有稀缺资源)的迅速致富以及高级技工可以挣到比大学毕业生还高的薪水都说明了这一点。资源的稀缺程度直接决定了其拥有者讨价还价的能力和地位。

二是资源的重要性,这取决于依赖方对这种资源的评价。一般来说,对组织的主导方向发展和核心竞争能力提升起关键作用的人,在组织中拥有的权力相对较大。在市场导向的企业中,营销人员要比技术导向的企业中同类人员权力大;同样,在技术导向的企业中,技术人员要比市场导向的企业中同类人员权力大。

三是不可替代程度。这里的不可替代程度不等同于由组织外部(社会)中实际某种资源状况所决定的稀缺程度,它要说明的是组织内部要素拥有者所具有的,由于业已存在的组织内部协作关系所形成的一定程度的垄断地位,因为对组织中的依赖方来说,改变与某一要素所有者的合作关系另找合作对象是要花费很大的寻找、谈判、签约以及由时间损失所带来的机会成本的。

15.2.3 权力的来源

对于权力的来源,不同的角度有不同的分类。达夫特按照组织结构把权力来源分为横向权力的来源和纵向权力的来源。横向权力的来源有相依性、财力资源、中心地位、不可替代性、需应对的不确定性;纵向权力的来源有正式的职位、资源、决策前提与信息的控制、网络中心性和人员。约翰·弗伦奇(John French)和伯特伦·瑞文(Bertram Raven)把权力的来源分为五种:法定性权力、强制性权力、奖赏性权力、专家性权力和参照性权力。前面三种是职位权力,后面两种是个人权力。

1. 法定性权力

在正式组织中,获取一种或多种权力的最常用的途径就是在组织中的职位,由此而获得的权力就是法定性权力,它代表了一个人通过组织中正式层级结构中的职位所获得的权力。在组织等级中的地位越高或者责任范围和程度越大,一个管理者所拥有的权力就越大。

2. 强制性权力

强制性权力是建立在惧怕基础上的,如果不服从的话就可能产生消极的后果,出于对这种后果的惧怕,个人就对强制性权力作出了反应。常见的强制性手段有降职、记过、处分、降薪、扣奖金等。

3. 奖赏性权力

与强制性权力相对的就是奖赏性权力。人们服从于一个人,是因为这个人能带给他们想要的东西或益处。因此,那些能提供人们所期望的资源的人就拥有了权力。这些资源包括金钱、晋升、良好的人际关系、重要的信息等。常见的奖赏性手段有升职、表扬、加薪、奖金等。

4. 专家性权力

专家性权力来源于专长、技能和知识。精通业务、知识广博能使人产生信赖感。领导者如果有丰富的知识、合理的知识结构，就能相应提升个人的影响力，否则会影响职务权力的发挥。一个有才能的领导者能让下属产生敬佩感，把一项重要任务交给有才能的人去执行，能够增强下属完成任务的信心，也能提升领导者个人的影响力。才能包括洞察能力、分析判断能力、决策能力、组织能力、创新能力和预见能力等。此外，领导者还需要有一定的资历，有丰富业绩，能让下属敬重，否则容易产生疑心和戒心。资历包括两个方面：一方面是从事某一业务的时间长短和经历，时间长容易让下属产生敬重；另一方面是业绩的大小，业绩大容易获得信任和支持。

5. 参照性权力

弗伦奇和瑞文认为，参照性权力的基础是对于拥有理想的资源和个人特质的人的认同。比如，领导的道德、品行、人格和作风等。从广义上讲，品格因素包括大公无私、信用诚实、正直公道、言行一致、以身作则、严于律己、平易近人、勇于批评和自我批评等。高尚的品德容易让人产生一种敬重感，因而具有巨大的吸引力、感召力和说服力。一个领导者如果品行不端，即使职位再高、资历再深，也不会产生影响力。相反，在他行使职权的时候，其职务的权力还会受到一定程度的削弱。获得领导者个人影响力的关键是赢得人心，赢得人心必须靠品格，而不能靠职权。

15.3 组织政治行为

杰夫瑞·菲佛（Jeffrey Pfeffer）在《理解组织权力》中指出："组织，特别是大型组织，正如政府一样，在根本上是政治实体。要理解组织，必须理解组织的政治；正如要理解政府，就必须理解政府的政治一样。"[①] 对组织政治行为的研究源于对组织权力的研究。长期以来，西方管理学界对组织权力的来源、构成以及运用等方面进行了系统的研究，许多学者注意到，组织中的管理者并非完全按照组织制定的程序或规则来获得或行使手中的权力，即管理者并不总是将组织利益放在首要位置，他们可能会利用手中的权力来优先实现自身利益。据此，有些学者开始提出组织政治行为这一概念。随着对该问题研究的深入，理论界形成了一个新的研究领域——组织政治学（又称组织政治行为理论），该领域已经成为组织行为学、组织结构理论的重点研究对象。组织政治行为理论的主要观点大多在20世纪80年代提出，菲佛和罗伯特·W.爱伦（Robert W. Allen）是该理论的主要代表人物。该领域研究的主要内容为组织政治行为的本质、产生条件、政治行为策略、伦理评价等。

---

① 李宝元. 组织行为学通论[M]. 北京：清华大学出版社，2008：244.

15.3.1　组织政治行为的含义

学者们从不同的研究目的和视角出发，对组织政治行为进行了不尽相同的界定，主要观点如下。

明茨伯格(1983)认为组织政治行为是员工或组织内的团体所实施的非正式的、狭隘的、导致组织内员工不和的，尤其是从组织制度方面来说是组织所不允许的，既没有得到组织的批准，也是组织员工的思想所不能接受的行为。

费里斯等(Ferris et al.,1989)提出组织政治行为是一种社会影响的过程，其行为是经过精心设计以获得最大利益，而其后果可能与其他人的利益一致，或是需要牺牲别人的利益以成就自己的利益。[①]

罗宾斯在其著作《组织行为学》中，把组织政治行为定义为一些在组织正式角色中并不要求的活动，但它们会影响到或可能影响到组织内部的利益分配。

布朗斯顿·梅斯(Bronston Mayes)和爱伦认为组织政治行为是一种动态的影响过程，通过未被组织认可的手段，追求不被组织认可的目标。[②]

菲佛认为组织政治行为是"在不确定或意见分歧的情景中，组织行为主体在获取、开发和运用权力及其他资源以获取个人偏爱的结果的各种活动"。[③]

格雷(Gray)等认为组织政治行为是"当可能发生冲突时，个人或群体为提高或保护自我利益而采取的有意识的影响活动"。

罗素·克拉潘扎诺(Russell Crapanzano)等认为组织政治行为是不被组织认可的自利行为。

综合有关组织政治行为的定义，多数学者认可是个体、团队或部门采取未经组织认同的行动来影响他人去实现自身目标的行为总称。从道德取向和价值判断的角度看，组织政治行为定义可分为以下三种类型的观点。

第一种观点强调政治行为是一种自利性行为。这类观点大多出现于组织政治行为研究的早期，认为行为主体信奉马基雅维利主义(Machiavellianism)，强调这类行为的"不被组织认可性"，并强调将个人或团体利益置于组织利益之上，"实施组织政治行为的目的是为了实现自身利益的最大化，并且通常与组织整体目标相悖"。这些学者认为组织应该避免这种行为。

第二种观点将组织政治行为视为一种自然的、中性的程序，用于解决组织内部不同利益群体的分歧。根据这一观点，组织政治行为其实是一个讨价还价和磋商的过程，用以应对不同观点之间的分歧与冲突。在持有此观点的学者看来，政治行为是指经营环境存在不确定性及人们对备选方案意见不一致时，通过获取并使用权力及其他资源以取得期望结果

[①] 刘明霞.组织行为学简明教程[M].北京：经济科学出版社,2009：214.
[②] 刘永芳.管理心理学[M].北京：清华大学出版社,2008：1.
[③] 罗珉.管理学范式理论研究[M].成都：四川人民出版社,2003：237-252.

的行为。他们将政治行为视为组织正常的决策过程,它本身是中性的,对组织并非有不可避免的危害性。

第三种观点认为,上述两种观点不能截然分开来探讨,因为它们是一个硬币的两面。丹·麦迪逊(Dan Madison)等通过对 30 个组织管理者的实证研究证明了组织政治行为是一把双刃剑,并认为管理者能够鉴别某种政治行为的影响是正面抑或负面,正面的影响包括改善个人职业生涯、更有效地达成组织目标等;负面的影响包括政治过程中"失败者"被降级或失去工作、资源浪费以及形成没有效率的组织文化等。

尽管学术界尚没有一个关于组织政治行为定义被广泛认可,但是从已有的研究中可以归纳出对组织政治行为的一些共同见解,这也是这类组织行为的基本特点:①组织政治行为是实施社会影响的手段,运用的是社会影响力;②组织政治行为是用来提高或保护自我利益的;③组织政治行为至少涉及有明显或潜在利益冲突的两方;④组织政治行为普遍存在,只是其影响程度随着具体的组织情景因素不同而存在差异。

从组织政治行为的基本特点来看,显然,上述第三类观点更加符合大部分组织的实际,这也是本书所主张的观点。

为了更加清晰地了解一个组织中的政治行为,可采用表 15-1 所示的组织政治测量工具进行快速测量。

表 15-1 组织政治状况的快速测定法

你所在的组织政治化程度如何?根据以下的量表回答下面的五个问题。
SD=强烈反对;D=反对;U=不确定;A=赞成;SA=极力赞成

1. 决定一个人升迁的因素是个人偏好而非绩效。
2. 组织里没有唯唯诺诺者的市场,只要是好建议,就算和上司意见冲突,也会被采纳。
3. 不管你的工作质量如何,如果你是个老好人,那么你也能得待下去。
4. 鼓励员工大胆发表言论,即使这一言论与组织现有观念相悖。
5. 存在妨碍工作绩效的小集团或非正式组织

评分:1、3、5 项如为 SD,则各得 1 分;如为 D 则得 2 分,以此类推,如为 SA 则得 5 分。2、4 项相反,如为 SA 得 1 分,总分越高,组织政治状况越严重。

资料来源:刘明霞.组织行为学简明教程[M].北京:经济科学出版社,2009:213.

15.3.2 组织政治行为的策略

要深入了解组织政治行为,需要厘清政治行为所运用的策略,即政治技能。明茨伯格认为政治技能是通过劝服、操纵和谈判的手段来实施影响的。政治技能不是一种单一的特质或技能,而是一些内在的、连续的、相互增强和补充的技能与能力的完整组合体。菲佛(1981)提出,个体要想在组织中获得成功,必须具有政治技能,因为政治技能的差异会导致不同的政治行为结果;高政治技能的个体不仅知道在不同的工作情境中该做什么,而且知道怎样以一种隐藏自我服务动机、看起来很真诚的方式去做,从而达到影响他人的目的。

穆德(Mulder)、德容(de Jong)等在爱伦及其合作者有关经理人员调查资料的基础上,总结出五种公司政治行为策略,罗宾斯(1995)在此基础上又增加了一条。总结起来,组织政治行为策略至少包括如下几方面。

(1) 操控信息。这是组织中常见的政治行为策略与技术。操控信息包括控制信息源,如截留那些对自己不利的信息、力求避免与那些想获得某种信息但自己却不愿意透露的人接触、选择性地披露信息、向别人提供不太相关的信息;还包括故意隐瞒、扭曲信息或到处散播诋毁他人的错误信息。而散布流言也是一种对信息利用的政治行为,这些信息常常缺乏可靠来源,无法考证,而通过非正式渠道传播时,常会被很多人"添油加醋"而越来越偏离真实的轨道,最后对当事人造成不良的后果。与此相似的还有控制组织沟通链。如行政助理通常控制着老板的接待时间,对于自己讨厌的人或事,常常加以控制以避免与老板接触而对自己不利。

(2) 印象管理。印象管理是指个体试图控制他人以便形成对自己良好印象的过程。善于使用这一政治手段的人有着敏锐的观察能力,能迅速了解组织与环境将认同哪些行为,并能根据环境的变化而调整自己的形象和行为。他们常常使用的策略有:①穿着上模仿成功人士的打扮;②总是与组织内工作有成效的人打成一片,支持或赞同某些重要人物的观点或意见,以便达到"英雄所见略同"的效果;③常对周围的人施点小恩小惠以获得他人的感谢和好感;④在特殊的情况下表现自己成功、善良与诚实的一面;⑤能敏锐地捕捉到他人的优点并适当地表扬或宣传,更容易获得上司的好感或认可。

(3) 发展关系网。发展关系网的目的是寻求支持,强调的是互利互惠关系。唐纳德·弗德布奇(Donald Vredenburgh)和大卫·毛瑞尔(David Maurer)指出,寻求他人支持的前提是,他们之间必须相互信任和相互尊重。关系网主要是指与有影响力的人物发展关系。个人为了自身的权力和利益,采用各种方式和手段与组织中有权力和掌管重要资源与信息的人建立关系网,以了解组织中各项重要的决议和活动进一步发展的空间。比如,采用各种方法和手段取悦上级,与高层人员结交朋友等,都利于建立关系网。

(4) 联盟。关系网的极致就是结成联盟或攻守同盟、死党。个体为了使自己的势力变大,常常使用联盟的政治手段。为了减少自身所受的威胁、壮大自身的影响而与组织中的"志同道合"之人联合起来,组成一个小团体,在组织内外形成一个支持性的网络。如果组成的团体是在管理层,他们就会制定出有利于自己的政策,这显然会造成这个团体之外的其他成员的利益和积极性受到影响,严重的甚至会导致组织的运作失常。寻求有权势的人并与之联盟是弱势群体获得利益或权力的一条有效途径,如几个群体通过联合来达到共同目标(如赶走 CEO 等)。

(5) 谴责和打压他人。当不利事件发生时,寻求"替罪羊"是一种常用的伎俩。伯克尔(Boeker)通过调查发现,当公司业绩下降时,上级往往通过怪罪于下属以使自己免于被处罚。尽管这有违社会道德,但这种现象仍然很普遍。

(6) 防御性策略。这是罗宾斯(1995)提出的,包括不作为、避免责备、避免变革等。他认为,从短期来看,广泛使用该策略可以很好地增进个人利益;但从长远看,这种策略会产生许多病态行为,导致组织僵化,从而降低组织的效率。

（7）控制议程。该策略一般在制定某项重要决议的时候由有一定权力的领导人使用。他可能会试图把某项提议摒弃在议程之外，或者声明时机尚不成熟将其放在议程的最后，等到大家都疲倦、希望早点结束会议时才把该提议拿出来，一般都会得到他所理想的结论。

（8）欺骗。这在组织中是常用的，目的是掩盖自己的过失、夸大自己的成就或者打击自己的竞争对手。欺骗的形式是多种多样的，常隐藏在组织内人与人的日常交流中，特别是在组织各方面制度和政策处于不明确或混乱的时候，欺骗的政治技术常常被利用于其中。

15.3.3　组织政治行为发生的原因

菲佛对组织政治行为发生的原因做了深入研究。他认为导致政治行为发生的原因有以下四种。

（1）组织存在不确定性，如环境变数太多、组织目标不明确等。
（2）利益巨大。
（3）各横向部门的利益相冲突，即它们之间存在利益消长关系。
（4）各部门权力大致相当。

罗宾斯（1995）从员工个人和组织两方面探讨政治行为发生的原因。他认为，在个人因素方面，当个人的自我监控能力强、奉行马基雅维利主义、对政治行为的成功期望较大、对组织的投入较少、可选择的机会较多时，组织存在较高程度的政治行为；在组织因素方面，当组织内部的资源重新分配的可能性大、内部低信任度、各类角色模糊、不明确的绩效评估晋升系统、管理高层自私自利等，组织则存在较高程度的政治行为，如图15-3所示。

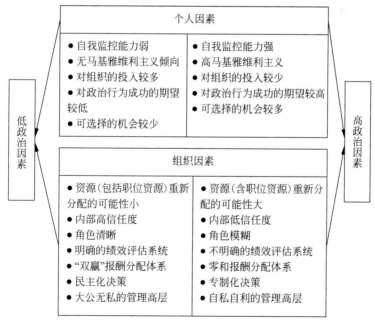

图15-3　组织政治行为成因

资料来源：罗宾斯.组织行为学[M].北京：中国人民大学出版社，1996：369-372.

15.3.4 组织政治行为发生的条件

如果把原因喻为种子,那么条件就是种子发芽、成长的土壤、水分和阳光。组织政治行为发生的条件分为以下几个方面。

1. 组织情境的模糊性和不确定性

根据杰佛瑞·甘兹(Jeffrey Gandz)和维克托·默里(Victor Murray)的研究,一个组织的各项政策越模糊,组织政治行为就越容易发生。例如,对内部各部门之间的相互关系、提拔调动、主管的权责等方面没有明确规定的组织容易发生政治行为,而那些清楚界定各自职责、有明确规章制度的组织则政治活动相应少。这就揭示了组织政治行为发生的情境条件特征,即模糊性和不确定性。

模糊性是使人们能够实施组织政治行为的最核心的组织情境特征。工作模糊性指的是工作环境中模棱两可的程度,它为组织政治行为在组织中盛行提供了肥沃的土壤。在高模糊性的情境中,员工对他们的工作目标、角色和什么样的行为能够得到奖励等不清楚。当目标、角色和绩效标准模糊不清时,员工会认为决策是以组织政治为标准,客观标准变得不重要了,因而需要扩大自己的权力,依赖人际关系或者运用其他的政治手段来保护和提高自己的利益。相反,当目标、角色和绩效标准清楚时,每个人都知道组织期望什么,因此实施组织政治行为的必要性不复存在。当员工沿着组织阶梯向上流动时,目标将愈加模糊和矛盾,他的工作性质和结果越来越模糊不清,评估标准也就越发不清晰了。由于评估标准缺乏清晰性,组织倾向于更多地以行为者的个性特征、行为和潜力作为绩效评估标准,然而,所有这些特征都可能被人为地精心操纵。当不确定性提高时,人际关系因素也就更多地影响绩效评估结果。不确定情境下的组织决策易受政治行为影响。当决策需要的信息不足或模糊不清时,决策者依赖的是自己对信息的解释。对于那些不直接参与决策的人来说,他们对信息的解释将不被重视。

总之,现有研究成果已表明,当组织内缺乏指导员工行为的规则时,组织政治行为将增加。在没有指导行为的规则时,员工不知道什么样的行为是组织能够接受的,因此,会形成自己的行为规则,而这些规则通常对个人有利。

模糊性与不确定性和组织政治行为是曲线关系,中等程度的模糊性与不确定性是实施组织政治行为的必要条件。

2. 组织政治行为的倾向性

尽管适合的情境变量培育了组织政治行为,但在这种情境中并不是每个人都表现出组织政治行为。个体是否实施组织政治行为,受以下个人因素的影响。

1) 自我监控

热衷于印象管理的人,为了控制别人对他们成功水平的认知而善于监控自己的行为。

自我监控是与上述行为有密切联系的一种人格结构,即个体监督和控制自己行为的能力。高自我监控的个体将扫描环境中的各种线索并相应地调整自己的行为。显而易见,这是实施组织政治影响的重要技能。

2) 马基雅维利主义

马基雅维利主义指为了提高私利而不择手段的一种人格特点,包括说谎、操纵、牺牲他人的利益等。很显然,这些行为代表了影响行为的黑暗面。有关研究报道,高马基雅维利主义者善于印象管理。约翰·图伊(John Touhey)发现,只有具有隐藏潜在动机技巧的马基雅维利主义者才能实现目标。杰拉尔德·费里斯(Gerald Ferris)等支持这个假设,他们证明,如果员工能够不露声色地帮助上司,就可能获得较高的绩效评估结果和资源供给,而更明显的行为,比如,向上司展示自己的个人成就,最后的结果就有可能相反。

3) 反馈

管理者提供反馈的出发点时常是为了他们自己的利益,如为了给上司留下好印象,进而对其职业生涯有利,或者将责任(失败的责任)转移给员工。管理者的这种行为通常被看作组织政治行为。这里应该指出,管理者还有其他更加隐秘的具有政治意图的反馈方式。这些方式包括提供的反馈是模糊的,至少部分是模糊的,或者根本就不反馈。在这种情况下,对于信息接收者(或非信息接收者)来说,情境具有了模糊性。因此,管理者为了使员工高度依赖他们,故意模糊地提供给员工他们在工作中做得怎么样或者解决实际问题所需要的信息。另外,由于管理者可能对情境具有不确定性,他们在向员工传递信息时被迫使信息具有模糊性。这样,无论将来结果怎么样,他们都能够作出合理的解释,充分地保护自己。甚至当管理者自己面对的情境没有不确定性时,不让员工得到与绩效有关的全部信息,对于管理者来说也是有利的。因此,管理者可能会人为地提升组织工作环境及决策本来的模糊性。相反,在确定的条件下,管理者存在的意义也就不大了(有具体指定的决策、行动和程序)。因此,我们可以将管理者创造和维持情境的模糊性看作其保证自己工作安全的策略。当组织大幅度裁员和重组时,这个问题尤为重要。

管理者致力于组织政治行为是为了达到期望的结果从而使自己的利益最大化。这里所说的结果,除了建立和提高自己的声誉,使自己的领导角色合理化,还可以实现晋升、涨工资等职业生涯发展。

3. 组织生命周期因素

格雷等指出,组织处于不同的生命周期,其产生政治行为的条件与可能性也不一样。组织的发展一般经历初创、成长、成熟、衰退和消亡五个阶段。每个阶段,组织的特点和关注的重点不同,其管理风格和方式也不同。在创立初期,组织结构简单,组织关注的焦点在业务和市场的拓展上,成员一般具有很强的使命感和责任感,这个时候一般不太容易产生政治行为。随着组织发展到成熟期,组织结构变得稳定并且复杂,容易出现小团体行为,尤其到了组织的衰退期、接近消亡期时,组织存在的不确定性因素增加,政治行为变得频繁和严重。

15.3.5 组织政治行为的作用与评价

组织政治是一个持续发生的过程,既包括组织层面的决策过程和群体层面的权力建立过程,也包括个体层面的政治行为。组织政治行为的作用在不同的情境下有着不同的性质,不能一概而论它是积极的还是消极的,一定要具体问题具体分析。

1. 组织政治客观存在

直到20世纪50年代中期,几乎所有著名的管理学者在提到组织政治时,都强调它的负面影响。他们认为,政治从一开始就代表着组织生活非理性和阴暗的一面,它使人们偏离组织任务目标,对于个人职业生涯或群体(如公司部门、事业部)利益,强调阴险的马基雅维利主义式的诡计。

从20世纪60年代开始,几个管理理论流派一致认为,政治在组织中是普遍存在的,它可以为个人和组织的有效性起到积极作用。例如,它可能有助于保持组织的整体性,有助于组织适应环境,有助于区分成功的管理者和不成功的管理者。研究表明,组织中存在政治行为是客观的、不可避免的,组织不是一个理性行动的工具,其各种决策难以被理性地、系统地、程序化地制定和执行。组织的复杂性比以前大大提升,因而不可能满足所有组织成员的需求,对资源和利益的争夺压力导致了组织成员为争夺这些资源和利益展开激烈的竞争。组织环境的不确定性也大大提升,组织及其成员用于决策的条件是不充分的,所掌握的事实很少是完全客观的。在这种情境下,组织政治自然就成为组织生活的一个重要侧面。通常情况下,决策是经过各种利益群体的协商而产生的,而不是借助科学的分析技术和模型理性地产生的。

2. 对组织政治的认识分歧

组织政治行为是任何组织中都或多或少存在的现象,管理者应该增强对组织政治行为的敏感性。由于政治行为涉及个人利益或群体利益,因此组织中的人对其看法也不一致。甘兹和默里(Gandz and Murray,1980)对管理者的一项调查反映了组织中的管理者对政治行为的态度(表15-2)。从表15-2可见,虽然人们承认政治行为是组织生命的一部分,但人们仍然不太喜欢它。

表15-2 管理者对政治行为的态度   %

项　　目	赞成比例
大多数组织普遍存在政治行为	93.2
成功的主管必须精通政治	89.0
组织中地位越高的人,政治行为越多	76.2
只有组织地位低的人才搞组织政治	68.5

续表

项目	赞成比例
禁止政治行为的组织更令人快乐	59.1
为了与组织其他成员一致,不得不搞政治行为	69.8
组织政治有害无利	55.1
高级主管不应当搞政治行为	48.6
政治行为有利于组织有效运作	42.1
权力大的主管无须搞政治行为	15.7

资料来源:刘明霞.组织行为学简明教程[M].北京:经济科学出版社,2009:214.

15.3.6 组织政治管理对策

鉴于在组织中,政治行为就像冲突与权力一样是普遍存在的,而且很多时候发挥着很大的作用,因此管理者应当考虑如何以及何时能够建设性地运用组织政治,而不是忽视或试图消除组织政治行为。这就需要对政治行为进行有效的管理。

1. 正确选择政治行为管理路线

由于现实中多数人在言语中反对组织政治行为,很多管理者也就试图消除这种行为,这是不现实的。事实上,这样的消除行动会提升组织中的不确定性和模糊性,反而导致更多政治行为的产生。另外,如果对这种行为不加限制,任其泛滥,也会导致冲突、内耗和混乱。组织中员工都把精力和时间花在政治行为上,会严重影响组织的正常运行。因此,在绝大多数情况下,中间路线是最佳选择:管理者承认政治活动是不可避免的,不要杜绝政治活动,而是正视它,扬长避短,有效地利用它对组织的益处。

2. 建立畅通的沟通渠道

建立畅通的正式和非正式的沟通渠道,让员工及时获取信息,在管理决策上鼓励员工参与,强化员工互动,增强员工对企业的信任感和参与感,尽量避免因为沟通不畅或者沟通断层而引起员工误解,以产生争执行为。

3. 尽量避免独裁式的管理风格

独裁式的领导风格容易强化下属的孤立感,容易产生自利的行为,危害到组织的利益。相反,民主式的领导风格较容易使员工产生责任感和团体意识,降低组织政治行为产生的频率。

4. 构建透明的薪酬及升迁制度

在许多存在政治行为的组织中,积极从事政治行为的经理人较容易获得提升,而那些踏实做事且不擅长政治行为的人往往得不到较佳的报酬。当员工认识到薪酬及升迁可由其他方式取得时,组织中的政治行为将更加频繁。因此,组织应该以工作绩效为依据,构建公平、公正、公开的薪酬及升迁制度。这样除了有助于降低员工的组织政治行为外,也可以降低离职倾向。

5. 培育优秀的组织文化

许多实践表明,组织文化对员工的行为具有积极影响和推动作用。一个组织活动中的文化含量越高,其员工行为的规范程度和自觉性就越强。健康向上、积极合作的组织文化不仅为员工行为提供了客观标准,也为员工提供了动力保证和舆论支持。因此,优秀的组织文化可以塑造员工的性格、引导员工的行为、降低员工组织政治行为的发生率。

6. 鼓励员工参与管理

组织应该提供给员工参与管理的机会,让员工更了解组织的运作,这样有助于降低员工的政治知觉,相对地提高其工作绩效和工作满足感。员工的参与,不仅可以使主管集思广益,减少和避免管理中的失误,同时能增强员工的自主意识,使员工在思想上、情绪上对与自身利益有关的决策有亲身"介入"的感觉,增强员工对组织的认同感,从而使员工更愿意自发地做对组织有利的事。

7. 加强资源管理

尽可能保证充足的关键资源,这样能减少员工对资源的争夺。当资源稀缺时,制定获得和利用资源的明确而具体的规则,杜绝"暗箱"操作。

8. 组织扁平化

组织扁平化是优化组织管理、领导风格、企业文化以及资源管理的组织保障。组织扁平化后,中间环节将减少,信息失真小,使信息资源管理趋于公开公正;权力资源分散于组织内各层级,其民主化程度相对提高,因此可降低组织政治行为的产生。组织扁平化后,组织中的模糊性和不确定性降低,也可降低员工的组织政治知觉。

本 章 小 结

组织内的利益多样性和资源有限性是组织冲突的来源,而冲突解决的过程就是政治过程,这一过程体现了组织内权力的分配状况。

复习思考题

1. 如何理解冲突?在实际中冲突管理是如何应用的?
2. 联系实际谈谈权力体现在哪些方面。
3. 联系实际谈谈组织政治行为有哪些作用。
4. 如何理解组织政治行为发生的原因与条件?
5. 如何理解冲突、竞争、合作三者之间的关系?

6. 冲突具体包括哪些类型以及冲突是如何产生的？
7. 冲突在实际工作中是怎样产生的？
8. 在实践中，冲突产生之后企业如何处理？
9. 谈谈对权力的认识。
10. 如何理解冲突与组织沟通之间的关系？

国美的控制权之争

第 16 章

组织的社会责任与伦理价值观

🎯 学习目标

- ✓ 了解组织社会责任的内涵
- ✓ 理解企业社会责任的具体表现形式
- ✓ 了解企业社会责任与企业绩效之间的关系
- ✓ 了解企业应该如何履行企业社会责任

📝 引例

发展中国家的童工

阿迪达斯-所罗门集团是一家运动装零售商和制造商。集团的许多鞋由 6 家越南工厂制造。工厂全部实现现代化,明亮、宽敞并配备了工作所需的基本设施。

1988 年足球世界杯赛期间,阿迪达斯开始意识到童工问题,当时有人称阿迪达斯的足球是由巴基斯坦锡亚尔科特的童工缝制的。作为回应,阿迪达斯设立了一个社会与环境事务部,并制定了名为《雇用标准》(Standards of Engagement, SOE)的行为规范,在规范中说明了童工的问题。

供货伙伴不得雇用 15 岁(或依照制造商所在国法律,不得低于 14 岁)以下儿童为工人;换言之,不得雇用低于制造商所在国规定的完成义务教育的年龄(一般高于 15 岁)。

在越南,当地经理们作出决定,规定 18 岁为最低雇用年龄。该项决定不仅比公司的全球政策更严厉,而且比越南法律还强硬。越南有关法律明文规定,儿童在 15 岁或 16 岁之前,即在接受义务教育期间不得从事全日制工作。

对越南工厂劳工现状的检查发现,在某工厂 3 500 名工人中,有 12 名 14 岁至 15 岁女孩,其中大多数在该厂已干了 1 年至 3 年。她们靠出示自己姑姨、姐妹的假身份证获得工作。此外,还有 130 名 16 岁至 17 岁的员工。

本地工厂管理部门决定向年龄较小的那一组儿童提供一项两年全日制教育计划,计划在这组儿童上学期间继续付给他们基本工资。该教育计划还向年龄较大的那一组童工提供一笔半工半读费。该公司热衷于坚持按《雇用标准》办事,因为公司很看重与阿迪达斯的合约,该公司 80% 的产品为阿迪达斯生产。这项教育计划的经费由本地工厂管理部门承担,通常情况下,工厂会解雇这些孩子,让他们去上学。

一位越南教师在厂房隔壁一间设备不错的教室里教这12名女童。上午上课很正规,下午要求孩子们回教室自习。工厂决定在厂内对孩子实施教育的原因是它担心如果把这些孩子送到正规学校,他们会逃学然后到别的工厂工作。这些孩子相信他们是到了"天堂",上学念书还能得到报酬。

资料来源:WINSTANLEY D,CLARK J,LEESON H. Approaches to child labour in the supply chain[J]. Business ethics,the environment & responsibility,2002,11(3):210-223.

16.1 组织社会责任的内涵及表现形式

16.1.1 组织社会责任的内涵

"企业社会责任"(CSR)的概念起源于20世纪20年代的欧洲,是在资本的不断扩张而引起一系列社会矛盾(诸如,贫富分化、社会穷困特别是劳工问题和劳资冲突等)的背景下提出的。20世纪60年代以前,企业的社会责任问题并没引起人们足够的注意,人们只是对企业以利润最大化作为唯一经济目标的做法产生了疑问。20世纪80年代之后,伴随经济全球化的进程,"企业社会责任"成为世界范围的一个话题。

企业社会责任是企业通过认真遵守其固有商业角色所要求的社会规范,从而达到对经济社会目标的追求。或者更简单地说,商业活动是在社会文化系统中发生的,而通过社会规范和企业的不同角色,这一系统概括了对特定环境作出回应的特殊方式,并且详细地阐述了从事商业活动的特定方式。企业社会责任是指受到社会赞许的企业职能及其基本目的是建设性地服务于社会的需求,也就是说满足社会的需要。

还有学者从社会责任、社会回应和企业伦理关系的角度提出了对"企业社会责任"的理解:"企业社会责任主要与组织在特定议题或问题决策上所取得的结果有关,这些结果(通过一些规范性标准)对公司的利益相关方是有利的而不是有负面影响的。"[①]

总之,社会责任是组织追求有利于社会长远目标的一种义务,它超越了法律和经济所要求的义务范围,是一种自觉对社会需要的回应。社会责任是一个多层次、多维度的概念,涉及法律责任、政治责任、职业责任、道德责任等多个方面。

16.1.2 组织社会责任的代表观点

"企业社会责任"一词起源于美国,但是英国人欧利文·谢尔顿(Oliver Sheldon,1923)

---

① 李伟阳,肖红军,郑若娟.企业社会责任经典文献导读[M].北京:经济管理出版社,2011:114.

最早提出这一概念。关于企业社会责任理论，以下三大理论比较有代表性。

(1) "追求利益最大化"的传统观点。美国经济学家、诺贝尔经济学奖获得者米尔顿·弗里德曼(Milton Friedman,1970)在《纽约时报》杂志上撰文指出："企业仅具有一种且只有一种社会责任——在法律或者伦理习俗的社会基本规则下实现利润最大化。"弗里德曼认为，企业社会责任仅局限于追求利润最大化并没有什么错误，恰恰是一种正确的选择。尽管弗里德曼关于企业社会责任仅仅是追求利润最大化目标的观点是有缺陷性的，但其影响却是非常深远的。

(2) 利益相关者理论。"利益相关者理论"的核心内容是，企业是与相互影响的利益相关者(包括股东、雇员、顾客、供应商、债权人、政府和社区)相互联系的一个结合体，它有责任和义务为利益相关者与社会创造财富。所以，企业社会责任不仅要为股东谋求利润最大化，而且要为其他的利益相关者创造利益。

(3) 三重底线理论。三重底线理论认为不能仅仅关注企业增加的经济价值，而且要关注企业增加或破坏的环境和社会价值，虽然并不代表要对这三个要素同等重视。从狭义上讲，"三重底线"可以被视为一种分析框架，用以衡量和评价与企业的经济因素表现相对应的社会和环境因素表现。从广义上讲，这一术语被用来关注企业必须陈述的一整套企业价值、企业问题和企业行为过程，以便减小任何企业行为所造成的有害效果，并创造出经济、环境和社会的价值。

16.1.3 组织社会责任的具体表现

管理者的价值观是指导管理者决策和行为的一套原则，这套原则会使管理者从道德角度判断自己所做的事情是正确还是错误的。组织社会责任的观念是管理者伦理观的延伸，它是指管理者在做决策和采取行动时，在实现组织目标的同时，为提高社会福利水平和社会整体利益作出贡献而必须尽到的义务，主要包括对利益相关者(企业员工、顾客、竞争对手、商业合作伙伴、自然环境、所在社区等)所承担的责任。

1. 企业对顾客的责任

近年来，发生了不少有关食品方面的安全问题，在巨大的商业利益面前，有些商家甚至突破了商业道德底线，使消费者对产品的安全、质量有了更多的疑问，企业对顾客的责任问题也引起了社会各界的广泛关注。归纳起来，企业应主要关注以下几方面。

1) 保证产品的安全性

消费者购买一件产品，最重要的就是产品质量安全，其次才会考虑产品的其他属性。作为企业，应该自觉遵守产品安全法规，在产品的包装上标明必要的注意事项和警示。一旦发现产品有安全问题，应该迅速向相关政府部门报告产品事故，如果因产品原因而引起重大事故，应该迅速告知顾客并召回产品，再彻底分析事故原因，防止事故的再次发生。丰田、惠普等大企业处理安全事故的做法就很值得借鉴。

2）保证产品信息的真实性

顾客在消费过程中会受到产品广告或营销人员所提供信息的影响，所以，企业在产品的生产、营销宣传及售后服务的整个过程中，都应当重视为消费者提供真实的信息，这样才能获得消费者的长期信赖。

3）提供优质的售后服务

现在企业已经将售后服务作为内部价值链上非常重要的一环，消费者在使用产品的过程中难免会发生损坏等故障，所以，企业应将这项服务看作对顾客的承诺和责任，而且，通过这种与顾客沟通的有效渠道，能够及时发现问题，从而不断提高产品品质和服务质量。

2．企业对员工的责任

企业对员工的责任，提高员工的满意度和忠诚度主要可通过以下几种途径实现。

1）保障员工的基本权利

首先，企业应该根据员工表现提供合理的劳动报酬，按时、足额发放工资、奖金、社会福利，并根据社会经济的发展来逐步提高工资水平；此外，企业对待员工在人格上应该是平等的，不能有歧视性态度，如地区歧视、性别歧视等。

2）创造良好的工作条件

企业有责任为员工创造一个安全、卫生的工作环境，并努力营造融洽的工作氛围，必要时还可以在公司内部设立临时休息室、健身房、减压室等，帮助丰富员工业余生活，缓解工作中的压力，使管理更加人性化，这样也更有助于员工工作效率和忠诚度的提高。

3）建立规范的培训制度

企业的成功离不开公司全体员工的协作努力，所以有社会责任的企业应根据自身发展的需要和员工的需求，建立规范的培训制度，为员工提供成长的机会，使其不断提高自身素质，在未来能够承担更具有挑战性的工作，这样也有利于企业的长远发展。

3．企业对环境的责任

工业化进程的加快，自然环境的恶化，使社会各界不断提出"环保低碳"的要求。企业作为社会重要的经济实体，其发展是通过不断地从社会获得资源来实现的。所以，在对自然环境的保护上，责无旁贷。首先，企业应本着节约的思想，合理利用资源，尤其是不可再生资源，在生产过程中通过改善生产工艺流程、提高生产效率等方式来提高废物再利用率；其次，企业应该合理控制污染物的排放，研制环保型产品，关注环保事业的发展；再者，对于服务类企业，也可以通过参加环保公益组织，鼓励员工成为环保志愿者的形式来为环境的保护贡献力量。

4．企业对所在社区的责任

公司，尤其是大中型公司，对所在社区的经济、文化会产生重要的影响。所以，有社会责任感的企业在从社区获取各种资源的同时，还应该以一定的方式回报所在社区。例如，同等条件下可以优先从所在社区招聘员工,提供就业机会;为当地的基础设施建设、教育环境的改善提供经济支持等。这是一个双赢的过程,企业在帮助所在社区经济发展、提高居民生活水平的同时,可以树立良好的公众形象,从而获得更高的经济效益和社会效益。

总之,不论是企业对哪一方利益相关者的社会责任,都要求企业有诚信、正直、有责任感、富有同情心的内部文化,这样才更有利于社会的健康和持续发展。

16.2 企业社会责任对企业绩效的影响

随着科技的发展、工业化进程的加快,越来越多的企业,尤其是大企业开始关注企业社会责任,甚至制定有关企业社会责任的年报,作为提升企业形象的一种方式,希望以此来影响投资者、顾客或者政府行为。

16.2.1 衡量企业社会责任绩效的方法

评定企业的社会和环境绩效有很多标准。富时社会责任指数(FTSE4Good)就是其中一种,主要包括三个因素:致力于环境的可持续发展;发展与利益相关者的积极关系;赞成和支持《世界人权宣言》。此外,还有社会——伦理风险管理评级、道琼斯持续发展指数、伦理投资调查公司(一家慈善机构,在世界范围内对公司进行调查)等。

在我国,企业社会责任逐渐引起社会各界的关注,随之也出现了不同的社会责任评价指标体系。例如,在 2011 年的上市公司峰会中,根据"央视财经 50 指数"包含的五个维度:成长、创新、回报、公司治理、社会责任,共选出了 50 家优秀样本公司。在公司责任维度上,主要是从利益相关者角度展开,包括经济责任指标体系、环境责任指标体系、员工责任指标体系、消费者责任指标体系、社区责任指标体系等。

16.2.2 企业社会责任对企业绩效的阻碍作用

诺贝尔经济学奖获得者弗里德曼在 20 世纪八九十年代提出了企业的唯一社会责任就是提高利润的观点,他用伦理学与政治哲学观点批判,公司用持股人的资金来支持慈善事业发展是不讲民主的。后来,有学者莫尔和罗宾森(Moore and Robson,2002)运用实证研究方法,在 16 个社会绩效指标与财务业绩指标之间做了详细的统计分析,发现:社会绩效随公司营业额增长而恶化。反过来,营业额随社会绩效改善而下降。这就部分支持了"社会绩效会危及企业绩效"的观点。[1]

在企业的实际生产活动中,有时履行社会责任会增加企业的运营成本,从而使企业处

---

[1] 菲舍尔,洛维尔.经济伦理与价值观——个人、公司和国际透视[M].范宁,译.2 版.北京:北京大学出版社,2009.

于经济上的劣势地位,或者会使企业分散主要精力,从而忽略了企业的经济职责。尽管现在对企业社会绩效和经济绩效的正负相关关系仍无定论,但是,从反面来看,如果企业违背了伦理价值观,或者忽视了对消费者和顾客、社区等利益相关者的责任,将会影响企业的整体绩效。

16.2.3　企业履行社会责任对企业绩效的积极作用

企业对利益相关者履行社会责任,在一定程度上可以帮助企业提高顾客的满意度、员工的忠诚度,从而扩大市场份额、增强市场影响力,具体可以表现在以下几个方面。

1. 提高顾客的忠诚度

企业的伦理价值观和社会责任要求企业为顾客提供安全的产品、真实的产品信息和优质的售后服务。根据市场营销中的 250 定律,每位顾客身后大约有 250 位消费者,赢得了一位顾客的好感,就有可能会吸引那 250 位潜在客户。所以企业为顾客提供了良好的服务后,即使相比同类企业,会花费更多成本,但通过在消费者之间树立良好的口碑,将会带来更大的顾客忠诚度。而当企业以社会捐款、参与公益活动等形式来履行其社会责任时,也可以帮助企业打造更好的品牌形象,在消费者中引起更大的共鸣。

2. 提高员工的忠诚度

企业人才的流失,尤其是关键人才的流失会给企业的生产活动带来一系列负面影响。而如果企业能够履行对员工的责任,践行"以人为本"的原则,保障员工的基本权利,提供良好的培训机会和物质、精神激励,并努力为员工创造良好的工作环境和工作机会,这样既有助于员工效率的提高,也会提高员工的忠诚度,从而使员工自觉地将个人的发展与企业的命运紧密结合,为组织作出更多的贡献。

3. 降低长期运营成本

履行企业社会责任,在短期内需要投入较大资本,为消费者提供更好的服务项目,或者改善员工工作环境,但是长期来讲,企业的成本是降低的。以企业对环境的责任为例,思科公司曾经开展过一项"更清洁的能源、数百万的节约"的项目,启动项目会花费一定的前期成本,但是这一项目运行后每年可以为公司节省大约 450 万美元的运营成本,既降低了企业的运营成本,还为自然环境的改善作出了贡献。所以,企业践行社会责任,还是应该立足于长期效益,并与企业战略相结合。

4. 强化企业品牌形象

企业社会责任是可持续的业务发展的核心战略,可以给企业带来长期的盈利,即使短期内会加大企业的运营成本,也是不可或缺的。所以,履行社会责任,不仅是为社会服务,同时也是为企业本身创造盈利机会。首先,通过企业社会责任加强了员工和顾客的忠诚度,为今后企业销售收入的增长、市场份额的增加提供了良好的基础。其次,与企业伦理价值观和社会责任相关活动的举办,能帮助企业树立真诚、友好、富有责任心的社会形象,从而强化顾客对企业品牌的认知,提高其市场影响力;最后,通过与企业社会责任有关的项目启动,例如,与社区的良好合作,也可以建立长久的业务关系,实现企业持续的业务增长。

16.3 企业履行社会责任的途径

在竞争日益激烈的市场环境下,社会责任必须引起企业足够的重视,也应成为企业成功的一个标志。为了适应经济全球化和国际竞争的日益激烈的环境,企业应当积极尝试开展社会责任工作,并使之成为公司日常经营必不可少的一项议题。在目前的商业环境下,国际社会已经普遍认识到有效实施企业社会责任的重要性。消费者在购物时也越来越多地考虑公司的道德表现,所以我国企业应该更加重视企业的伦理和社会责任问题。

另外,中国社会所处的发展阶段,也决定了中国企业履行社会责任的必要性。企业在提高国民生活水平、促进民生工作方面应发挥重要作用,不仅要解决城市就业问题,随着城市化进程的加快,还承担着吸收农村剩余人口就业的责任。

16.3.1 树立企业社会责任理念

企业是社会生产的基本单位,企业要获得社会的认同,必须承担社会责任。所以,企业应加深对社会责任的认知,将企业社会责任纳入整体经营发展战略之中,充分考虑股东、顾客、员工和商业合作伙伴等利益相关者的关系,认识到良好的社会公众形象能为企业带来的收益。

另外,我国现在处于市场经济发展的初期,由于部分企业更多把目光放在经济增长上,较少考虑环境因素,随之而来的一系列环境问题开始影响到经济的增长,甚至危及整个社会的发展。作为社会最大的污染源,企业对于环境的保护、合理利用资源有着不可推卸的社会责任。所以,企业应该提高对社会责任的认知,在企业内部树立起社会责任的理念,并且领导者要发挥模范作用。

16.3.2 履行对利益相关者的责任

企业践行社会责任,可以从履行对利益相关者责任的角度出发。以企业对顾客的责任为例,首先企业内部应该建立起一套与"产品安全、质量保证、产品信息真实、售后服务保障"等相配套的制度体系,设立质检部、售后服务部,并明确其责权,提高产品进入市场之前的合格率,而如果产品出现质量安全问题,企业更应该做到不隐瞒事实、召回问题产品,例如,丰田汽车公司因安全气囊隐患在美国召回37万辆汽车,免车主维修费用等对问题汽车的处理态度就是对消费者负责任的一种体现。

16.3.3 采取多途径促进社会发展

与企业社会责任相似但内涵更深刻的是当下提得较多的"社会企业"一词,社会企业是指通过商业手法运作,赚取利润以贡献社会的组织形式,它们重视社会价值多于追求企业的最大盈余,是一种介于公益和盈利之间的企业形态。社会企业比企业社会责任内涵更深是因为在社会企业的创立之初,其宗旨就是为社会解决问题,如残障人士就业、下岗工人再就业问题等。所以,企业除了应该对其利益相关者承担一定的社会责任,还应该为社会的发展贡献力量。

1. 企业直接慈善行为

这是一种几乎适用于所有企业的行为,而且对社区健康和公共事业机构、教育、艺术以及负有保护环境之使命的组织来说,企业的慈善行为始终是一个主要的资助来源。除了提供现金捐赠外,还可以选择提供实物捐赠、免费向当地社区提供专门的技术知识服务、在学校设立奖学金以资助贫困学生等形式。

2. 鼓励员工参加志愿者活动

企业除了应该为员工创造良好的工作条件和工作机会外,还应该鼓励员工、合作伙伴等参加社会中的志愿者活动,支持当地的社区和公益事业发展。例如,企业可以鼓励员工为特定的慈善机构做志愿者,对从事志愿活动的员工给予一定的精神奖励;在"世界环境日"这一天,企业可以组织一支志愿者团队,在所在社区宣传环境保护理念等。这样做同时有利于帮助企业树立真诚友好的企业形象。

3. 通过企业活动来履行社会责任

相比以上两种形式,这种形式需要企业付出较多的精力来制订营销计划,包括确定营销需求,选择目标受众,确定营销组合,实施过程策划和预算策划等步骤。企业可以将社会责任与企业战略、日常经营活动相结合来采取一些活动。例如,企业可以承诺将一定的销售收入比例捐给慈善机构,既可以以这样的形式来履行社会责任,同时为产品赋予一定的社会价值内涵,也能在一定程度上促进产品的销售增长。

政府和媒体应加大对企业社会责任的宣传力度,通过各种方式推广企业社会责任理念。另外,公众对企业社会责任的关注,也能起到有力的监督作用。因此,政府要加大对企业社会责任的宣传力度,大力弘扬社会责任感,让公众充分认识到企业社会责任不仅仅是企业的问题,更是社会的问题,让全社会都来关注企业社会责任,参与到推动企业社会责任的运动中来,积极营造有利于推进企业社会责任的社会氛围。

16.4　企业社会责任与可持续发展

16.4.1　企业社会责任理念面临的挑战

俄罗斯喜剧作家和短篇小说家安东·契诃夫（Anton Chekhov）在1897年写过这样一段话：人类具有天赋的理智与创造力，所以他们能为自己锦上添花。可是现在他们拥有的不再是创造力，而是破坏力。森林正在消失，河流正在干涸，野生动物正在濒临灭绝，气候正遭受毁灭，随着每一天过去，地球正变得愈加贫瘠、愈加丑陋。

在1897年就有这样的担忧，这是否意味着当前对全球变暖、森林破坏、海平面上升和污染程度的担忧不过是古来有之的担忧的持续。

即使上面这些答案都是"不"，也就是说，自然资源的耗尽与气候变化和全球变暖对政治、社会和经济结构的确造成了威胁，人们仍有疑问：这些问题真是伦理和道德问题吗？

这是对当前面临的环境与道德问题的一种反思，体现在企业中，就是对企业履行对环境的社会责任的一种思考，因为某种程度上，企业活动会破坏环境的自然平衡。另外，在规划决策中，"经济逻辑"的力量非常强大，以致许多国家和地方政府常常无力抵抗那些开发利用自然资源或建筑项目的提案，即使知道开发与采掘将会毁灭原本优美的环境，但是对就业的承诺以及对地方或国家经济利益的考虑，就会选择以牺牲环境作为代价。

就像美国主要石油企业组成的强大利益集团正在资助一些组织，旨在破坏那些以证据说话的相关科学机构，如国际气候变化专业小组（IPCC）。美国烟草业数十年来否认吸烟与各种癌症之间存在因果关联，尽管烟草业自己的（私人）研究揭示二者之间存在联系。只是当其中一个烟草公司自己的科学家"揭发"它们隐瞒证据时，烟草公司才承认了其之间的关系。石油工业无法隐瞒有关气候变化的公开信息，所以才会想到用另外的对策来挑战和破坏证据与论证。

所以，当前企业社会责任的理念发展，尤其是在对环境的责任方面，仍然面临着一些挑战。例如，我们对环境恶化、资源掠夺及其后果的严重程度是否反应过度？如果对一些对资源过度开采的产业进行社会责任方面的限制，对经济的发展会产生一些什么影响？当不同利益相关者之间出现利益冲突时，我们应该如何做到均衡？这些问题都需要我们不断进行思考与探索。

16.4.2　企业社会责任概念的延伸

对许多人来说，可持续性是指人尤其是公司活动对环境的影响，但这一概念需要扩展。由于社会和政治制度与经济活动密切相关，这样，解决人和自然资源的问题就会希望借助公司和政府的力量。此外,解决环境和社会问题,全国性行动和国际性行动同样重要,美国和澳大利亚拒绝遵守《京都议定书》也说明了国际上在环境问题上取得重大进展仍然困难重重,需要做出更多的努力。

公司活动是造成许多环境问题的主要原因,所以,公司之间的积极协作,是解决环境和社会问题的一个重要因素。这个观点的部分证据是:企业为了维持可持续发展,必须在社会认可的限制范围内经营,其中包括企业如何对待环境和人。

然而,成为焦点的不应该只有企业。现在人们对动物的生存环境有很大的关注,与此同时,对人类同胞的居住和工作环境却关注不够。所以我们希望当市场反映的价值观与时下流行的价值观不同时,消费者就应该发出自己的声音,可以通过购买决定或媒体来表达。这些问题不仅仅是由企业来解决,个人也有责任表达自己的观点。

所以,我们需要将企业社会责任的概念进行延伸,企业社会责任中的"C"并不仅仅指"公司"(corporation),也应该包括消费者(consumer)。例如,现在消费者仍然视价格为消费决策的主要标准,那么消费者是否考虑过,有可能你身上穿着的低价牛仔裤是某一工厂不断压榨劳动力甚至雇用童工生产出来的,你喝到的低价牛奶也是强大的供货商联合起来对奶场主施加压力,要求奶场主降低成本换来的。所以,消费者应该承担部分企业由于履行社会和环境责任所带来的高成本;否则,法人就有权指出社会责任大辩论中对企业的双重标准。在这种情形下,市场也可能需要来自政府的帮助——对涉及社会责任的产品或组织实行差额征税政策。

16.5 企业伦理文化与风气

有这样一个伦理议题:鼓励人们以一种或另一种方式行为,这样做适当吗?然而,如果我们暂时假定允许管理者培养一种鼓励伦理行为的文化,这样的文化会是什么样子呢?这里用"道德风气"一词来形容存在于组织中的不同力的相互作用,这些"力场"会撞击成员对善与恶、对与错的理解、判断和决定。这里的"力场"可能是看得见的力量,如个人行为;也可能是较微妙、不太能看得出的力量,如指导行为的假定与信念。例如,如果人们对忠诚的要求高,便会在组织内鼓励一种支持批评、秉持正义的开放风气。

施耐尔(Snell,1993)确认了组织内部可能产生的六种风气。[①]

(1) 担惊受怕的风气。其行为特征是强迫、盲从、短视,为了组织的生存不计代价。

(2) 利益驱动的风气。雇员因对组织贡献最大而获奖,即使过程中可能涉及欺骗、耍手段、损人利己。此种风气鼓励拉帮结派、偷偷摸摸和捞取个人好处。

(3) 行会风气。此种风气要求效忠和有难同当,以便向外界显示良好形象。傲物恃才

[①] 菲舍尔,洛维尔. 经济伦理与价值观——个人、公司和国际透视[M]. 范宁,译. 2版. 北京:北京大学出版社,2009:300-301.

者将会被驯化,对内强调凝聚力的倾向可能会助长家长作风、性别歧视和种族主义。

(4) 遵守规章的风气。此种风气的典型特点是规章与问责。行为守则已形成文字,员工通常对自己服从规则的情况自查自省。

(5) 追求品质的风气。此种风气寻求鼓励人人努力实现最高伦理标准。通过训练、培养鼓励员工就"应然标准"展开辩论和争论。此种风气可能造成自大感和过度承诺。

(6) 追求灵魂的风气。此种组织风气支持一种注重精神学习、强调正义和不断进行伦理对话的共同体。

虽然特定的群体、组织或社会很多方面都有关于道德行为的规定,但是每个人都有着属于自己的独特的伦理价值观。每个人都是由其所在的地区和所处的时代造就的。民族文化、宗教传统和历史背景等导致了社会伦理的发展以及社会价值观的形成,人们被他们的家庭、社区、文化、社会、宗教团体和地理环境同化,并受到身边人们的伦理价值观的影响。每个人的道德态度都是其所处的历史、文化、社会和家庭背景的共同影响的综合体。

一项决定的伦理性并不在于表现出的行为或作出的决策,而在于行为或决定之前的先见,假定能够以一种可供操作的方式来运用公司文化,那么普遍流行的公司伦理问题最终将在道德思想与自省过程中化解于未然。对伦理观的这种强调思想先于行动,为了使行为合乎伦理标准,那么行动之前的思想过程就非常重要。

16.6 行为守则与伦理规范

在竞争力具有重大意义的市场背景下,组织在经营上的全方位协调势在必行。为了激励、培养和维护员工行为的协调一致——也反映组织期望员工采用的行为标准,组织常常制定行为守则和伦理规范。

威尔莫特(Willmott,1998)强调指出行为守则的争议性,他说:采纳行为守则的价值根据守则对经营目标的贡献而定。这意味着原则上要计算守则对经营目标的持续贡献,然后再根据计算结果决定是完善还是放弃这些守则。守则不大能够处理"正义"原则,例如,一条"遵守公司各项保密制度"的守则可能会与广义的社会正义发生冲突。

行为守则与伦理规范稍有差别。伦理规范常常不确认具体的决策,是鼓励人们运用社会中公认的"美德",包括忠诚、诚信、客观、廉洁和正直等,虽然对美德的看法会因时代不同而不同。而行为规则是指一些有关行为的说明或规则,确认了员工必须遵守(规定性)或必须避免(禁止性)的行为。如果能充分预见员工面临的各种情境以及与这些情境相关的所有环境条件,那么可以制定一部具体的行为守则。然而,如果不能细致地预见员工面临的各种情境,那么最好运用伦理规范,为员工描述公司总体要求的品质与原则。

16.6.1 行为守则与伦理规范的目的

从某种意义上讲,行为守则与伦理规范可以被视为高层管理者必须制定的合法和必需的工具,他们借此可以将自己对全体员工行为的期望明确化、具体化。一个组织的每一名员工将被外界视为该组织的一名代表。因此,员工表现出来的行为应该与该组织期望他们表现的人格面貌相符。有些管理者将行为守则看成为实现管理目标的有原则的控制手段。公司守则主要有以下几个作用。

1. 管理条例

伦理规范和行为守则对员工最基本的品质作出明确规定,如正直、客观、忠诚等;同时,也会对禁止的行为作出规定。当员工面临混乱局面时,公司守则就是他们的备忘录。

2. 准则

当一个组织或专业机构确定一名员工有违规行为及随后应该给予何种惩罚时,守则起到一个基本准则的作用。在与专业人士、竞争者等利益方的谈判中,公司守则可作为一个标杆。

3. 传递信息

守则可以向外界传递出"组织对员工行为的预期标准是什么"的信息。

16.6.2 行为守则与伦理规范的影响因素

为什么个人行为可以与组织期待的行为一致呢?卡瑟尔等(Cassell et al.,1997)对这个问题确认了以下三种解释。

1. 内化

在内化状态下,个人把守则规定的行为当作自己的行为而接受,尽管这些行为是由外部设定的。但这也表明,如果对组织价值观的信守不是出自个人内心和深层次需求,那么表现出来的伦理价值观将服从和接受更多的外力影响。

2. 遵从

因遵从而表现的行为与"趋奖避惩"欲望有关。只要当事者个人认为奖罚分明且可兑现,那么遵从行为就会持续下去。遵从行为因而不是基于伦理的,而是工具的、精于计算的且不可靠的。

3. 认同

在此过程中,个人根据自己所认同和崇拜的人与群体的行为来决定自己的信念和行为。由于行为的基本原则的坐标是由工具和外力定位的,所以行为的可靠性令人质疑。

内化的实现不是有意识的，而是无意识的，是靠组织的形象潜移默化形成的。个人在长期的发展过程中会自觉和有意地吸纳组织价值观，使个人现在的价值观与组织信奉的价值观尽量吻合，当个人从组织中获得一系列原则，这些原则不仅超越了员工的价值观，而且在员工自己热烈追求价值观时，伦理规范和行为守则发挥的作用就会更大。

16.6.3 行为守则与伦理规范的制定

为了使组织强调的伦理规范深入人心，绝大部分组织会制定自己的伦理规范，特别是针对组织自身及其经营条件和环境条件的与众不同来制定，但其实，大部分伦理规范都是围绕一些基本的原则展开的，例如，尊重法律、环境的可持续性、发展社区、廉洁、忠诚等。

以英国石油公司的行为规范为例，英国石油公司的行为规范中提道："我们将使我们的顾客、政府、社区和我们自己人都参与一场新的建设性对话。我们旨在实现极大的公开性——一个新公司的新取向：透明、争论、灵活、永不停滞和包容性。"这点体现了其尊重员工、顾客、政府、社区等利益相关者的原则；再如，"我们保证尊重自然环境，努力实现无事故、不伤害任何人、不损害环境这一目标"，体现了该公司对环境可持续性作出的贡献。

当下还有一种反对采用行为守则与伦理规范的观点。首先，行为守则与伦理规范可能会传递一种不信任员工的消极信号，例如，守则中规定员工要诚实，但是诚实应该是每个人都具有的品质，那么，这样规定的潜在含义是说有些员工是不诚实的吗？其次，组织可能会缺乏支持行为守则实施的结构，有些企业会频繁地制定或改变员工的行为守则，过度考核过程，却忘了其设定守则的初衷。还有，组织制定了行为守则，总是限制了部分灵活性，可能会存在这样的风险：当个人接受对有争议事件的质问时，他会用"我只是在执行组织命令"做借口。

总之，行为守则与伦理规范是指导个人和群体行为及进行是非判断的一套道德准则和价值观念的总和，伦理价值观为人们设定了判断行动或决策好坏的标准。但是如何制定一套完善的行为准则，就要根据组织的实际情况灵活而定。此外，管理者应该在组织中指导和塑造员工的行为，为员工提供方向性的指导。

本 章 小 结

本章对组织的社会责任及伦理价值问题进行了探讨，首先介绍了组织社会责任的内涵、代表理论、表现形式；接着介绍了企业社会责任与企业绩效之间的关系，企业履行社会责任的途径和当下企业社会责任面临的挑战，以及对这一概念的延伸扩展；最后说明了企业伦理与风气的内涵，从目的、影响因素、制定三个角度来说明企业的行为守则与伦理规范。

复习思考题

1. 与实际案例相结合,谈谈对企业社会责任的具体表现形式的理解。
2. 除了本书中提到的企业履行社会责任的方式,你还能想到哪些方面?
3. 如何理解当前企业社会责任面临的挑战?
4. 谈一下对组织社会责任的理解。
5. 企业社会责任对企业的发展绩效有何影响?
6. 企业如何在发展过程中履行社会责任?举例说明。
7. 谈一下企业社会责任对企业及社会产生的影响。
8. 企业组织会产生怎样的伦理文化与风气?
9. 企业在发展过程中会产生怎样的行为守则与伦理规范?

紫金矿业废水泄漏事件

附篇

创新引领中国企业发展

坚持创新驱动发展
——关于我国经济发展的第一动力

1. 创新从根本上决定国家和民族的前途命运

创新是推动一个国家、一个民族向前发展的重要力量,也是推动整个人类社会向前发展的重要力量。谁在创新上先行一步,谁就能拥有引领发展的主动权。习近平总书记指出,"实施创新驱动发展战略,是加快转变经济发展方式、提高我国综合国力和国际竞争力的必然要求和战略举措"。(《在甘肃调研考察时的讲话》,2013年2月2—5日)把创新驱动发展作为面向未来的一项重大战略实施好,就能够推动以科技创新为核心的全面创新,形成新的增长动力源泉,全面塑造我国发展新优势。

16世纪以来,人类社会进入前所未有的创新活跃期,几百年里,人类在科学技术方面取得的创新成果超过过去几千年的总和。一些国家抓住了机遇,经济社会发展驶入快车道,经济实力、科技实力、军事实力迅速增强,甚至一跃成为世界强国。中华民族是勇于创新、善于创新的民族,我国历史上的发展和辉煌,同当时我国科技发明和创新密切相关。近代以来,我国逐渐由领先变为落后,一个重要原因就是我们错失了多次科技和产业革命带来的巨大发展机遇。

进入21世纪以来,全球科技创新进入空前密集活跃的时期,科学技术从来没有像今天这样深刻影响着国家前途命运,从来没有像今天这样深刻影响着人民生活福祉。当前,新一轮科技革命和产业变革突飞猛进,科学研究范式正在发生深刻变革,学科交叉融合不断发展,科学技术和经济社会发展加速渗透融合,科技创新成为国际战略博弈的主要战场,围绕科技制高点的竞争空前激烈。

我国已转向高质量发展阶段,比以往任何时候都更加需要强大的科技创新力量,都更加需要科学技术解决方案,都更加需要增强创新这个第一动力。实施创新驱动发展战略,是立足全局、面向未来的重大战略,是破解经济发展深层次矛盾和问题、增强经济发展内生动力和活力的根本措施。中国要强盛、要复兴,就一定要大力实施创新驱动发展战略,大力发展科学技术,努力成为世界主要科学中心和创新高地。

2. 坚持创新在我国现代化建设全局中的核心地位

我们党始终高度重视科技创新在经济社会发展中的重要作用。中华人民共和国成立后,我国坚持走独立自主的发展道路,在极其艰苦的条件下取得"两弹一星"等重大科技创新成果。改革开放后提出"科学技术是第一生产力"的论断,进入21世纪以来,深入实施知识创新工程、科教兴国战略、人才强国战略,不断完善国家创新体系、建设创新型国家。党的十八大以来,党中央全面分析国际科技创新竞争态势,深入研判国内外发展形势,坚持创新在我国现代化建设全局中的核心地位,提出创新是第一动力、全面实施创新驱动发展战略、建设世界科技强国,全面谋划科技创新工作。科技创新事业在党和人民事业中始终具有十分重要的战略地位、发挥了十分重要的战略作用。

2015年3月5日,习近平总书记在参加十二届全国人大三次会议上海代表团审议时指出:"抓创新就是抓发展,谋创新就是谋未来。"当前,我国科技实力正在从量的积累迈向质的飞跃、从点的突破迈向系统能力提升,科技创新取得新的历史性成就,基础研究和原始创新取得重要进展,战略高技术领域取得新跨越,高端产业取得新突破,民生科技领域取得显著成效,国防科技创新取得重大成就。随着我国科技整体水平大幅提升,我们完全有基础、有底气、有信心、有能力抓住新一轮科技革命和产业变革的机遇,乘势而上,大展宏图。

创新是一个复杂的社会系统工程,涉及经济社会各个领域。抓住了创新,就抓住了牵动经济社会发展全局的"牛鼻子"。坚持创新发展,既要坚持全面系统的观点,又要抓住关键,以重要领域和关键环节的突破带动全局。要超前谋划、超前部署,紧紧围绕经济竞争力的核心关键、社会发展的瓶颈制约、国家安全的重大挑战,强化事关发展全局的基础研究和共性关键技术研究,全面提高自主创新能力。

坚持创新驱动发展,必须把握好基本要求。要坚持创新在我国现代化建设全局中的核心地位,把科技自立自强作为国家发展的战略支撑,面向世界科技前沿、面向经济主战场、面向国家重大需求、面向人民生命健康,深入实施科教兴国战略、人才强国战略、创新驱动发展战略,完善国家创新体系,加快建设创新型国家和世界科技强国。

3. 推进高水平科技自立自强

坚持创新驱动发展,最根本的是要增强自主创新能力,实现高水平科技自立自强。自力更生是中华民族屹立于世界民族之林的奋斗基点,自主创新是我们攀登世界科技高峰的必由之路。科技自立自强是促进发展大局的根本支撑,是决定我国生存和发展的基础能力。只要秉持科学精神、把握科学规律、大力推动自主创新,就一定能够把国家发展建立在更加安全、更为可靠的基础之上。

强化国家战略科技力量。建成创新型国家,为世界科技事业发展作出贡献,必须有一支能打硬仗、打大仗、打胜仗的战略科技力量,形成代表国家水平、国际同行认可、在国际上拥有话语权的科技创新实力,成为抢占国际科技制高点的重要战略创新力量。要健全社会主义市场经济条件下新型举国体制,加强基础研究、注重原始创新,优化学科布局和研发布局,推进学科交叉融合,完善共性基础技术供给体系。

基础研究是整个科学体系的源头,是所有技术问题的总机关。加强基础研究是科技自立自强的必然要求,是从未知到已知、从不确定性到确定性的必然选择。要瞄准世界科技前沿,抓住大趋势,下好"先手棋",实现前瞻性基础研究、引领性原创成果重大突破,夯实世界科技强国建设的根基。加大应用基础研究力度,促进创新链和产业链精准对接,把科技成果充分应用到现代化事业中去。

国家实验室、国家科研机构、高水平研究型大学、科技领军企业都是国家战略科技力量的重要组成部分,要自觉履行高水平科技自立自强的使命担当。以重大科技任务攻关和国家大型科技基础设施为主线,依托最有优势的创新单元,整合全国创新资源,建立目标导向、绩效管理、协同攻关、开放共享的新型运行机制,建设突破型、引领型、平台型一体化的国家实验室。制定实施战略性科学计划和科学工程,推进科研院所、高校、企业科研力量优化配置和资源共享。布局建设综合性国家科学中心和区域性创新高地,支持北京、上海、粤港澳大湾区形成国际科技创新中心,支持有条件的地方建设国际和区域科技创新中心。

打好关键核心技术攻坚战。关键核心技术是国之重器,对推动我国经济高质量发展、保障国家安全都具有十分重要的意义。近年来,我国科技事业发展取得很大成就,科技创新能力显著提升,但我国科技发展水平特别是关键核心技术创新能力同国际先进水平相比还有很大差距,底层基础技术、基础工艺能力不足,工业母机、高端芯片、基础软硬件、开发平台、基本算法、基础元器件、基础材料等瓶颈仍然突出,关键核心技术受制于人的局面没有得到根本性改变。

实践反复告诉我们,关键核心技术是要不来、买不来、讨不来的。只有把关键核心技术掌握在自己手中,才能从根本上保障国家经济安全、国防安全和其他安全。必须切实提高我国关键核心技术创新能力,把科技发展主动权牢牢掌握在自己手里,为我国发展提供有力科技保障。

要充分发挥社会主义市场经济的独特作用,充分发挥我国社会主义制度优势,充分发挥科学家和企业家的创新主体作用,形成关键核心技术攻坚体制。改革重大科技项目立项和组织管理方式,实行"揭榜挂帅""赛马"等制度。统筹推进补齐短板和锻造长板,针对产业薄弱环节,实施好关键核心技术攻关工程,尽快解决一批"卡脖子"问题,在产业优势领域精耕细作,练就更多独门绝技,加速科技成果向现实生产力转化,提升产业链水平,增强产业链供应链自主可控能力。

进一步突出企业的技术创新主体地位。科技创新绝不仅仅是实验室里的研究,而是必须将科技创新成果转化为推动经济社会发展的现实动力。科研和经济联系不紧密问题,是多年来的一大痼疾,也是我们与发达国家差距较大的地方。这个问题解决不好,科研和经济始终是"两张皮",科技创新效率就很难有一个大的提高。

企业是科技和经济紧密结合的重要力量,是推动创新创造的生力军。要着力构建以企业为主体、市场为导向、产学研相结合的技术创新体系,加快科技创新,加强产品创新、品牌创新、产业组织创新、商业模式创新,使企业真正成为技术创新决策、研发投入、科研组织、成果转化的主体,变"要我创新"为"我要创新"。制定和落实鼓励企业技术创新各项政策,鼓励企业加大研发投入,支持企业牵头组建创新联合体,承担国家重大科技项目。中央企业等国有企业要勇挑重担、敢打头阵,勇当原创技术的"策源地"、现代产业链的"链长"。发挥大企业引领支撑作用,支持创新型中小微企业成长为创新重要发源地,推动产业链上中下游、大中小企业融通创新,培育一批"专精特新"中小企业。

激发和保护企业家精神,鼓励更多社会主体投身创新创业。企业家创新活动是推动企业创新发展的关键,企业家要做创新发展的探索者、组织者、引领者,勇于推动生产组织创新、技术创新、市场创新,重视技术研发和人力资本投入,有效调动员工创造力,努力把企业打造成为强大的创新主体。要依法保护企业家合法权益,加强产权和知识产权保护,形成长期稳定发展预期,鼓励创新、宽容失败,营造激励企业家干事创业的浓厚氛围。

4. 加快建设世界重要人才中心和创新高地

"功以才成,业由才广。"人才资源是第一资源,也是创新活动中最为活跃、最为积极的因素。习近平总书记在参加十二届全国人大三次会议上海代表团审议时指出:"创新驱动实质上是人才驱动,谁拥有一流的创新人才,谁就拥有了科技创新的优势和主导权。"当前,我们比历史上任何时期都更加接近实现中华民族伟大复兴的宏伟目标,也比历史上任何时期都更加渴求人才。必须深入实施新时代人才强国战略,加快建设世界重要人才中心和创新高地,更加重视人才自主培养,加快建立人才资源竞争优势。

人类历史上,科技和人才总是向发展势头好、文明程度高、创新最活跃的地方集聚。我国正处于政治最稳定、经济最繁荣、创新最活跃的时期,党的坚强领导和我国社会主义制度的政治优势,基础研究和应用基础研究实现重大突破,面向国家重大需求的战略高技术研究取得重要成果,应用研究引领产业向中高端迈进,为我们加快建设世界重要人才中心和创新高地创造了有利条件。同时也要看到,我国人才工作同新形势、新任务相比还有很多不适应的地方,人才队伍结构性矛盾突出、人才政策精准化程度不高等问题长期存在,需要继续下大气力加以解决。

加快建设世界重要人才中心和创新高地,必须坚持正确政治方向,把握战略主动,做好顶层设计、战略谋划和战略布局。要着力在北京、上海、粤港澳大湾区建设高水平人才高地,在一些高层次人才集中的中心城市建设吸引和集聚人才的平台,开展人才发展体制机制综合改革试点,集中国家优质资源重点支持建设一批国家实验室和新型研发机构,发起国际大科学计划,为人才提供国际一流的创新平台,加快形成战略支点和雁阵格局。

战略人才站在国际科技前沿、引领科技自主创新、承担国家战略科技任务,是支撑我国高水平科技自立自强的重要力量,要加快建设国家战略人才力量,把建设战略人才力量作为重中之重来抓。

大力培养使用战略科学家,坚持实践标准,在国家重大科技任务担纲领衔者中发现具有深厚科学素养、长期奋战在科研第一线,视野开阔,前瞻性判断力、跨学科理解能力、大兵团作战组织领导能力强的科学家。打造大批一流科技领军人才和创新团队,跨部门、跨地区、跨行业、跨体制调集领军人才,围绕国家重点领域、重点产业,组织产学研协同攻关。造就规模宏大的青年科技人才队伍,完善优秀青年人才全链条培养制度,各类人才培养引进支持计划要向青年人才倾斜,让青年科技人才安身、安心、安业。培养大批卓越工程师,探索形成中国特色、世界水平的工程师培养体系,努力建设一支爱党报国、敬业奉献、具有突出技术创新能力、善于解决复杂工程问题的工程师队伍。

"水积而鱼聚,木茂而鸟集。"我们要锚定跻身创新型国家前列、建成人才强国的远景目标,加快建设世界重要人才中心和创新高地,下大气力全方位培养、引进、用好人才。要走好人才自主培养之路,推进素质教育,创新教育方法,提高人才培养质量,努力形成有利于创新人才成长的育人环境,在全社会大兴识才、爱才、敬才、用才之风,开创人人皆可成才、人人尽展其才的生动局面。密切关注行业、产业前沿知识和技术进展,推动工人阶级和广大劳动群众不断提高技术技能水平,建设知识型、技能型、创新型劳动者大军。加大人才对外开放力度,继续完善外国人才引进体制机制,让有志于来华发展的外国人才来得了、待得住、用得好、流得动。用好用活各类人才,在全社会营造鼓励大胆创新、勇于创新、包容创新的良好氛围,为人才发挥作用、施展才华提供更加广阔的天地,让他们人尽其才、才尽其用、用有所成。

参 考 文 献

[1] 吴培良,郑明身,王凤彬.组织理论与设计[M].北京:中国人民大学出版社,1998.
[2] 泰勒.科学管理原理[M].马风才,译.北京:机械工业出版社,2007.
[3] 法约尔.工业管理与一般管理[M].迟力耕,张璇,译.北京:机械工业出版社,2007.
[4] 韦伯.社会组织与经济组织理论[M].桂林:广西师范大学出版社,2002.
[5] 梅奥.工业文明的人类问题[M].北京:中国社会科学出版社,2013.
[6] 马斯洛.动机与人格[M].许金声,等译.北京:中国人民大学出版社,2007.
[7] 西蒙.管理决策新科学[M].北京:中国社会科学出版社,1982.
[8] 麦格雷戈,格尔圣菲尔德.企业的人性面[M].韩卉,译.北京:中国人民大学出版社,2008.
[9] 赫茨伯格.赫茨伯格的双因素理论[M].张湛,译.北京:中国人民大学出版社,2007.
[10] 巴纳德.组织与管理[M].曾琳,赵菁,译.北京:中国人民大学出版社,2009.
[11] 卡斯特,罗森茨韦克.组织与管理——系统方法与权变方法[M].傅严,等译.4版.北京:中国社会科学出版社,2000.
[12] 戈德曼,内格尔,普瑞斯.灵捷竞争者与虚拟组织[M].杨开峰,章霁,等译.沈阳:辽宁教育出版社,1998.
[13] 雷恩.管理思想的演变[M].孙耀君,译.北京:中国社会科学出版社,1992.
[14] 任浩.现代企业组织设计[M].北京:清华大学出版社,2005.
[15] 达夫特.组织理论与设计[M].王凤彬,张秀萍,刘松博,等译.9版.北京:清华大学出版社,2008.
[16] 罗宾斯,库尔特.管理学[M].孙健敏,等译.北京:中国人民大学出版社,2004.
[17] 卡斯特,罗森茨韦克.组织与管理[M].北京:中国人民大学出版社,1988.
[18] 蒋志青.企业组织结构设计与管理[M].北京:电子工业出版社,2004.
[19] 郑明身.组织设计与变革[M].北京:企业管理出版社,2007.
[20] 于良春,章建辉.企业组织理论与组织设计[M].济南:山东大学出版社,1997.
[21] 孟宪国.基于流程和战略的组织设计[M].北京:中国标准出版社,2003.
[22] 祝士苓.工作分析与组织设计[M].北京:中国劳动社会保障出版社,2007.
[23] 赵慧英,林泽炎.组织设计与人力资源战略管理[M].广州:广东经济出版社,2003.
[24] 高新华.如何进行企业组织设计[M].北京:北京大学出版社,2004.
[25] 邓俊荣.技术创业:企业组织设计与团队建设[M].西安:西安电子科技大学出版社,2010.
[26] 冯桂秀.信息技术对企业组织结构再造的影响[J].科技情报开发与经济,2004(4):229-231.
[27] 希特,爱尔兰,霍斯基森.战略管理——竞争与全球化(概念)[M].吕巍,等译.6版.北京:机械工业出版社,2005.
[28] 张玉利.管理学[M].2版.天津:南开大学出版社,2004.
[29] 明茨伯格.明茨伯格论管理[M].闾佳,译.北京:机械工业出版社,2007.
[30] 达夫特.组织理论与设计精要[M].李维安,等译.2版.北京:机械工业出版社,2003.
[31] 陈昌权.经营战略与组织结构[J].经营与管理,2002(1):34-35.
[32] 阿布都热西提.企业战略与组织结构的关系研究[J].知识经济,2010(15):3.
[33] 姜艳,黄桂萍.企业战略与组织结构如何相匹配[J].经营与管理,2010(9):77-78.
[34] 周三多,陈传明,鲁明泓.管理学——原理与方法[M].4版.上海:复旦大学出版社,2009.
[35] 宋锦洲.决策管理:概念、模式与实例[M].上海:东华大学出版社,2007.
[36] 孙君明.现代行政管理:组织与创新[M].上海:上海社会科学院出版社,2005.
[37] 于显洋.组织社会学[M].2版.北京:中国人民大学出版社,2009.
[38] 聂永有.组织行为学[M].上海:立信会计出版社,2009.

[39] 王霁,彭新武.领导哲学[M].北京:高等教育出版社,2008.

[40] 琼斯,乔治.当代管理学[M].郑风田,赵淑芳,译.3版.北京:人民邮电出版社,2005.

[41] 迪登尔,福斯特.组织管理决策[M].罗薇华,罗秋菊,何晓勤,译.上海:上海远东出版社,2004.

[42] 秦勃.有限理性:理性的一种发展模式——试论 H. A. 西蒙的有限理性决策模式[J].理论界,2006(1):78-79.

[43] 张才新,夏伟明.垃圾桶决策模式:反理性主义的声音[J].探求,2004(1):35-38.

[44] 李永春.第十讲 快速决策分析[J].企业管理,1995(10):41,46-47.

[45] 勒波夫.神奇的管理——奖励:世界上最伟大的管理原则[M].孙爱民,张永宏,赵成根,译.北京:军事科学出版社,1990.

[46] 曼昆.经济学原理:微观经济学分册[M].梁小民,等译.5版.北京:北京大学出版社,2009.

[47] 格里格,津巴多.心理学与生活[M].王垒,等译.北京:人民邮电出版社,2003.

[48] 俞文钊.现代激励理论与应用[M].大连:东北财经大学出版社,2006.

[49] 李小宁.组织激励[M].北京:北京大学出版社,2005.

[50] 威廉姆森,温特.企业的性质——起源、演变和发展[M].姚海鑫,邢源源,译.北京:商务印书馆,2007.

[51] 舒尔茨.人力投资——人口质量经济学[M].贾湛,施伟,等译.北京:华夏出版社,1990.

[52] 于斌.组织行为学[M].天津:南开大学出版社,2007.

[53] 弗朗西斯科,戈尔德.国际组织行为学[M].顾宝炎,等译.北京:中国人民大学出版社,2002.

[54] 罗宾斯.组织行为学[M].孙健敏,李原,译.10版.北京:中国人民大学出版社,2005.

[55] 大内.Z理论[M].朱雁斌,译.北京:机械工业出版社,2007.

[56] 俞文钊.企业中的激励与去激励因素研究[J].应用心理学,1991,6(1):6-14.

[57] 张美兰,车宏生.目标设置理论及其新进展[J].心理学动态,1999(2):35-40.

[58] 钟力平.斯金纳的强化理论及其应用[J].企业改革与管理,2008(2):70-71.

[59] 马飞,孔凡晶.组织公平理论研究述评[J].经济纵横,2010(11):121-125.

[60] 姜树林,颜燕,阮杨.资源配置与激励——关于晋升的文献综述[J].世界经济文汇,2002(5):70-79.

[61] 齐善鸿.道本管理——精神管理学说与操作模式[M].北京:中国经济出版社,2007.

[62] 邬文斌.薪点工资方案设计过程中存在的问题及其解决[J].企业经济,2005(1):31-32.

[63] 彭红枫,郭海健.亚洲式股票期权——一种激励企业经营者的新工具[J].管理现代化,2001(1):29-30.

[64] 刘浩,孙铮.西方股权激励契约结构研究综述——兼论对中国上市公司股权激励制度的启示[J].经济管理,2009,31(4):166-172.

[65] 朱道江,苏振威.组织沟通的改善[J].市场周刊,2009(2):84-85.

[66] 王智丽.如何实现有效沟通[J].中外企业文化,2009(11):50-51.

[67] 严文华.20世纪80年代以来国外组织沟通研究评价[J].外国经济与管理,2009(2):15-20.

[68] 李霆,张明柱.基于信息技术的组织沟通与媒介选择研究[J].南开管理评论,2002(6):76-80.

[69] 王青,胡姝.组织沟通对员工工作满意度的影响[J].人力资源管理,2010(7):52-54.

[70] 徐修德.管理中的沟通媒介与沟通效率研究[J].东方论坛,2007(1):119-126.

[71] 苏伟,郝文艺.沟通障碍刍议[J].科技信息,2009(16):36.

[72] 关有利.企业内部沟通的障碍及改进措施[J].北京工商大学学报(社会科学版),2009(5):45-49.

[73] 杜蓓.内部营销:扫除企业内部沟通障碍[J].北方经贸,2006(8):45-46.

[74] 马丁.战略数据规划方法学[M].耿继秀,译.北京:清华大学出版社,1994.

[75] 陈禹六,李清,张锋.经营过程重构(BPR)与系统集成[M].北京:清华大学出版社,2001.

[76] 佩帕德,罗兰.业务流程再造[M].北京:中信出版社,1999.

[77] 黄丽华,钱宇,薛465华成.企业过程的定义及辨识方法[J].系统工程学报,1997,12(3):70-81.

[78] 孙健敏,李原.组织行为学[M].上海:复旦大学出版社,2005.

[79] 王成荣.企业文化学教程[M].北京:中国人民大学出版社,2003.
[80] 夏轩.成长型中小企业创建组织文化的途径[J].现代商业,2010(35):144.
[81] 曹艳.企业文化大盘点之四 企业文化定义种种[J].商业文化,2006(1X):26-28.
[82] 徐耀强.中外企业文化十大类型解说(上)[J].中国电力企业管理,2009(10):70-71.
[83] 顾琴轩.组织行为学:新经济·新环境·新思维[M].上海:上海人民出版社,2007.
[84] 夏慧冬.浅谈企业文化管理与企业价值理念的关系[J].煤矿现代化,2009(6):109-110.
[85] 张扬.浅谈企业文化的价值[J].科技信息,2010(33):817,822.
[86] 王凤峨.企业文化与企业价值最大化[J].中国电力企业管理,2008(9):68-69.
[87] 鲁森斯.组织行为学[M].王垒,姚翔,董佳瑾,等译.11版.北京:人民邮电出版社,2009.
[88] 石传恩.浅论企业文化的创建方法和意义[J].才智,2009(2):177-178.
[89] 李剑锋.组织行为管理[M].北京:中国人民大学出版社,2000.
[90] 张林.浅论现代企业文化的功能作用、创建途径与评价标准[J].制造业自动化,2009(8):160-162.
[91] 格里芬.管理学[M].刘伟,译.9版.北京:中国市场出版社,2008.
[92] 卢西尔.管理学基础:概念、应用与技能提高[M].高俊山,戴淑芬,译.2版.北京:北京大学出版社,2007.
[93] 马作宽.组织变革[M].3版.北京:中国经济出版社,2009.
[94] 帕尔默,邓福德,埃金.组织变革管理[M].李永红,奚玉芹,译.2版.北京:中国人民大学出版社,2009.
[95] 伯克.组织变革:理论和实践[M].燕清联合组织,译.北京:中国劳动社会保障出版社,2005.
[96] 高天鹏.企业组织变革的系统科学思考[J].统计与决策,2010(24):180-183.
[97] 陈方根,王秀华.浅谈组织变革的驱动动因[J].经营管理者,2010(20):417,423.
[98] 盛琼芳,倪婧.组织变革与员工抵制变革关系的实证研究[J].科技进步与对策,2010(24):109-112.
[99] 赵杨,刘延平,谭洁.组织变革中的组织惯性问题研究[J].管理现代化,2009(1):39-41.
[100] 朱磊,曹静.基于社会责任的企业组织变革研究[J].技术经济与管理研究,2009(6):64-66.
[101] 张楠,王恒山.浅谈如何成功实现企业的组织变革[J].商场现代化,2009(5):80.
[102] 胡万进,殷国鹏.神州数码的IT组织变革[J].企业管理,2008(1):102-103.
[103] 贺小莉.组织变革过程中的有效激励机制[J].经营与管理,2008(3):54-55.
[104] 陈晔武.组织变革的动因、障碍与管理策略[J].经济论坛,2008(13):69-70.
[105] 周海燕,李轶芳.企业组织变革动阻力分析[J].经营管理者,2008(17):24-26.
[106] 胡承波,毕育恺.扁平化组织:国有大型企业组织结构变革的新方向[J].工业技术经济,2007,26(z1):13-15.
[107] 徐世伟.论信息时代的企业组织变革[J].财经科学,2007(10):83-89.
[108] 杨文选,王艳.组织变革中动力与阻力的共生演进分析[J].工业技术经济,2007,26(8):97-100.
[109] 李作战.组织变革理论研究与评述[J].现代管理科学,2007(4):49-50,101.
[110] 孔宁宁.知识经济下企业组织结构的变革[J].商场现代化,2007(23):78-79.
[111] 张军果,杨维霞.企业变革的阻力及对策分析[J].商业研究,2006(9):78-81.
[112] 王键,张孝锋.网络经济时代的组织变革趋势[J].商场现代化,2006(10):68.
[113] 付媛,余波,张琳琳.网络环境下企业组织结构变革的动力因素分析[J].陕西师范大学学报,2006(S1):98-99.
[114] 张幼石,赖明正.组织变革中的利益冲突与化解[J].商业时代,2006(3):18-19.
[115] 路宏达.中小企业组织与组织变革[J].改革与战略,2005(6):126-127.
[116] 郭宗强.组织结构变革之选择[J].经营与管理,2005(10):49-50.
[117] 朱瑜,王雁飞.组织学习:阶段、障碍与方法[J].科技管理研究,2010,30(12):229,237-240.
[118] 朱瑜,王雁飞.组织学习:内涵、基础与本质[J].科技管理研究,2010,30(10):154-156,177.
[119] 吴巾英,何军利.组织学习的障碍及解决[J].科学管理,2009,30(1):6,84.

[120] 罗伟良,方俐洛,于海波.组织学习研究的争议[J].心理科学进展,2006,14(5):716-721.
[121] 陈江曾,楚宏,吴能全.组织学习与学习型组织的比较研究[J].现代管理科学,2010(3):19-21.
[122] 赵风中.组织学习障碍探析[J].科学管理研究,2006,24(1):84-87.
[123] 向常春,龙立荣.论组织冲突的哲学基础[J].自然辩证法研究,2009,25(8):50-54.
[124] 刘仁军.组织冲突的结构因素研究[J].南开管理评论,2001(4):30-37.
[125] 张小毅,冯程.企业组织冲突的原因及积极应对[J].现代企业教育,2007(24):61-62.
[126] 谢作渺.组织冲突与组织冲突协调策略[J].首都经济贸易大学学报,2002,4(6):21-25.
[127] 刘新.企业组织冲突内部成因分析[J].商场现代化,2009(23):29-31.
[128] 陈聪,周瑞.浅析组织冲突及其管理[J].科技信息,2009(9):792,770.
[129] 王兴明.小议组织冲突管理[J].中国科技信息,2007(24):198-199.
[130] 李辉.组织冲突的管理与对策分析[J].企业管理,2006(28):36-37.
[131] 张翠凤.组织冲突的原因分析及对策研究[J].经营管理,2007(30):114-115.
[132] 佘平.组织冲突管理中的辩证法[J].经营管理,2007(13):164-165.
[133] 丁克建.组织冲突及冲突管理研究[J].商场现代化,2008(15):70.
[134] 芦红,吕庆华.冲突管理:研究动态与展望[J].广西财经学院学报,2009,22(2):33-36.
[135] 贾福民.如何实施有效的"冲突管理"[J].科技广场,2009(12):149-150.
[136] 邱益中.国内外学者对企业组织冲突问题的研究[J].外国经济与管理,1996(5):3-6.
[137] 江勇,李步峰.建立基于建设性冲突的组织管理机制研究[J].同济大学学报,2003,14(4):64-69.
[138] 马新建.冲突管理:基本理念和思维方法的研究[J].大连理工大学学报,2002,23(3):19-25.
[139] 廖作鸿.企业组织冲突及其管理[J].中小企业管理与科技,2008(17):21-22.
[140] 林志扬.论企业组织中的权力运用[J].厦门大学学报(哲学社会科学版),2003(1):35-40.
[141] 徐占忱.组织中的权力关系辨析[J].学术交流,2003(8):129-131.
[142] 郑婧,贺建锋.组织中的权力及其运行分析[J].学术交流,2008(5):22-25.
[143] 罗珉.管理学范式理论研究[M].成都:四川人民出版社,2003.
[144] 刘永芳.管理心理学[M].北京:清华大学出版社,2008.
[145] 孙汉银.论组织行为学中的组织政治知觉[J].北京师范大学学报(社会科学版),2004(1):45-50.
[146] 刘明霞.组织行为学简明教程[M].北京:经济科学出版社,2009.
[147] 罗大明,蒲燕玲.关系作为组织资源:通过与组织战略的联系来检验公共关系的影响[J].电子科技大学学报(社科版),2007,9(5):22-25.
[148] 向浩,王欣.论财务视角下的企业人力资本、组织资本[J].财经科学,2009(7):118-124.
[149] 张康之,李东.组织资源及任务型组织的资源获取[J].中国行政管理,2007(2):41-44.
[150] 张肖虎,杨桂红.组织能力与战略管理研究:一个理论综述[J].经济问题探索,2010(10):65-69.
[151] 贺小刚.组织能力的源泉:企业家能力与个体特征分析[J].经济管理,2005(1):6-13.
[152] 黄培伦,尚航标,李海峰.组织能力:资源基础理论的静态观与动态观辨析[J].管理学报,2009,6(8):1104-1110.
[153] 饶扬德.新资源观与企业资源整合[J].软科学,2006,20(5):77-81.
[154] 甘强,王军波.企业资源整合能力探析[J].企业文明,2009(9):17-19.
[155] 位恒军,聂正安.企业家认知对组织能力深化的影响研究[J].企业活力,2011(2):60-64.
[156] 刘石兰.组织要素视角下的组织能力与顾客价值相关研究[J].财经论丛,2008(2):90-96.
[157] 张卫珍.企业组织能力探索[J].管理研究,2007(2):33-34.
[158] 李贺.论组织能力对企业生存发展的重要性[J].现代商贸工业,2007,19(11):139-140.
[159] 赵永杰.基于系统思考的组织能力演进机制研究[J].中国集体经济,2010(15):30-31.
[160] 田雪莹,胡文波,孙建军.基于多元回归分析的非营利组织评价体系构建——以浙江宁波区级红十字会为例[J].科学决策,2009(10):87-94.
[161] 史江涛,田穗.中介组织评价指标体系研究[J].技术经济,2006(1):91-93.

[162] 夏国凤.跨国公司组织结构与海外子公司战略绩效关系研究[J].现代商贸工业,2010,22(3):100-101.

[163] 黄妮.跨国公司组织结构变革与发展趋势研究[J].现代商贸工业,2009,21(18):96-97.

[164] 李玥,吴育华,沈琛.环境变化与中小型跨国公司的组织结构变迁[J].东南亚纵横,2008(12):77-80.

[165] 隋健.跨国企业组织结构变化规律初探[J].科技信息(科学教研),2008(23):183.

[166] 姜秀珍,任非.跨国并购企业的组织结构优化:最新动因与模式选择[J].未来与发展,2007(6):19-24.

[167] 郑迎飞.跨国公司进入与中国产业组织结构之动态相互作用[J].商业经济与管理,2007,190(8):62-67.

[168] 余婧.跨国公司组织结构本土化打造[J].企业文明,2007(8):76-77.

[169] 刘春生.全球生产网络中跨国公司组织结构的变化[J].软件工程师,2007(7):36-37.

[170] 戴桂林,高伟,孙孟,等.跨国公司网络组织的结构、形成及运行机制分析[J].经济纵横,2007(4X):73-75.

[171] 刘晶晶.跨文化企业的文化冲突与组织绩效[J].武汉职业技术学院学报,2008,7(5):33-35,38.

[172] 李丹婷.跨文化组织人力资源管理:基于知识管理理论的视角[J].福建省社会主义学院学报,2008(3):118-120.

[173] 孟凡翠.跨文化组织管理沟通问题研究[J].商业文化(学术版),2008(1):130-131.

[174] 郭继荣,张明亲,王铁山.跨文化管理中的组织行为[J].现代企业,2005(12):11-12.

[175] 杜娟.组织中的跨文化管理[J].新疆社会科学,2004(5):78-80.

[176] 宁本荣,何琪.国际型组织:跨文化管理的摇篮[J].探索与争鸣,2003(7):18-19.

[177] 景欣,王秀(末方).跨文化沟通与融合在企业文化建设中的影响分析[J].中国集体经济,2010(34):74.

[178] 曾庆佳.跨文化组织管理沟通问题研究[J].中国经贸导刊,2010(2):69.

[179] 胥悦红.网络组织的组织模式设计[M].北京:人民邮电出版社,2008.

[180] 胡平波.网络组织合作创新中知识共享及协调机制[M].北京:中国经济出版社,2009.

[181] 卢福财,胡大立.产业集群与网络组织[M].北京:经济管理出版社,2004.

[182] 张钢.企业组织网络化发展[M].杭州:浙江大学出版社,2005.

[183] 巨荣良.竞争合作范式与网络化企业组织研究[M].北京:中国社会科学出版社,2009.

[184] 李维安.网络组织:组织发展新趋势[M].北京:经济科学出版社,2003.

[185] 喻卫斌.不确定性和网络组织研究[M].北京:中国社会科学出版社,2007.

[186] 彭正银.企业网络组织的异变与治理模式的适应性研究[M].北京:经济科学出版社,2009.

[187] 林润辉.网络组织与企业高成长[M].天津:南开大学出版社,2004.

[188] 刘松博,龙静.组织理论与设计[M].2版.北京:中国人民大学出版社,2009.

[189] 张建华,刘仁军.工业化进程中的企业网络组织的创新与应用[M].北京:中国时政经济出版社,2005.

[190] 闫二旺.网络组织的机制、演化与形态[J].当代财经,2005(1):69-72.

[191] 吴延兵.网络组织的经济学分析[J].决策借鉴,2002,15(4):72-76.

[192] 林润辉,李维安.网络组织——更具环境适应能力的新型组织模式[J].南开管理评论,2000(3):4-7.

[193] 林润辉.网络组织的复杂性研究[C]//第6届全国青年管理科学与系统科学学术会议暨中国科协第4届青年学术年会卫星会议.大连:中国科学技术协会,2001.

[194] 王耀忠,黄丽华,王小卫,等.网络组织的结构与协调机制研究[J].系统工程理论方法应用,2002,11(1):20-24.

[195] 吕坚.网络组织类型及其管理机制适应性研究[J].管理科学学报,2005,8(2):61-67.

[196] 何苏华.企业网络组织利益、风险及其控制[J].价值工程,2003(6):126-128.

[197] 李俊梅.网络组织风险成因及类型分析[J].现代商贸工业,2010(22):38-39.

[198] 李维安,周健.网络治理:内涵、结构、机制与价值创造[J].天津社会科学,2005(5):59-63.

[199] 孙国强.网络组织的内涵、特征与构成要素[J].南开管理评论,2001(4):38-40.

[200] 孙国强.网络组织的形成动因、条件与方式[J].商业研究,2001(10):74-75.

[201] 孙国强.网络组织的治理边界——基本内涵、制约因素与主要功能[J].山西财经大学学报,2006,28(2):80-85.

[202] 孙国强.西方网络组织治理研究评介[J].外国经济与管理,2004,26(8):8-12.

[203] 崔开华,等.组织的社会责任[M].济南:山东人民出版社,2008.

[204] 周志忍,陈庆云.自律与他律——第三部门监督机制个案研究[M].杭州:浙江人民出版社,1999.

[205] 《中国企业经营者激励约束机制及有关政策研究》课题组.关于在我国建立企业经营者股票期权激励制度的看法及建议[J].管理世界,2002(7):104-110,153.

[206] 文宗瑜,唐俊.公司股份期权与员工持股计划[M].北京:中国金融出版社,2000.

[207] 李维安.中国公司治理原则与国际比较[M].北京:中国财政经济出版社,2001.

[208] 段向云.企业社会责任缺失:现状、根源、对策——以构建和谐社会为视角的解读[J].企业经济,2006(2):12-15.

[209] 王明华.企业社会责任本质及其治理研究[D].南昌:江西财经大学,2006.

[210] HAMMER M,CHAMPY J. Reengineering the corporation: a manifesto for business revolution [M]. New York: Harper Business,1993.

[211] DAVENPORT T,SHORT J. The new industrial engineering: information technology and business process redesign[J]. Sloan management review,1994,31(4): 11-27.

[212] GARVIN D A. Management quality[M]. New York: The Free Press,1998.

[213] MELAN E H. Press management: methods for improving products and service[M]. New York: McGraw Hill,1997.

[214] MELNYK S A,CHRISTENSEN R T. Value driven process management: using value to improve processes[J]. Hospital materiel management,2000,22(1):59-67.

[215] IBM Corporation. Business system planning: information system planning guide[Z]. 1981.

[216] BUCHANAN D, BANHAM R. Power, politics, and organizational change [M]. London: Sage,1999.

[217] PFEFFER J. Managing with power[M]. Boston,MA: Harvard Business School Press,1992.

[218] FERRIS G R,KING T R. The politics of age discrimination in organizations[J]. Journal of business ethics,1992,11: 341-351.

[219] ROBBINS S P. Organizational behavior[M]. Upper Saddle River: Prentice Hall,1995.

[220] VREDENBURGH D J,MAURER J G. A process framework of organizational politics[J]. Human relations,1984,37(1): 47-66.

[221] FERRIS G R,FEDOR D B,CHACHERE J G,et al. Myths and politics in organizational contests [J]. Group and organizational studies,1989,14(1): 83-103.

[222] RAHIM M A. Managing conflict: an interdisciplinary approach [M]. Goleta, CA: Praeger Publisher,1992.

[223] PONDY L R. Organizational conflict: concepts and models[J]. Administrative science quarterly, 1967,12(2): 296-320.

[224] THOMAS K W. Conflict and conflict management[M]//DUNNETTE M D, HOUGH L M. Handbook of industrial and organizational psychology. Palo Alto: Consulting Psychologists Press,1976.

[225] DEUTSCH M. The resolution of conflict: constructive and destructive processes[M]. New Haven:

Yale University Press,1973.

[226] KOLB D M,PUTNAM L L. The multiple faces of conflict organizational[J]. Journal of organizational behavior,1992,13(3):311-324.

[227] THOMAS K W. Conflict and conflict management:reflections and update[J]. Journal of organizational behavior,1992,13(3):265-274.

[228] JENSEN C,MARKUSSEN R. The unbearable lightness of organizational learning theory:organizations,information technologies,and complexities of learning in theory and practice[J]. Learning inquiry,2007,1(3):203-218.

[229] GRAHAM C M,NAFUKHO F M. Culture,organizational learning and selected employee background variables in small-size business enterprises[J]. Journal of European industrial training,2007,31(2):127-144.

[230] QUICKE J. A new professionalism for a collaborative culture of organizational learning in contemporary society[J]. Educational management & administration,2000,28(3):299-315.

[231] HAZY J K,TIVNAN B F,SCHWANDT D R. The impact of boundary spanning on organizational learning:computational explorations[J]. Emergence,2003,5(4):86-123.

[232] SINKULA J M, BAKER W E,NOORDEWIER T. A framework for market-based organizational learning:linking values,knowledge,and behavior[J]. Journal of the academy of marketing science,1997,25(4):305-318.

[233] ARGYRIS C, SCHÖN D. Organizational learning:a theory of action perspective[M]. Reading,Mass:Addison-Wesley,1978.

[234] YANG Y L,POLYCARPOU M M,MINAI A A. Multi-UAV cooperative search using an opportunistic learning method[J]. Journal of dynamic systems measurement & control,2007,129(5):716-728.

[235] JEHN K A,BENDERSKY C. Intragroup conflict in organizations:a contingency perspective on the conflict-outcome relationship[J]. Research in organizational behavior,2003,25:187-242.

教师服务

感谢您选用清华大学出版社的教材！为了更好地服务教学，我们为授课教师提供本书的教学辅助资源，以及本学科重点教材信息。请您扫码获取。

» 教辅获取

本书教辅资源，授课教师扫码获取

» 样书赠送

人力资源类重点教材，教师扫码获取样书

 清华大学出版社

E-mail：tupfuwu@163.com
电话：010-83470332 / 83470142
地址：北京市海淀区双清路学研大厦 B 座 509

网址：http://www.tup.com.cn/
传真：8610-83470107
邮编：100084